Teil - Fasten

mit

Basischer Kost

ISBN 978-3-00-020676-4

Buchbestellungen und Auslieferung über:

Dry fruit
D 93055 Regensburg
Liebigstr. 15
Tel. +49-941-56 01 69
Fax +49-941-56 59 40

www.dryfruit.de
info@dryfruit.de

Doris Wroblewski

Hilf Dir selbst: Teil - Fasten mit Basischer Kost

Entsäuern, Entschlacken, Entgiften

1. Auflage 1990
2. Auflage 1991
3. Auflage 1993
4. stark überarbeitete Auflage 1995

5. neu überarbeitete Auflage 2007

doris.wroblewski @ gmx.de
www.azidosetherapie-online.de

Die Informationen und Empfehlungen in diesem Buch können nur als Anregungen für einen bewussten Umgang mit der eigenen Gesundheit verstanden werden. Bei schwerwiegenden gesundheitlichen Störungen ist unbedingt ein Heilpraktiker oder ein Arzt mit der Zusatzausbildung Naturheilkunde aufzusuchen. Eine Haftung für Personen-, Sach- und Vermögensschäden ist ausgeschlossen.

Umschlag: Stephanie Trenz, Lars Röhm, Stuttgart
Druck: Digital Print Erlangen

Für meine Kinder Katja, Juri, Sergej und Andrej Grusdew-Wroblewski sowie meine Enkeltochter Nathalie, die Verständnis aufbringen, ihnen und anderen helfen zu wollen.

Mit Dank an meine Kursteilnehmerinnen und Kursteilnehmer, mit denen zusammen ich sehr viel lernen durfte und die mir durch ihre gesundheitlichen Erfolge gezeigt haben, dass ich auf dem richtigen Weg bin.
1995

Mit Dank an meinen Partner, der mir den Freiraum gab, in Ruhe an der 5. Auflage des Buches arbeiten zu können.
2007

INHALTSVERZEICHNIS

VORWORT (zur 4. Auflage 1995)

Wer heute noch ein neues Buch über gesundes Essen und Trinken schreiben will, der muss ganz besondere Erfahrungen gemacht haben, denn sonst ist er gezwungen, Altbekanntes zu wiederholen oder irgendwo abzuschreiben. Doris Wroblewski ist es gelungen, zwischen den wohl gepflanzten Beeten der Diätetik ein Stück Wildnis zu entdecken, das sie zu einem Schmuckstück gemacht hat, das man getrost mit einem „Englischen Garten" vergleichen kann: „geordneter Wildwuchs" oder „Freiheit in Grenzen" möchte man ihn nennen.

Dafür hat sie – typisch für eine Frau – viel besser recherchiert, als Männer dies üblicherweise tun, und hat aus altbekannten, strengen diätetischen Richtlinien, deren konventioneller Zuschnitt den selbstbewussten Menschen überall drücken und beengen, lockere, luftige und hübsche „Kleiderschnitte" für die Gesundheit entwickelt, die sich gut tragen lassen und in denen man sich wohl fühlt und gerne sieht.

Auf das Ergebnis kommt es letztendlich an, und das steht bei Doris Wroblewski gleich am Anfang: es ist der Verzicht auf das Unnötige, auf das, was in jeder Körperzelle unnötigen Ballast erzeugt – in seiner Gesamtheit auch auf der Waage – und was doch beim Gebrauch so hübsch schmeichelt und schnörkelt, dass es gar nicht ernst genommen wird, bis es (fast) zu spät ist!

Doris Wroblewski sagt uns in ihrem Buch über das Essen und Trinken in unserer Zeit, wann wir auf die Warner hören müssen, wie sie aussehen und was sie sprechen und wie sachte wir ihren Ratschlägen folgen können, ohne uns dabei weh zu tun. Am liebsten hätte sie ihr Buch ja als Fastenbuch angeboten. Aber dafür isst sie selbst zu gerne. Dann wollte sie es als Teilfasten anbieten. Aber dafür schrieb sie darin viel zu viel über richtiges Essen. Und der **Titel „Ein moderner Weg zu Gesundheit und Idealgewicht, Entsäuern, Entschlacken und Entgiften“ war viel zu lang für die erste Buchseite. Dennoch wäre er der einzig richtige gewesen.**

Essen und Trinken: seit 60.000 Jahren eine tägliche Gewohnheit des Cro-Magnon Menschen (das sind wir!) und immer noch nicht genügend erforscht und gesichert – wie, wann, wie viel, was, wie oft, was zusammen, in welchen Abständen, wie verarbeitet, auf welchem Feuer gebraten und gekocht ….

Warum war das so unmöglich? Weil Essen und Trinken mit dem stets augenblicklichen Zustand des Gemeinschaftswesens Mensch verwoben ist und dieser heute weit ist entfernt von seinen Ursprüngen in der Höhle und auf der Jagd. Das Leben ist so viel komplizierter und vielschichtiger geworden! Unser Organismus ist der alte geblieben. Hier die Brücke zu schlagen von den Sehnsüchten und Zwängen des modernen Daseins zu den Bedürfnissen des uralten Körperbaus ist Doris Wroblewskis Anliegen, und das ist ihr vorzüglich gelungen.

Auf jeder Seite ihres Buches wirbt die Autorin um Verständnis für diesen uralten Typus und zeigt gleichzeitig, warum er so ist und warum deshalb sein Betriebsstoff so und so aussehen muss. Gleichzeitig jedoch macht sie aus der Not ein Vergnügen, weil sie uns viel Wissen um uns selbst vermittelt, über das wir mächtig stolz sein dürfen. Es scheint am Ende des Buches so zu sein, dass jeder sich selbst als teures, exotisches Schoßtier betrachten kann und stolz darauf ist, wie gut und gesund er dieses durch die Fährnisse der hektischen industriellen Gesellschaft bringen kann: ein jeder sein eigener Wissender und Künstler.

Dass jeder dabei „sein eigenes kleines Stückchen Natur“ erforscht und zu achten lernt und darüber hinaus die große, umgebende Mutter Natur zu verehren, glückt ihr gleichsam im Nebenstrom, und das ist überhaupt das Bestrickende in ihrem Buch: man fühlt sich nicht belehrt, sondern geehrt. Man ist wer (!), wenn man ihren Ratschlägen gefolgt ist.

Ein neues Gesundheitsbuch? Eher ein neuer Garten Eden, in dem es nicht von Verbotstafeln wimmelt, à la: “Du darfst essen vom Fichtenbaum, du darfst essen vom Lindenbaum, du darfst essen von der Rosskastanie, aber vom Apfelbaum darfst du essen nicht, der ist für die Kolchose ...“, sondern in dem auf die vielen leckeren und essbaren Leichtgewichte in der Nahrungskette hingewiesen wird.

Schwäbisch Gmünd, Juni 1995

Dr. med. Johann Abele
Ehrenpräsident des
Deutschen Naturheilbundes

EINLEITUNG (1995 / 2007)

Das Teilfasten ist besonders auf die Belange von Menschen zugeschnitten, die überernährt, fehlernährt und mit Giften belastet sind. Das Teilfasten ist hervorragend geeignet für alle, die ihre herkömmliche Ernährungs- und Lebensweise ändern und ihren Organismus allmählich umstellen wollen.

Wohl kaum ein Mensch ist mit seiner Figur zufrieden. Mal sind die Hüften zu breit, mal der Busen zu groß/klein, mal der Bauch zu schwabbelig, mal die Oberschenkel zu prall. Dabei muss diese Person laut Body-Mass-Index (BMI) noch nicht einmal übergewichtig sein. Dennoch, die Diäten haben Hochkonjunktur und die Ratschläge für Abnehmwillige fassen ganze Bücher und Bibliotheken.

Vor Jahren stieß ich auf ein Programm der Bundeszentrale für gesundheitliche Aufklärung: „Abnehmen – aber mit Vernunft". Auf den ersten Blick schien es ein wirklich vernünftiges Programm zu sein, um seine Essgewohnheiten mit Hilfe einer Gruppentherapie über ein halbes Jahr zu kontrollieren und zu verändern. Was mir besonders gefiel, war die für einen Laien ausgewogen erscheinende Nahrungszufuhr. Über lange Zeit gab ich auf dieser Basis Kurse und hatte viel Erfolg bei meinen meist weiblichen Kursteilnehmern, die bis zu 20 kg und mehr innerhalb eines halben Jahres abnehmen konnten. Doch wie sah es ein Jahr später aus? Viele hatten das ständige Kalorienzählen irgendwann satt, denn sie dachten, träumten und redeten nur noch in Kalorien und gaben letztendlich auf, da die Belastung für sie zu groß wurde und die Pfunde schnell wieder kamen.

Das brachte mich auf den Gedanken, dass nicht nur die Quantität, das Wiegen der Nahrung und Kalorienzählen, sondern auch die Qualität der Nahrung von großer Bedeutung sein müsse. Auf diese Weise kam ich mit dem Gedankengut von Dr. Max Otto Bruker in Berührung, von dem ich sehr viel lernen durfte. Ich schrieb (1987) mein erstes Buch: „Alternatives Abnehmen, aber mit Vernunft". Es war zwar noch angelehnt an die Vorschläge der Bundeszentrale für gesundheitliche Aufklärung, der Schwerpunkt lag aber auf der Frage: „Was esse ich?". Die Qualität stand im Vordergrund und damit die vollwertige Kost, was zu guten Erfolgen führte.

Die Vollwertkost mit ihrem hohen Anteil an Frischkost, Enzymen, Mineralstoffen, Vitaminen und sonstigen Vitalstoffen, die den meisten Übergewichtigen fehlen, zeigte ihre Wirkung. Doch es gab einen bestimmten Personenkreis, zu dem offensichtlich auch ich gehöre, bei dem das Abnehmen an Problemzonen unmöglich war. Bei diesen Stoffwechseltypen verursachen bestimmte Funktionsstörungen anscheinend Blockaden, welche das Abnehmen, besonders das Abnehmen an bestimmten Stellen, so schwierig machte.

Das führte mich zum Säure-Basen-Haushalt und meinem zweiten Büchlein „Modifiziertes Heilfasten". Darin empfahl ich eine basische Kost. Ich hatte nämlich gemerkt, dass Blockaden bei der Ausscheidung über Lunge, Nieren, Darm und Haut und damit viele Gewichtsprobleme nur zu lösen sind, wenn unser Säure-Basen-Haushalt ins Gleichgewicht kommt. Das wiederum ist nur möglich mit einer vitalstoffreichen, basischen Kost. Da diese für viele bereits einen starken Eingriff in ihre Essgewohnheiten darstellt und uns gleichzeitig gesünder werden lässt, nannte ich es „Modifiziertes Heilfasten".

Die bekannte Medizinerin Dr. med. Renate Collier (1919-2001) wurde meine Lehrerin. Sie hatte sich seit Jahrzehnten mit der Übersäuerung auseinandergesetzt und neben der auch von mir empfohlenen Ernährungsumstellung auf basische Kost eine eigene Azidose-Massagetechnik entwickelt.

Ich bin heute der festen Überzeugung, dass wir, sofern wir nicht ständig über die Stränge schlagen, nur dann sinnvoll gesund werden und auf Dauer abnehmen können, wenn es uns gelingt, wieder ein Fliessgleichgewicht, die Säure-Basen-Balance, in unserem Körper herzustellen. Wie das geht, soll Ihnen dieses Buch vermitteln.

Rottweil, 1995

Dem ist heute, 2007, ein gutes Jahrzehnt später, nicht viel hinzuzufügen. Außer, dass ich in der Zwischenzeit viel dazu lernen durfte, in Kursen, in Seminaren, in Weiterbildungen und in der Praxis mit Patienten und Mir-Anvertrauten. Als ehemalige Lehrerin hat mich aber nie der Gedanke losgelassen, mein Wissen und meine Erfahrung auch anderen in Schriftform weiter zu geben. Dass ich dabei auch manche Enttäuschungen erlebte, blieb nicht aus.
So war ich 1993 ziemlich blauäugig auf die Frankfurter Buchmesse gegangen mit meinem Exposé „Sind Sie sauer?“. Ich hatte es an verschiedene Verlage verteilt, in der Hoffnung, einen Verlag zu finden, der daran interessiert sei, von mir ein ausgearbeitetes Manuskript zu erhalten. Nur eine einzige abschlägige Antwort erhielt ich, dafür hatte ich das Empfinden, in der Folgezeit bei einigen anderen Verlagen meine Gliederung zu diesem Thema in ihren Büchern wiederzufinden. Nur, diese Bücher waren geschrieben von Medizinern! Da ich „nur Heilpraktikerin“ war, zog das wohl nicht und mein

ausgearbeitetes Manuskript steht noch immer unveröffentlicht in meinem Bücherregal. Vieles daraus ist aber in meine späteren Veröffentlichungen geflossen.

Manchmal denke ich, es ist gut, dass ich keine Ausbildung als Ärztin habe, (ich hatte Angst vor dem Sezieren), sondern „nur" Heilpraktikerin und Azidosetherapeutin bin. Auf diese Weise konnte ich unvoreingenommen an das Thema herangehen, offen für die verschiedensten Denkanstöße sein, ohne die Prägung durch ein traditionelles Medizinstudium, auf der Suche nach meinem persönlichen Weg.
In den letzten 10 Jahren hat das Bewusstsein für eine mögliche Übersäuerung im menschlichen Organismus zugenommen, sowohl in der Naturheilkunde, bei Heilpraktikern, bei vielen Ärzten, in der Pharmakologie, in der Werbung als auch bei den Laien. Als ich mich Mitte der 80er Jahre intensiv damit zu beschäftigen begann, war das noch anders.

Deswegen möchte ich nochmals betonen, wie dankbar ich meinen beiden großen Lehrmeistern bin: Dr. Max Otto Bruker (1909 – 2001) bildete mich zur Gesundheitsberaterin aus und lehrte mich, nicht nur die Symptome zu betrachten, sondern nach den Ursachen zu fragen und zu forschen. Leider konnte er meine Zweifel an seiner schulmedizinisch geprägten Auffassung zum „Säure-Basen-Haushalt" nicht teilen, weshalb ich - positiv gesehen – gezwungen war, meinen eigenen Weg zu gehen. Er führte mich vom ersten Buch 1987, dem „Alternativen Abnehmen", 1990 zum „Modifizierten Heilfasten", das 1995 vom Ariane Verlag als „Teilfasten - ein Gesundheitsschlager, Entsäuern - Entschlacken - Entgiften und dabei abnehmen" herausgebracht wurde und jetzt mit dem neuen Titel „Hilf Dir selbst: Teil-Fasten mit Basischer Kost" in überarbeiteter Fassung vorliegt.

Die zweite wichtige Lehrmeisterin wurde für mich Dr. Renate Collier (1919 – 2001), die ich auf dem Kongress der Unabhängigen Gesundheitsberater (UGB) von 1991 zum Thema „Säure-Basen-Haushalt“ kennen lernen durfte. Was sie dort in ihrem Referat zum Ausdruck brachte, sprach mir aus der Seele. Im Laufe der Zeit durfte ich von der erfahrenen Mayr- und Naturheilärztin viele wertvolle Erkenntnisse und Anregungen erhalten, meine bisherigen Erkenntnisse vertiefen und von ihr zur Azidosetherapeutin (HP) ausgebildet werden. Sie war es, die mich auf die Frühsymptome der Übersäuerung nach Batt und den Zusammenhang zwischen Obstverzehr und azidotischem (übersäuerten) Rücken hinwies. Sie war es auch, die mir die Notwendigkeit der Darmsanierung bei Kranken zum obersten Gebot machte. Sie hatte aufgrund ihrer jahrzehntelangen Erfahrung ein Programm zur Selbstmassage bei Übersäuerung erarbeitet und dieses später an uns Azidosetherapeuten und Azidoseberatern weiter gegeben. Vieles von dem, was ich bei ihr lernen durfte, ist in die Überarbeitung dieses Buches eingeflossen.
Schade, dass meine ehemalige Lehrerin nicht mehr die Möglichkeit hatte, ihre Erkenntnisse zu diesem Thema in einem Lehrbuch zu veröffentlichen. Immerhin war es ihr gelungen, ihr Wissen durch die von ihr ausgebildeten Azidoseberater und Azidosetherapeuten weiter zu geben. Auch heute noch ist eine Ausbildung in ihrem Sinne möglich.

Im Jahre 2003 habe ich beim Verlag „Mein Buch“ mein drittes Buch „Gesundheit aus der Küche der Natur – Basische Kost“ herausgebracht. Es hat die chinesische Spruchweisheit zum Ausgangspunkt: „Egal wie der Vater der Krankheit heißt, die Mutter ist immer die Nahrung.“ Das Buch enthält neben der theoretischen Erklärung des Säure-Basen-Gleichgewichtes eine Einteilung der Krankheiten, an denen ein Basenmangel ursächlich beteiligt ist. Ausführlich dargestellt werden säure- bzw. basenüberschüssige Lebensmittel und Hilfen gegeben, wie durch eine gesunde, basische Kost den Organismus wieder in eine ausgeglichene Stoffwechsellage gebracht werden kann. Bezug genommen wird auf die Blutgruppendiät des amerikanische Arztes D´Adamo. Dazu werden Tipps und Empfehlungen für eine gesunde Ernährung gegeben und auf 20 Seiten Rezepte für basische Mahlzeiten aufgeführt.

Im Jahr 2005 durfte ich für die von Dr. Veronica und Karl Carstens gegründete Stiftung „Natur und Medizin" den Patientenratgeber Nr. 32 „Übersäuerung" schreiben. Das gab mir den Mut, mein „Teilfasten", das lange vergriffen war und vom Verlag leider nicht mehr nachgedruckt wird, zu überarbeiten und selber herauszubringen.

Ich bin fest davon überzeugt, dass diese Art des Fastens, diese Art der Ernährung, vorübergehend oder lange Zeit praktiziert, vielen Menschen bei ihren gesundheitlichen Problemen helfen kann. Ich hoffe, meine Ausführungen zum Thema „Übersäuerung/Basenmangel" helfen auch Ihnen weiter. Mir kommt es ganz entscheidend darauf an, Ihnen Denkanstöße zu geben, eine neue Richtung aufzuweisen. Das Umsetzen in die Praxis bleibt Ihnen vorbehalten, und ich weiß, dass dies nicht immer leicht ist. In diesem Sinne wünsche ich Ihnen die Einsicht, den Willen, die Energie, Ihr Leben in eigener Verantwortung selber in die Hand zu nehmen, es neu zu gestalten und sich seiner noch viele Jahre in Gesundheit zu erfreuen.

Vale da Telha/Portugal
2007

Herzlich
Ihre Doris Wroblewski
www.azidosetherapie-online.de

I. DAS FASTEN

1. Das Fasten hat eine jahrtausendealte Tradition

Das deutsche Wort „Fasten“ geht auf das gotische „fastan“ zurück, entstanden um 400 v. Chr. und bedeutet „an den (Fasten-)Geboten festhalten“. Aber schon viel früher kannten die Menschen weltweit ein Fasten, einen völligen oder teilweisen Verzicht auf Nahrung. Die Gründe dafür konnten jahreszeitlich bedingt sein, andere waren medizinisch-gesundheitlicher oder religiös-kultischer Art.

So findet sich die Empfehlung zum Fasten aus medizinischer Sicht bereits auf Tontafeln der Sumerer, die um 2200 v. Chr. datiert werden. Bei den Chinesen sollen sogar schon um 2800 v. Chr. unter Kaiser Shen Nung in einem Kräuterbuch dementsprechende Aufzeichnungen zu finden sein, wie R.D. Fußgänger in seinem Buch „Die Geschichte des Fastens“ schreibt.

In dem Buch „Heilfasten und Entschlacken“ von Sven P. Johanson werden als älteste Fastentradition die religiösen Texte bezeichnet, die im „Weda“, den ältesten heiligen Schriften der Inder, aufgezeichnet wurden. Deren Ursprung soll auf 10000 bis 2500 v. Chr. zurückgehen.

Ökonomische, kultische und religiöse Gründe

Dass sich ein jahreszeitlich bedingtes Fasten vorteilhaft auf die Gesundheit und Leistungsfähigkeit der Menschen auswirkt, darüber kann – und nicht nur dort! -in Berichten über das Volk der Hunzas lesen. Zwischen den beiden Weltkriegen kamen erstmals Forscher in deren Gebiet, in ihren Lebensraum und berichteten übereinstimmend über die erstaunliche Gesundheit dieses „Griechenvolkes am Himalaja".

Der Hunsa oder Hunza ist ein Fluss in Asien. Das Hunzatal liegt im Nord-West-Himalaja. Seine Bewohner bauten Getreide, Hülsenfrüchte und Obst an, besonders Aprikosen, Walnüsse und Maulbeeren. Dazu kam eine kleine eigene Viehzucht. Dennoch waren die Nahrungsquellen nicht ausreichend, um die Bevölkerung auch in den Frühjahrsmonaten zu ernähren. Die Hunzas waren also zur Nahrungsreduktion bzw. zum Fasten gezwungen.

Die Folge war: sie erfreuten sich allgemein einer guten Gesundheit und sozialen Harmonie, bis sie von der Zivilisation entdeckt und mit deren „Vorteilen" beschenkt wurden. Mit der Einfuhr haltbarer Nahrungsmittel und dem Unnötigwerden des jahreszeitlichen Fastens zogen die ernährungsbedingten Zivilisationskrankheiten wie Karies, Fettsucht, Steinebildungen, Diabetes, Rheuma, Herz- und Kreislauferkrankungen ein.

Weit bekannter als die jahreszeitlich bedingten Gründe waren allerdings die religiösen oder **kultischen,** welche die Menschen zum Fasten anleiteten. So wird aus dem indischen und jüdischen Kulturkreis berichtet, dass Fasten als Zeichen der Trauer um einen lieben Menschen oder als Zeichen der Selbstfindung und geistigen Erneuerung aufgefasst wurde.

Sehr wichtig waren auch Fastentage, die ausgerufen wurden, um Gott oder die Götter gnädig zu stimmen, vor Hungersnöten zu bewahren, um Regen zu schicken oder eine Sonnenfinsternis abzuwenden.

Gefastet wurde auch, um persönliche Kräfte zu erlangen. Bei manchen Indianerstämmen haben die jungen Knaben vor Aufnahme in den Stamm fasten müssen. Von den Spartanern und Persern wird berichtet, dass sie ihre Heranwachsenden an immer länger währende Fastenzeiten gewöhnten, damit sie mehr Kraft und Widerstandsfähigkeit bekamen. Von Pythagoras wird gesagt, er habe seine Schüler 40 Tage fasten lassen, damit sie ihren Verstand schärften. Auch Seneca und Cicero sollen aus diesem Grund gefastet haben.

Am bekanntesten dürfte das religiöse Fasten sein, das es nicht nur in der christlichen Kirche gibt. So soll der Begründer des Buddhismus, Siddharta Gautama **Buddha** (550 bis 480 v. Chr.), mit 29 Jahren seine Familie verlassen und ein asketisches Leben geführt haben: „Sechs Jahre lang lebte er der Legende nach von Samen und Gras. Allmählich beschränkte er seine Nahrung auf ein Reiskorn täglich“ (Johanson). Von der Heiligen **Theresia von Konnersreuth** ist bekannt, dass sie 35 Jahre lang nur von dem Genuss der Heiligen Hostie gelebt hat. Seit Weihnachten 1922 verzichtete sie auf feste Nahrung und ab September 1927 auch auf Wasser. Sie hielt dies bis zu ihrem Tode 1967 durch und wurde mehrfach auch von Medizinern überprüft.

Im Jainismus, einer indischen Religion, die zur Zeit Buddhas entstanden ist, wird sogar das Fasten bis zur körperlichen Erlösung, das heißt bis zum Tode, als Befreiung vom Karma verstanden. Das Fasten als Erlösung, allerdings nicht bis zum Tode, jedoch als Erlösung zur Vergebung der Sünden, finden wir im Juden- und im Christentum.

Im frühen **Christentum** soll das 24stündige totale Fasten „Jejunium a vespera ad vesperam“, von einem Abend zum nächsten, üblich gewesen sein. Moses und Elias wird ein 40 tägiges Fasten nachgesagt. Das **40tägige Fasten**, wie es das Christentum kennt, scheint von den Essenern, einem jüdischen Stamm, dem auch Christus angehörte, gepflegt worden zu sein. Es wird allgemein in die vorösterliche Zeit gelegt. Dazu muss man wissen, dass die **Sonntage grundsätzlich vom Fasten ausgenommen** waren, weshalb die Zeit von Aschermittwoch bis Ostersonntag als 40tägige Fastenzeit bezeichnet wird, obwohl es 46 Tage sind. Dass die Fasnacht in Basel eine Woche später ist und somit die Fastenzeit dementsprechend kürzer, ist weitgehend bekannt. Weniger bekannt sein dürfte, dass dadurch die Sonntage in der Schweiz ebenfalls Fastentage geworden sind, um das 40-tägige Fasten einzuhalten.

Auch die Adventszeit und die Zeit nach Pfingsten waren in früheren Zeiten Fastenzeiten mit eingeschränkter Nahrungsaufnahme, meist war damit ein Verzicht auf Fleischspeisen und Wein gemeint. Dass dies auch umgangen wurde und deshalb zu Maultaschen (in Teig eingehüllte Fleischspeisen) oder Stark- und Bockbier gegriffen wurde, dürfte allgemein bekannt sein. Denn mit der Zeit waren neben den großen Fastenzeiten, noch die verschiedenen Quatembertage – vielleicht als Erinnerung an die jüdischen Mittwoch- und Freitag-Fastentage und an das römische Samstagsfasten dazu gekommen - so dass praktisch ein Drittel des Jahres eigentlich hätte gefastet werden müssen.

Das führte zu einigen Zugeständnissen seitens der katholischen Kirche, und heutzutage gelten für gläubige Katholiken die in der Verkündigung von Papst Paul VI. am 17. Februar 1966 neu geordneten Fastenregeln. **Gebotene Fastentage mit einer sättigenden Mahlzeit am Tag und dem Verbot von Fleischspeisen** für alle 21- bis 60-jährigen sind nur noch

Karfreitag und Aschermittwoch. Das Freitagsgebot ist aufgelockert, Quatembertage sind allgemein unbekannt, und die Fastenzeit selbst als Zeit eingeschränkter Nahrungszufuhr (ohne Süßigkeiten, ohne Fleisch, ohne Alkohol) nicht mehr zwingend vorgeschrieben.

Bekannt geworden sind im europäischen Raum in den letzten Jahren wieder mehr die **Fastengebote des Islam**, weil immer mehr Anhänger dieser Religion hier ansässig geworden sind. Der Islam, die jüngste der Weltreligionen, die auf dem Juden- und Christentum aufbaute, schreibt ihren Anhängern eine längere Fastenzeit vor: den **Ramadan**. Damit ist der neunte Monat des islamischen Mondjahres gemeint in Anlehnung an das Fasten ihres Religionsstifters Mohammed (570 –632 n.Chr.).
Noch heute ist allen Mohammedanern jeder leibliche Genuss wie Essen, Trinken, Rauchen (und Sex) 30 Tage lang von Sonnenaufgang bis Sonnenuntergang untersagt. Da der Mondkalender rund 11 Tage kürzer ist als unser Gregorianischer Kalender verschiebt sich der Ramadan ständig. Während die Einhaltung der Fastengebote im täglichen Tagesablauf in den kurzen Tagen der Wintermonate noch relativ leicht ist, befürchte ich, dass es in Sommermonaten doch schwierig sein muss, bei der Arbeit von Sonnenaufgang bis Sonnenuntergang zu fasten, eben auch nichts zu trinken.

Ilija Trochanow, der zum Islam übergetreten ist, schreibt zum Fasten in seinem 2004 erschienenen Buch „Zu den heiligen Quellen des Islam". „Gelegentlich sollte der Mensch sich in Bescheidenheit und Demut üben, einmal im Jahr wenigstens. Er sollte sich der Segnungen bewusst werden, die er im Leben genießt, den Mangel verspüren, den andere leiden, und sein Herz öffnen, indem er den Magen verschnürt".

Natürlicher Instinkt von Kindern und Tieren

Fasten ist etwas, was uns Kinder immer wieder einmal vormachen: manchmal haben sie einfach keinen Appetit, sie wollen nicht essen. Ganz besonders auffällig wird es, wenn sie sich nicht wohl fühlen, vielleicht erhöhte Temperatur haben und ihr innerer Instinkt sie jede feste Nahrung ablehnen lässt. Dies ist ein natürliches medizinisches Fasten, vorgelebt von Kindern. Vergleichbares finden wir auch im Tierreich.

Ein Hund oder eine Katze praktizieren natürliche Enthaltsamkeit und/oder instinktives Verhalten. Wenn sie sich nicht wohl fühlen, spüren sie, welches Gras sie fressen müssen, um zu erbrechen, oder/und wie viele Tage sie sich jeder Nahrungsaufnahme enthalten müssen.

Manche, besonders die **Fastenärzte, bezeichnen diese Art der Nahrungsenthaltung nicht als Fasten**, weil ihrer Meinung nach zum Fasten der freie Entschluss, die überlegte Willensausübung gehöre. Ich meine, dass man das Hören auf seine innere Stimme und die daraus resultierende Nahrungskarenz durchaus als Fasten bezeichnen darf. Die Frage ist: was ist Fasten? Ist unter Fasten „nur" Heilfasten zu verstehen mit dem „freiwilligem Verzicht auf feste Nahrungs- und Genussmittel für eine begrenzte Zeit", wie die Ärztegesellschaft für Heilfasten und Ernährung, der ich einige Zeit angehörte, definiert? Ist eine Nahrungskarenz von 12 Stunden bereits Fasten, wie in dem englischen Wort „breakfast", Fastenbrechen, noch heute gebräuchlich? Oder ist dies nur eine Verdauungsruhe ohne erneute Nahrungsaufnahme? **Was ist Fasten? Was ist Heilfasten?**

Fasten aus medizinischen Gründen - Heilfasten

Aus dem Vorhergesagten geht meiner Meinung nach hervor, dass sich Fasten und Heilfasten nicht streng trennen lassen. **Jedes Fasten kann ein Heilfasten sein, muss es aber nicht. Ein Heilfasten dagegen muss ein Fasten sein**, ein Festhalten an Geboten, egal ob sie von außen oder innen kommen. In dem Wort heilen steckt inhaltlich, das etwas wieder in einen ursprünglichen heilen Zustand zurückgeführt werden soll. Man könnte meinen, jemand habe sich aus seiner Mitte, seiner Harmonie, seiner Ganzheit entfernt und benötige dringend der Umkehr, der Rückkehr, „dem Ins-Lot-kommen". Es ist also etwas, das sich verändert, das einen bestimmten Anfang hat – den Zustand des Nichtheilseins – und auf ein bestimmtes Ende gerichtet ist – den Zustand des Heils.

Tradition des Heilfastens

Auch beim Heilfasten gibt es viele Vorläufer: angefangen bei den Griechen Hippokrates und Pythagoras, den Römern Caelius Aurelianus, Cornelius Celsius, weiter zu dem in Rom lebenden Griechen Galenos aus Pergamon bis hin zu den Vorschriften im Sachsenspiegel aus dem 13. Jahrhundert mit Hungerkuren und Aderlass. Erstaunlicherweise wurde der gezielte Aderlass in unserer Zeit von Professor Wendt wieder als natürliches Heilmittel propagiert und mit großem Erfolg praktiziert.

Otto Buchinger zitierte bereits in der ersten Fassung seines Buches „Heilfasten", erschienen 1935 und seitdem in unzähligen Auflagen immer wieder gedruckt, den von England nach Frankreich emigrierten Arzt, Mönch und Philosophen Roger Bacon (1214 – 1294) und dessen Schrift „De retardandis senectutis accidentibus“ (Wie man die Alterserscheinungen hinausziehen könne), in der es heißt: „….um der Ausdörrung und Zersetzung, die das Alter notwendigerweise für die Lebenssäfte mit sich bringt, stand zuhalten, muss man sich alle zwei oder drei Jahre einer Selbsterneuerung unterziehen, die in der Entledigung des Körpers von allen seinen verbrauchten Säften durch Diät (Fasten) und Abführmittel besteht“. Ein wunderschönes Beispiel von Heilfasten als Prophylaxe, als modernes Anti-Aging-Rezept, und das vor 700 Jahren!

Heilfasten in unserer Zeit

Was das Fasten und Heilfasten in unserer Zeit anbelangt, so könnte man sagen, dass beide augenblicklich eine **Renaissance**, eine Wiedergeburt erleben. Hatten es die amerikanischen Ärzte Tanner und Dewey am Ende des 19. Jahrhundert noch schwer, sich mit ihren Ideen durchzusetzen, so hatte der französische Arzt Guelpa Anfang des 20. Jahrhunderts schon mehr Erfolg: seine Fastenkur ist in ganz Frankreich als „cure de Guelpa“ bekannt. In Deutschland verbinden sich heute mit dem Begriff „Operation ohne Messer“ vor allem die Namen Riedlin, Buchinger sen. und jun., Pfarrer Kaiser, Lützner, Fahrner, Ditschuneit, Wilhelmi de Toledo oder Kuhn, um nur einige zu nennen.

Die „Ärztegesellschaft Heilfasten und Ernährung“ versteht unter Fasten den völligen Verzicht auf feste Nahrung. Das heißt aber nicht, dass unter den Medizinern Einigkeit über diese Definition herrscht. So gibt es beispielsweise ein Schleimfasten oder ein mit Eiweiß(-drinks) unterstütztes (substituiertes) Fasten, das jeweils von den Verordnern ebenfalls als Fasten bezeichnet wird.

Der Titel der ersten Auflage meines Buches hieß „Modifiziertes Heilfasten". Mit diesem Titel zog ich mir den Unmut einiger Fastenärzte zu, die der Ansicht waren, wenn ich die Fastenwilligen bestimmte Nahrungsmittel essen lasse, so könnte ich dies nicht als Fasten, auch nicht als modifiziertes (abgewandeltes) Fasten, schon gar nicht als Heilfasten bezeichnen. Deswegen hatte der Ariane Verlag den Titel des Buches in „**Teilfasten**, ein Gesundheitsschlager, Entsäuern – Entschlacken – Entgiften und dabei abnehmen" geändert.

Ich selbst vertrat immer die Auffassung, dass unter Fasten nicht allein der völlige Verzicht auf Nahrung zu verstehen sei, sondern auch nur ein Verzicht auf bestimmte Nahrungsmittel, ähnlich den Vorschriften der katholischen Kirche, in der ich groß geworden bin. **In der christlichen Tradition wurde, wie wir gesehen haben, manchmal als Fasten die Qualität der Speise, der Verzicht auf Fleisch und Wein als Fastengebot angenommen, manchmal auch allein die Quantität**, wie die Beschränkung auf nur eine volle Mahlzeit und zwei kleinere Stärkungen pro Tag.

Für mich kann Fasten der völlige Nahrungsverzicht sein, muss es aber nicht! Als Kinder haben wir zum Beispiel in der Fastenzeit auf Süßigkeiten verzichtet und diese bis Ostern gesammelt. Wäre der vorübergehende Verzicht auf Süßigkeiten nicht auch in der heutigen Zeit eine gute Übung für Kinder (und manche Erwachsenen)?

Wir sehen also, dass Fasten sehr unterschiedlich verstanden werden kann. Wenn ich jetzt den Titel des Buches wieder leicht verändert habe, so hat dies keinen Einfluss auf den Inhalt gehabt. **Mein Teilfasten war immer ein Teil-Fasten mit Basischer Kost**.

Nun könnten wiederum Einwände kommen, das Wort „Kost“ passe doch ganz und gar nicht zum Fastenbegriff. Aber dann dürfte es auch kein „Fasten mit Schleimkost“ geben, „Fasten mit Eiweißsubstitution“, „Suppenfasten“ oder wie sie alle heißen mögen. Aber für mich sind diese Fastenarten genauso wie mein „Teil-Fasten mit Basischer Kost“ echte Fastenkuren.

Teil-Fasten mit Basischer Kost ist keine „Diät“ im modernen Sinn

Entschieden abgrenzen möchte ich das Teil-Fasten aber von den üblichen Diäten. In unserer Zeit verstehen wir unter „Diät“ eine Nahrungsbeschränkung bei bestimmten Krankheiten wie beispielsweise eine „Gallendiät“ oder eine kalorienreduzierte Nahrungsaufnahme wie bei der „Brigitte-Diät“. Es gibt Hunderte von Diäten und die Versprechungen in Bezug auf Gewichtsabnahme und Gesundheit sind groß.

Das griechische Wort „Diät“ hatte im Altertum eine völlig andere Bedeutung. Für die Griechen war diaita eine Bezeichnung für eine bestimmte Art und Weise der Lebensführung Unser modernes Leben sollte ebenfalls darauf ausgerichtet sein, dass wir mit einer gesunden Ernährung, mit Bewegung, mit Arbeit und ausgleichender Ruhe, mit einer bewussten, eigen verantworteten Lebensweise gesund bleiben.

In diesem ursprünglichen Sinn von diaita ist auch das Teil-Fasten mit Basischer Kost zu verstehen. Dass wir heute im Überfluss leben und für manche das Teil-Fasten mit Basischer Kost eher als „abstinentia“, als Enthaltsamkeit aufgefasst wird, liegt an den heutigen Lebensumständen.

2. Die Vorteile des Teil-Fastens mit Basischer Kost

Das Teil-Fasten mit Basischer Kost ist besonders auf die Belange des überernährten, mit Giften belasteten Menschen zugeschnitten, der den Sprung zum strengen Fasten, zum totalen Verzicht auf sämtliche feste Nahrung (noch) nicht schafft. Es ist nicht als Charakterschwäche zu bezeichnen, wenn sich jemand nicht zutraut, über längere Zeit auf feste Nahrung zu verzichten. Ich habe auch lange gebraucht, bis ich mich an das strenge, totale Fasten gewagt habe.

Das Teil-Fasten mit Basischer Kost regt den Organismus zwar zu einem intensiven Entschlacken und Entgiften an, vermeidet aber die Intensität der Nebenwirkungen, wie sie beim totalen Fasten auftreten können, wenn sich die im Fett- oder Bindegewebe gespeicherten Gifte und Ablagerungen lösen. Beim Teil-Fasten mit Basischer Kost können diese „Schlacken" langsamer und mit Hilfe der über die Nahrung zugeführten Mineralstoffe leichter über die gereinigten Lymphbahnen und/oder die entsprechenden Ausscheidungsorgane ausgeleitet werden – und dies auf natürliche Weise.

Dass es auch beim Teil-Fasten mit Basischer Kost zu Unpässlichkeiten kommen kann, ist verständlich, denn es stellt ebenfalls einen Eingriff in das Stoffwechselgeschehen dar. Es kommt eben darauf an, wie viel der Betreffende an unnützem, oft auch schädlichem Ballast mit sich herum schleppt und wie schnell es ihm gelingt, sich davon zu befreien. Wenn Säuren, Schlacken, Gifte ständig nur im Organismus kreisen und nicht ausgeschieden werden können, weil es dem Körper an wichtigen, notwendigen basischen Mineralstoffen und „Lösungsmitteln" mangelt, sind ernsthafte

Fastenkomplikationen vorprogrammiert. Das Teil-Fasten mit Basischer Kost vermeidet sie weitgehend.

Erst wenn die Depots wieder mit basischen Mineralstoffen, mit Vitaminen und anderen Vitalstoffen aufgefüllt sind und Ab- und Zwischengelagertes ausgeschieden ist, kann meiner Ansicht nach ein strenges Fasten selbständig und ohne ärztliche Betreuung durchgeführt werden. Dann wird das totale Fasten das, was es verspricht: ein Fasten ohne Hungergefühle, ein Fasten, das zur Ausgeglichenheit und Harmonie führt, das die Einheit von Körper-Seele-Geist Wirklichkeit werden lässt. Sie werden sehen, wenn Sie eine Zeitlang Ihren Körper mit meiner Art des Fastens, dem Teil-Fasten mit Basischer Kost, gesäubert haben, fällt Ihnen das strenge Heilfasten leicht. Sie können sich praktisch jeden Tag besser darauf vorbereiten, indem Sie das „breakfast", das Fastenbrechen immer weiter hinausschieben, bis Sie ganz auf feste Nahrung verzichten.

Beste Vor- und Nachbereitung für strenges Fasten

Das Teil-Fasten ist daher auch für diejenigen vorteilhaft, die sich auf das strenge, totale Fasten vorbereiten wollen. Ein Fastender, der zu sehr von körperlichen Unpässlichkeiten abgelenkt ist, verursacht durch eine starke Rück-Vergiftung im Organismus, wird kaum Auge und Ohr haben für andere, geistige Dimensionen. Sind beim Teil-Fasten bereits Reinigungsprozesse auf leichte Weise vorweggenommen, kann das „königliche", das totale Fasten beginnen.

Das Teil-Fasten ist ebenfalls hervorragend geeignet, um nach dem strengen Fasten, einem Heilfasten der besonderen Art, nicht gleich in alte Eßgewohnheiten zurück zu kehren, zurück zu fallen, sondern die gute Wirkung dieser Neubelebung lange beizubehalten. Wie oft werden gerade in der Zeit nach dem strengen Fasten die größten Fehler gemacht. Viele sagen, es sei leichter zu fasten als hinterher richtig aufzubauen.

Bester Beginn der Umstellung der Ernährungsweise

Das Teil-Fasten mit Basischer Kost ist hervorragend geeignet für alle, die ihre herkömmliche Ernährungs- und Lebensweise ändern und sich und ihren Organismus langsam umstellen wollen. Der Prozess lässt sich ganz individuell gestalten, da jeder einzelne für sich persönlich die Geschwindigkeit und Intensität der Reinigung, der Umstellung selbst bestimmen kann.

Bin ich gut drauf, nehme ich mir vor, heute einen strengen Fastentag einzulegen. Fühle ich mich nicht so wohl, wähle ich eine schwächere Form. Steht mir ein stressiger Tag bevor, so wähle ich eine strengere Form des Teil-Fastens. Das mag paradox klingen. Sie werden aber einsehen, dass Sie dem Stress umso ausgeglichener begegnen können, je basischer Sie sich ernähren! Steht Ihnen abends eine Einladung oder ein kaltes Büffet bevor, wählen Sie von dem Angebotenen das aus, was Sie mit Ihrer Ernährungsform verantworten können. Oder werfen Sie auch mal alle „Fastengebote“ über Bord und genießen Sie einfach!

Wichtig ist, dass die Zielrichtung stimmt. Beim Teil-Fasten ist der individuelle Wechsel täglich möglich. Und sollte Ihnen Ihr Körper ein echtes Verlangen, echten Hunger auf ein „nicht-basisches“ Lebensmittel signalisieren, dann hören Sie auf Ihren Körper! Ich hoffe aber, wenn Sie das Buch bis zum Ende gelesen haben, können Sie Körpersignale, Suchtverhalten und

Basenmangel richtig einschätzen und ihnen gezielt und überlegt begegnen.

Berücksichtigung von Vorlieben und Abneigungen

Das starre, vorgegebene Schema der strengen Fastenkuren erlaubt selten individuelle Variationen. Wenn beispielsweise eine Abneigung gegen ein bestimmtes Fastengetränk besteht, so gibt es kaum Möglichkeiten, sich den Vorschriften zu entziehen. Beim Teil-Fasten mit Basischer Kost ist jeder sein eigener Arzt, ist jeder selbst verantwortlich für das, was er isst oder trinkt, jeder kann sich seine Nahrungsaufnahme individuell und ganz persönlich zusammenstellen.

Wenn mir irgendein Obst oder Gemüse widersteht, so ist es logisch, dass ich es nicht esse, auch wenn es noch so basisch ist. Manchmal hängt dies mit unbekannten Unverträglichkeiten zusammen, wie sie die Blutgruppendiät aufgezeigt hat. Das Teil-Fasten fordert jeden dazu auf, persönliche Esswünsche zu beachten, zu analysieren und eventuell mit der Zeit so zu verändern oder abzuwandeln, dass sie dem eigenen Organismus nicht schaden, sondern nutzen.

Jeder von uns hat seine eigene Krankheitsgeschichte. Jeder von uns hat auch seine eigene „Gesundheitsgeschichte“. Was für den einen zu essen sinnvoll und gut ist, kann für den anderen schädlich sein. Nur Ihr eigener Organismus weiß letztendlich, was er braucht, was ihm fehlt, was ihm gut tut. Hören Sie wieder auf Ihre innere Stimme, sie ist ständig da, nur beachten wir sie häufig nicht.

Grundlage jeder Entsäuerung

Das Teil-Fasten mit Basischer Kost ist vor allem für die Männer, Frauen und Kinder geeignet, welche durch Ihre Ernährungs- und Lebensweise übersäuert sind. Mit dieser Fastenart können Sie den Körper wieder in ein gesundes Gleichgewicht bringen. Viele Menschen befinden sich ständig in einer azidotischen, übersäuerten Stoffwechsellage. Sie sind sauer! Nicht nur der Wald hat unter einem Zuviel an Säuren zu leiden, nicht nur die Tiere, die in übersäuerten Seen aussterben, sondern auch der Mensch. Wenn wir nun beispielsweise bei einer Diät weiterhin übersäuernde Nahrungsmittel zu uns nehmen wie Eiweißdrinks oder wenn wir sogar auf sämtliche Nahrungszufuhr verzichten, kann die Gefahr bestehen, dass wir uns immer mehr in einen sauren Zustand manövrieren. Als Abhilfe werden häufig Mineraldrinks oder basische Gemüsebrühe empfohlen. Das Teil-Fasten mit Basischer Kost bringt die Basen in fester Form, zum Anfassen, zum Satt essen, zum Gesundwerden, als Obst und Gemüse zum Entsäuern, Entschlacken und Entgiften.

Grundlage jeder Entgiftung, jeder Entschlackung

Sie werden beim Teil-Fasten merken, dass ein echter Entgiftungsprozess, ein Loslassen von Ablagerungen, das Neutralisieren von zwischengelagerten Säuren und verkapselten Zwischenlagern, das Beseitigen von Störfeldern im Organismus nur möglich ist, wenn wir die Voraussetzung zum Auflösen und Abtransport schaffen, wenn wir die Säfte im Körper wieder zum Fließen bringen, wenn wir im Säure-Basen-Gleichgewicht sind.

Manche Autoren sprechen von **Schlacken**, viele Mediziner widersprechen diesen nach herkömmlicher Lehre nicht möglichen Ablagerungen. Es gibt zwar laut Pschyrembel, dem bekanntesten medizinischen Wörterbuch, „Entgiftung“, womit eine Gegenmaßnahme bei einer augenblicklichen Vergiftung gemeint ist, oder „Entziehung“, womit der langsame und kontrollierte Entzug von Suchtmitteln gemeint ist, aber den Begriff „Entschlackung“ gibt es dort nicht. Wie dem auch sei. Im Laufe der Jahre hat sich im Organismus eine Menge von (meist an Eiweiß gebundenen) Produkten abgelagert, die dort nicht hingehören, die nicht (mehr) gebraucht werden, ja sogar störend und schädlich sein können. Bekannt ist beispielsweise die „Vergiftung“ der Muttermilch, was in der Empfehlung gipfelte, auf das Stillen zu verzichten. Was war geschehen?

Man hatte festgestellt, dass sich bei manchen jungen Müttern in der Stillzeit aus dem Fettgewebe das dort abgelagerte Pflanzenschutzmittel DDT löste und über die Muttermilch an den Säugling weiter gegeben wurde. DDT ist hochgiftig und hat sich im Tierversuch als krebserzeugend erwiesen. Deshalb ist es in Europa schon lange verboten, leider nicht überall auf der Welt. Das Teil-Fasten fördert die Entgiftung von gespeicherten und abgelagerten Giften und Schlacken und wäre somit u.a. auch eine gute Vorbereitung für eine geplante Schwangerschaft zum Wohle eines künftigen Lebewesens.

Förderung des Gesundheitsbewusstseins

Das Teil-Fasten ist ebenfalls bestens geeignet, in Intervallen immer wieder etwas für die Gesundheit zu tun: tageweise, wochenweise, monatsweise. So können „Ernährungssünden“ erkannt und ganz schnell wieder korrigiert werden. Das geht aber nur, wenn der Organismus reaktionsfähig wird und bleibt.

Das Teil-Fasten ist aber nicht dazu gedacht, ständig als Notbremse für immer wiederkehrende Ernährungsfehler eingesetzt zu werden. Laut dem Guinness-Buch der Rekorde von 1986 darf sich der Schweizer Gastronomie-Fachjournalist Oskar Kunz als amtlich registrierter Weltmeister im Abnehmen bezeichnen. Er machte damals seit 40 Jahren regelmäßig Abnahmekuren, die mal länger, mal kürzer dauerten – je nach angefutterter Fettsubstanz. So hat er es in 23 Jahren auf 1057 Fastentage gebracht, in denen er insgesamt 520 kg abgenommen hat. Mir drängen sich beim „Fasten je nach Fettsubstanz“ zwangsläufig Parallelen zum Verhalten der Tiere auf. Im Sommer und im Herbst, wenn der Tisch in der Natur besonders reich gedeckt ist, fressen sich die Tiere einen Winterspeck an, um davon in nahrungsärmerer Zeit oder im Winterschlaf zu zehren. Die Wissenschaft hat festgestellt, dass sich die Zusammensetzung dieser Fettmassen, ja selbst ihre Farbe von dem Normalfett unterscheidet, man unterscheidet braunes und weißes Fett.

Es gibt sicher genug Leute, die ebenfalls auf viele Fastenkuren und viele verlorene, aber auch wieder aufgefutterte Kilos zurück schauen können. Der damit verbundene Jojo-Effekt ist vielen bekannt sowie das ständige Auf und Ab und die Gewichtszunahme hinterher. Der Stoffwechsel stellt sich beim Fasten auf eine geringere Nahrungsaufnahme ein und sorgt später für mögliche „magere“ Zeiten vor. Von unzähligen Showgrößen gibt es diverse eigene Erfahrungsbücher, die zur Nachahmung animieren sollen. Aber dies ist nicht mein Weg.

Dass soll nicht heißen, dass ich für Übergewichtige kein Verständnis habe, im Gegenteil. Ich habe mich jahrelang mit diesem Problem intensiv beschäftigt und darüber im Selbstverlag 1987 mein erstes Buch veröffentlicht, das längst vergriffen ist: „Alternatives Abnehmen – aber mit Vernunft“. Darin empfehle ich das Abnehmen unter gleichzeitiger Ernährungsumstellung auf eine Vollwertkost.

Ein Weg zum persönlichen „Wohlfühlgewicht“

Das Teil-Fasten mit Basischer Kost ist eine Weiterentwicklung dieser Ansätze. Ich habe einsehen müssen, dass allein durch eine Ernährungsumstellung auf Vollwertkost das Problem des Übergewichtes nicht bei allen Personen zu lösen ist. Viele vertragen keinen Weizen, ein Hauptbestandteil der Vollwertkost. Sie nehmen damit nicht ab – sie nehmen zu!

Viele Dicke fühlen sich in ihrer Haut wohl nach dem Motto: **“Wir sind rund, na und?“** Diese Menschen will ich nicht „bekehren“, nicht verunsichern, ihnen kein Schönheitsideal aufzwingen, das sie innerlich nicht mittragen.

Mir geht es darum, den Menschen zu helfen, die unter ihrem Übergewicht leiden, körperlich und seelisch, die sich bemühen, von ihrem Gewicht herunter zu kommen, ihr Aussehen zu verbessern, es aber trotz oder gerade wegen der vielen Diäten oder sogar wegen der Vollwertkost nicht schaffen.

Oft sind diese Personen mit ihrer Körperform, ihrem Gesundheitszustand nicht zufrieden. Sie haben kein Übergewicht im herkömmlichen Sinne. Sie spüren nur das Ungleichgewicht in ihrem Körper, eine Disharmonie. Sie probieren diese oder jene Diät aus, ohne Langzeiterfolg. Die Waage drängt immer wieder nach oben. Ihnen sind die Zusammenhänge zwischen Ernährung und einem übersäuerten Organismus nicht bekannt. Sie haben nicht gelernt, sich selbst intensiv zu beobachten, auf eigenen Reaktionen bei bestimmten

Lebensmitteln zu achten und ihre Ernährungsgewohnheiten dauerhaft umzustellen. Viele von ihnen lassen sich – anstatt nach den Ursachen zu forschen - lieber an einzelnen Körperstellen Fett absaugen, wie die vielen aus dem Boden sprießenden Schönheitsinstitute belegen.

Mir geht es auch um die übergewichtigen Personen, die im Stress des Alltags verlernt haben, sich gesund zu ernähren, die durch ihren Arbeitsplatz und/oder das Sitzen vor dem PC in einen Zustand gedrängt werden, der sie reaktionsunfähig macht. Der sie zu müde macht, am Abend noch etwas Gesundes zu kochen oder joggen zu gehen, der sie lieber vor die Glotze drängt, **zuerst mit dem Bier in der Hand und später mit dem „Fettreifen" um den Bauch**. Wie jede Welle, die von Amerika zu uns schwappt, wird es bald auch bei uns so sein, dass die Särge immer stabiler und breiter sein müssen, da die Menschen für herkömmliche Bestattungssärge zu dick und zu schwer geworden sind.

Mir geht es aber auch im besonderen um die erschreckende Zunahme der übergewichtigen Kinder und Jugendlichen, die sich nicht mehr trauen, mit anderen zu spielen und Sport zu treiben, weil sie zu unförmig geworden sind, die mit Pizza und Pommes abgefüttert wurden und den PC als „Bezugsperson" haben und die aus diesem Teufelskreis ohne therapeutische Hilfe nicht mehr heraus kommen.

Unberücksichtigt bleibt die Frage, inwieweit diese junge Generation in ihrer Gesamtheit eine vorhersehbare volkswirtschaftliche Belastung in Zukunft darstellen wird, was sich heutzutage schon andeutet in der Zunahme von Diabetes, Rheuma oder Bluthochdruck bei Jugendlichen, Krankheiten, die bisher als Alterskrankheit bezeichnet wurden.

Letztendlich ist das Teil-Fasten mit Basischer Kost eine einmalige Möglichkeit, gesünder zu werden. Es ist eine optimale „Anti-Pilz-Ernährung“, die durch das Weglassen von Zucker und Alkohol den Pilzen keine neue Nahrung gibt. Es ist eine Variante der „Glyx-Diät“, welche bei manchen allein durch den Verzicht auf schnell resorbierbare oder gärungsfreudige Kohlenhydrate die Pfunde purzeln lässt. Es reinigt durch den Verzicht auf tierische Lebensmittel die Gefäße, beugt dadurch vielen Krankheiten vor, schafft ein Säure-Basengleichgewicht als Voraussetzung zur Vermeidung von „Säure-Krankheiten“ oder besser „Basen-Mangel-Krankheiten“ (wie ich später noch erläutern werde), bringt Wohlbefinden und geistige Beweglichkeit.

Mein Anliegen mit diesem Buch ist es, bestimmte Zusammenhänge, wie sie sich meiner Ansicht nach logisch ergeben, allgemein verständlich aufzuzeigen. Mein Wunsch und meine Hoffnung sind, dass sich daraus bei den Leserinnen und Lesern Einsichten und Erkenntnisse ergeben, welche zum Überdenken der bisherigen Lebensweise und zu praktischen Schlussfolgerungen führen.
Es ist gerade in unserer Zeit des Überangebotes ungeheuer schwer, die Ernährungsweise von heute auf morgen umzustellen, wenn der Leidensdruck nicht übergroß ist. Ich sehe im Teil-Fasten mit Basischer Kost einen Weg, sich langsam an eine neue und gesunde Ernährungsform heranzuarbeiten, dem Körper genügend Zeit zu lassen, sich darauf einzustellen, seinen Instinkt und die natürliche Lebensweise wieder zu entdecken und letztendlich seine Gesundheit und Lebensqualität eigenverantwortlich zu verbessern.

Zusammenfassung

Teil-Fasten mit Basischer Kost
-ist besonders auf die Belange überernährter, mit Giften belasteter Menschen zugeschnitten,
- bietet eine optimale Voraussetzung zur Entgiftung,
- ist die beste Vorbereitung auf das strenge totale Fasten,
- ist sehr gut geeignet, die Wirkung des strengen Heilfastens zu verlängern,
- ist besonders geeignet für Menschen, die durch ihre Ernährung und Lebensweise übersäuert sind,
- bringt den Organismus wieder in ein gesundes Gleichgewicht,
- berücksichtigt die individuellen Vorlieben und Abneigungen,
- ist ein Weg, sich langsam an eine neue und gesunde Ernährungsform heranzuarbeiten und dem Körper genügend Zeit zu lassen, sich darauf einzustellen,
- ermöglicht neben der Umstellung der Ernährungsweise auch die notwendige Umstellung der Lebensweise,
- führt zu Ausgeglichenheit und Harmonie und lässt die Einheit von Körper – Seele – Geist Wirklichkeit werden,
- hilft, jenseits von strengen Vorschriften immer wieder mit einer gesunden Lebensweise anzufangen und nie den Eindruck zu haben, es nicht zu schaffen, zu versagen, sondern immer das Ziel im Auge zu haben: die eigene, selbstverantwortete Gesundheit.

II. DER MEDIZINISCHE HINTERGRUND

Ernährungsbedingte Krankheiten

Durch das naturwissenschaftlich geprägte Denken der Medizin im letzten Jahrhundert hat sich die Meinung festgesetzt, wir könnten unsere Nahrung einfach durch eine Berechnung dessen, was für den Auf- und Abbau der Zellen, für die Energiegewinnung und die Wärmeerzeugung, kurz was zur Aufrechterhaltung der menschlichen Grundfunktionen notwendig ist, in Kalorien oder Joule berechnen und in Tabellen aufstellen. Sie können noch heute in vielen gescheiten Büchern nachlesen, wie viele Vitamine, Mineralstoffe, Proteine, Kohlenhydrate, Fette oder Spurenelemente der Mensch benötigt.
In Deutschland gibt es die „Deutsche Gesellschaft für Ernährung“, die in regelmäßigen Abständen im Auftrag der Regierung Ernährungsberichte herausbringt. Darin werden unter anderem der Verbrauch und die Ernährungsgewohnheiten aufgezeigt. Es werden Empfehlungen zur „richtigen“ Ernährung veröffentlicht, je nach Alter, Geschlecht, Tätigkeit und mehr. Nun müsste man meinen, bei so viel geballter wissenschaftlicher Kapazität müsste es doch stimmen! Dabei wurde und wird meist völlig außer Acht gelassen, dass es neben der Quantität, der Menge, auch eine Qualität, die Güte der Nahrungsmittel gibt.

Natürliche Lebensmittel geben Leben weiter

Es ist heute in gewissen alternativen Empfehlungen zur Ernährung üblich, von natürlichen und denaturierten Lebensmittel zu sprechen. Schon vor fast einhundert Jahren stellte Ragnar Berg (1873 - 1956) die Frage nach der biologischen Wertigkeit von Nahrungsmitteln, was bedeutet: wie wird das, was wir zu uns nehmen, vom Körper aufgenommen und verwertet? Für ihn war klar, dass wir nur einen Teil der Nahrungsmittel benötigen, wenn wir sie unverändert, möglichst naturbelassen zu uns nähmen. Professor Werner Kollath (1892 – 1970), ein führender Ernährungswissenschaftler in der Mitte des 20. Jahrhunderts, vertiefte diese Frage und stellte seine bekannte „Kollath-Tabelle" auf. Darin wird zwischen Lebensmitteln und Nahrungsmitteln unterschieden.

Lebensmittel geben Leben weiter, in ihnen steckt Leben, Vitalität: Sie sind nicht durch Hitze, Fabrikation, Konservierung, Extraktion oder andere Verfahren beeinflusst und werden demzufolge nicht zu Nahrungsmitteln denaturiert. Dass unbehandelte Lebensmittel wirklich „leben", merken wir daran, dass sie sich verändern können. Fette können ranzig werden, Gemüse und Milch können säuern, Obst und Gemüse verlieren durch lange Lagerung an Aussehen, Qualität und Geschmack.

Da in unserem modernen Industriezeitalter so ein Verlust auch immer mit finanziellen Einbußen verbunden ist, wurden sehr bald Methoden entwickelt, diesen Verlust/Verderb zu vermeiden. Es wird konserviert, pasteurisiert, sterilisiert mit Methoden, die relativ leicht nachprüfbar sind und aufgrund gesetzlicher Vorschriften auch angegeben werden müssen.

Leider gibt es heutzutage aber zusätzliche Methoden, denen wir hilflos ausgeliefert sind. Einmal ist es die Bestrahlung. Wir können den so behandelten Lebensmitteln diese Prozedur nicht ansehen und auch beim vielleicht faden Geschmack gibt es heutzutage genügend „Hilfsmittel" wie naturidentische

Aromastoffe, die uns Natürlichkeit vorgaukeln. Lediglich an einer unnatürlich langen Haltbarkeit, dem Aussetzen eines natürlichen Reifungs-, Alterungs- und Zersetzungsprozesses können wir sehen, dass eine Einwirkung stattgefunden hat. Die neue Art der Konservierung, bzw. die Bestrahlung ist häufig nicht deklariert, weil diese nur auf dem direkt bestrahlten Lebensmittel ausgewiesen werden muss. Wird ein Gewürz bestrahlt und somit denaturiert, so muss dies angegeben sein. Wird dieses Gewürz aber weiterverwendet, beispielsweise um der Pfeffersalami ihren typischen Geschmack und ihr ansprechendes Äußeres zu verleihen, dann ist eine Deklaration der Bestrahlung nicht notwendig.

Die zweite Revolution ist ausgebrochen mit dem Zeitalter der Genmanipulation, deren Auswirkungen nicht voraussehbar sind, wovor aber viele Verbraucher einen natürlichen Respekt haben. Ob es sich beim Mais um eine genmanipulierte Sorte handelt, können wir der Frucht nicht mehr ansehen. Die genmanipulierten Lebensmittel, die resistent gegen bestimmte Unkrautvernichtungsmittel gemacht wurden oder die genmanipulierten Lebensmittel, welche uns vor Herzinfarkt oder Diabetes schützen sollen, können wir nicht mehr einordnen, unterscheiden. Sie erscheinen „lebendig“, vital, natürlich, aber wir wissen nicht, wie die Natur (fliegt doch der Pollen bis 21 km weit!) oder wie unser Organismus kurzfristig darauf reagiert

Wir wissen schon gar nichts über langfristige Auswirkungen. Was heute unbedenklich erscheint, kann sich später zum Fluch der Menschheit entwickeln. Warum gibt es DDT, einst bejubelt und ausgezeichnet, bei uns nicht mehr? Es ist bei uns verboten und verflucht, wird aber in den Entwicklungsländern noch verwendet und kommt auf diese Weise nach Europa zurück!

Wie sieht es in Jahrzehnten, nach ein, zwei Generationen mit der Langzeitwirkung der genmanipulierten Nahrungsmittel aus? Bleibt die Fähigkeit, Kinder zu zeugen und auszutragen auch in den nächsten Generationen erhalten? Oder sprechen die vielen Fehlgeburten, die häufige ungewollte Kinderlosigkeit, die zunehmenden künstlichen Befruchtungen schon heute eine deutliche Sprache als Anzeichen einer möglichen Degeneration? Wie sieht es in 30 oder 40 Jahren aus? Mir geht es wie vielen anderen Menschen, die eine natürliche Zurückhaltung gegenüber genveränderten und/oder bestrahlten Lebensmitteln haben. Ich fühle mich an Goethes Zauberlehrling erinnert: „Herr, die Not ist groß! Die ich rief, die Geister, werd′ ich nun nicht los.“ Ob sich unsere in Brüssel oder Berlin verantwortlichen Politiker an solche Gedichte/Zitate erinnern?

„Zivilisationskost“ verursacht viele Krankheiten

Wir brauchen uns also nicht zu wundern, wenn viele Menschen ständig gesundheitliche Probleme haben! Es ist eben nicht egal, was wir essen. Es ist erwiesen, dass die heute übliche Zivilisationskost bestimmte Zivilisationskrankheiten verursacht, bzw. mitverantwortet. Während die Gicht schon immer als ernährungsbedingt angesehen wurde und dann besonders purinarme Kost empfohlen wird, hat es Jahrzehnte gedauert, bis der Zusammenhang zwischen Karies und Zuckerkonsum anerkannt wurde. Nur wenige kennen und anerkennen den Zusammenhang zwischen Ernährung und verschiedenen Krankheiten wie zum Beispiel:

- Schwindel, Kopfschmerzen, Migräne, Konzentrationsstörungen, Vergesslichkeit
- Depressionen, Schizophrenie, Epilepsie
- Haarspliss, Haarausfall

- Hörsturz, Tinnitus
- Parodontose, Karies
- Ekzeme, Neurodermitis, Allergien
- Stoffwechselstörungen, Altersdiabetes, Übergewicht, Zellulite
- Infektanfälligkeit, Ausfluss
- Gallen-, Nieren-, Blasen-, Speicheldrüsensteine
- Sodbrennen, Magen- Zwölffingerdarmgeschwüre, Morbus Crohn, Kolitis
- Durchblutungsstörungen, Arteriosklerose, Angina pectoris, Herz-, Hirninfarkt
- Rückenschmerzen, Bandscheibenvorfall
- Rheuma, Gicht

Und diese Aufstellung ist sicher nicht vollständig!

Vegetarier leben gesünder und länger

Unter Vegetariern versteht man Personen, welche den Verzehr von lebenden Tieren, sei es Fleisch oder Fisch, ablehnen. Das heißt nun nicht, dass alle Vegetarier gesund leben und sich gesund ernähren, denn es gibt die so genannten „Pudding-Vegetarier“, die zwar keine Tiere essen, aber ansonsten sich kaum Gedanken über eine gesunde Kost machen. Ob gekocht oder nicht, ob denaturiert oder vital, mit Zucker oder ohne, das ist einigen völlig egal. Im Allgemeinen kann man aber sagen, dass die Zahl der bewussten Vegetarier ständig zunimmt.

Ob dies mit den Horrormeldungen über BSE, Vogelgrippe, Schweinepest, Antibiotika- und DDT-Rückständen oder mit ethischen Gründen zusammenhängt, lässt sich schwer sagen. Vielleicht hängt es auch nur mit einem immer stärker wachsenden Gesundheitsbewusstsein zusammen.

Es gibt noch weitere Unterscheidungsmöglichkeiten in der Gruppe der Vegetarier: die Ovo-Lacto-Vegetarier, die den Verzehr von warm- oder kaltblütigen Tieren ablehnen, aber deren Produkte wie Eier oder Milch (Käse) essen, und die Lacto-Vegetarier, welche auch das Ei (ovo) weglassen. Daneben gibt es noch die Veganer, welche absolut nichts von Tieren essen, also keine Eier, Milch, selbst Honig nicht, und sich nur von Pflanzlichem ernähren.

Heutzutage findet man auch eine große Anzahl von Personen, welche sich als „Halb-Vegetarier“ oder gemäßigte Vegetarier bezeichnen, die hin und wieder mal ein Stück Fleisch oder Fisch essen, hin und wieder Milchprodukte, aber den Verzehr von tierischem Eiweiß weitgehend einschränken. Es scheint, als ob das Tiereiweiß eine andere Wirkung im menschlichen Organismus hat als das Pflanzeneiweiß.

Vor Jahren wurde eine breit angelegte Studie in Berlin, Heidelberg und Gießen über den Gesundheitszustand von Vegetariern durchgeführt. Da Vegetarier im allgemeinen weniger rauchen und wenig Alkohol trinken, sich meist körperlich mehr betätigen, überhaupt gesundheitsbewusster leben, war es voraussehbar, dass sie weniger Risikofaktoren aufwiesen, idealgewichtiger waren und weniger ernährungsbedingte Krankheiten aufwiesen. Selbst Veganern musste zugestanden werden, dass sie bei einer offensichtlich ausgewogenen Zusammenstellung ihrer Ernährung keinerlei Mangelzustände hatten, auch keinen Calciummangel aufwiesen trotz des Verzichtes auf Milch und deren Produkte!

Schade nur, dass dieses Ergebnis einer veganen Ernährung offensichtlich nicht den Personen bekannt ist, die uns immer wieder einreden wollen, bei Osteoporose nicht auf

Milchprodukte verzichten zu dürfen, ja selbst zur Prophylaxe unbedingt den Verzehr von Milch, Quark und Käse empfehlen. Zu häufig wird dabei verschwiegen, dass wir weniger Calcium benötigten allein durch den Verzicht von tierischem Eiweiß in der Ernährung.

Calcium ist nicht nur in Milchprodukten enthalten, sondern in allen Grünblatt-Gemüsen wie Grünkohl, Kresse, Petersilie, Fenchel, Schnittlauch, Wildkräuter, aber auch in Sesam, Nüssen oder Mandeln. Wir benötigen als Erwachsene keine Milch und keine Milchprodukte zur Unterstützung bei eventuellem Calciummangel.

Zusammenfassung

Nicht die Quantität der Nahrung ist entscheidend für unsere Gesundheit, sondern in besonderem Maße die Qualität.
Biologisch wertvolle, lebendige Nahrung darf nicht durch Hitze, Fabrikation, Konservierung, Extraktion, Bestrahlung, Genmanipulation oder andere Verfahren beeinflusst werden.
„Zivilisationskost“ ist nicht nur wertlos, sondern auch schädlich für unsere Gesundheit.
Pflanzeneiweiß ist bekömmlicher und gesünder als Tiereiweiß.
Vegetarier und „Halb-Vegetarier“ leben meist gesundheitsbewusster und bleiben von vielen Zivilisationskrankheiten verschont.
Erwachsene benötigen keine Milch oder Milchprodukte zu Calciumversorgung.
Grün-Blatt-Pflanzen und Grün-Blatt-Gemüse sowie Sesam, Mandeln und Nüsse sind gute Calciumlieferanten.

2. Die Eiweiß-Speicherung (nach Lothar Wendt)

Bis vor wenigen Jahren bestand bei den Wissenschaftlern die allgemeine Überzeugung, dass nur Fette und Kohlenhydrate im menschlichen Organismus gespeichert werden könnten. Mit den Erkenntnissen von Professor Lothar Wendt, der in seiner jahrzehntelangen ärztlichen und wissenschaftlichen Arbeit in der Mitte des letzten Jahrhunderts bewies, dass auch Eiweiß im Körper gespeichert werden kann, kam ein völlig neuer Ansatzpunkt.

Krank durch Überernährung mit denaturiertem Tiereiweiß

Wendt führt eine ganze Anzahl von ernährungsbedingten Krankheiten auf eine Überernährung mit Tiereiweiß zurück. Seiner Ansicht nach kann im subkutanen (unter der Haut liegenden) Bindegewebe ein Nährstoffüberschuss gespeichert werden, in den Fettzellen das Zuviel an Fett und Kohlenhydraten, im Kollagen das überschüssige Eiweiß. Der Körper hat die Möglichkeit, diese Nährstoffspeicher bei Hunger abzurufen. Bleibt das Eiweiß auf die Speicherung im Bindegewebe beschränkt, ist die Person zwar gut ernährt, vielleicht auch dick wegen der Speicherung von Fett und Wasser, aber nicht krank.

Werden aber durch eine ständige weiterfolgende Überernährung mit vor allem denaturierten Eiweiß die Speicher nicht mehr entleert, und gelingt es dem Organismus nicht, das überschüssige Eiweiß trotz maximaler Harnstoffausscheidung auszuleiten, so kommt es nach Wendt zum Nährstoffstau sowohl im Bindegewebe wie im Blut.

Merkmale für eine Eiweißüberernährung

Lothar Wendt gibt zur exakten Bestimmung der Eiweißüberernährung einige Parameter, das heißt messbare Größen und Merkmale an:

- Das Blut als Transportmittel der Nährstoffe wird verdickt, weil es ist mit Nährstoffen überlastet ist/wird.
- Dies führt zu einer Erhöhung des Hämatokrits. Der Hämatokrit ist ein Sammelbegriff für den Anteil der zellulären Bestandteile im Blut.
- Ist der Hämatokrit zu hoch, führt das zu einer Blutverdickung.
- Das führt zur Veränderung der Fließgeschwindigkeit des Blutes, der Viskosität.
- Ist die Fließgeschwindigkeit herabgesetzt, kommt es zur Mangeldurchblutung, besonders in der Mikrozirkulation des Blutes. Das ist besonders gefährlich für die Versorgung jeder einzelnen Körperzelle.

Wir unterscheiden im menschlichen Organismus einmal die Makrozirkulation, das ist das allgemein bekannte Herz-Kreislauf-System, und die Mikrozirkulation, für die Ralph Bircher folgende Definition gibt:
„Die Austauschfunktionen zwischen dem Blut und dem Gewebe kennzeichnet die Mikrozirkulation, zu der wir deshalb nicht nur die feinsten Blutgefäße von den Arteriolen über die Kapillaren bis zu den Venolen rechnen, sondern auch das umgebende perivasale Bindegewebe, das zu den Parenchym-Zellen als den wichtigsten Zielzellen der Gewebe führt (Transitstrecke). Die Mikrozirkulation vermittelt den Austausch der Blutgase Sauerstoff und Kohlendioxyd, wobei das Fließverhalten der roten Blutkörperchen die entscheidende

Größe ist, die wir mit den Methoden der Haemorheologie (der Lehre von den Fließeigenschaften des Blutes) in den letzten Jahren zu erfassen gelernt haben."
Mit einfachen Worten: bei der Mikrozirkulation geht es um die Ernährung und Versorgung der kleinsten Bausteine unseres Organismus, der Zellen. Diese sind umgeben von den kleinsten Blutgefäßen, den Kapillaren und Venolen, die so dünn wie unsere Haare sind, (Lateinisch capillus = das Haar) daher ihr Name.
Für Lothar Wendt bedeutet die Beeinträchtigung der Mikrozirkulation die größte Gefahr. Heißt dies für ihn, dass ein Stau in der Blutbahn entsteht, der zur Speicherung reizt. Die Zellen der Gefäßinnenwände der Blutbahnen speichern in Folge die Eiweiße im Blut auf der Gefäßinnenwand, der Basalmembran. Das wiederum führt zur Verengung der Blutgefäße mit allen daraus resultierenden möglichen Durchblutungsstörungen und Krankheiten. Wendt nennt u.a. Diabetes, Bluthochdruck, Gicht, Rheuma, Angina pectoris, Parodontose, Arteriosklerose, Thrombose, Herzinfarkt und Schlaganfall.

Ich empfehle deshalb, sich bei einer Blutuntersuchung regelmäßig auch den Hämatokrit bestimmen zu lassen, dem frühen Kennzeichen einer Eiweißüberversorgung. Er sollte nach Wendt bei Frauen um 37 %, bei Männern um 40 % liegen, Grenzwert sollte 42 % sein. Das Hämoglobin, der sauerstoff-transportierende rote Blutfarbstoff der Erythrozyten sollte bei 12 g/dl liegen und 14 g/dl nicht übersteigen, das Gesamteiweiß im Blut sollte bei 6 g/dl liegen und nicht über 7,5 g/dl steigen, die Anzahl de roten Blutkörperchen sollte bei 4,2 Millionen liegen. Diese Werte, so Wendt, seien Voraussetzung für eine optimale Blutfließgeschwindigkeit und damit für eine gute Mikrozirkulation. Wenn Sie diese Werte mit den heute üblichen, bei uns als normal bezeichneten vergleichen, werden Sie feststellen, dass unsere heutigen Normwerte oft viel zu hoch angesetzt sind.

Wendt sieht in den monatlichen Blutungen der Frauen einen natürlichen Reinigungsvorgang und damit eine Prophylaxe für gefährliche Durchblutungsstörungen wie Herz- und Hirninfarkt. Da nach dem Klimakterium diese natürliche Eiweißspeicherentleerung in der Regel nicht mehr stattfindet, nehmen diese Krankheiten auch bei den Frauen nach dem Klimakterium rasant zu.
Meiner Ansicht nach liegt deswegen die der Hormonersatztherapie zugeschriebenen Osteoporose verhütende Wirkung allein in dem Fortführen der monatlichen Blutungen, nicht in der Gabe von Hormonen. Wendt empfiehlt als Ersttherapie regelmäßige Aderlässe für Männer (für Frauen nach dem Klimakterium) und als Zweitwichtigstes das Eiweißfasten wie es auch mein Teil-Fasten mit Basischer Kost beinhaltet. Von daher unterstütze ich die Thesen von Professor Wendt voll und ganz.

Zusammenfassung

Eiweiß kann nach Wendt im subkutanen Bindegewebe gespeichert und bei Hunger abgerufen werden.
Werden diese Eiweißspeicher nicht regelmäßig geleert, kommt es zu einem Eiweißstau im Blut und in Folge zu weiteren schwerwiegenden Erkrankungen.
Der Eiweißstau kann im Frühstadium durch erhöhte Hämatokritwerte im Blut nachgewiesen werden.
Eine frühe Therapie sind Aderlass und Eiweißfasten.
In der Naturheilkunde finden die Erkenntnisse von Lothar Wendt zur Eiweißspeicherung bereits viele Anhänger.

3. Der Lymphstau

Ralph Bircher erweitert seine Definition der Mikrozirkulation noch, indem er sagt, dass nicht nur die Blutkapillaren, sondern auch die Lymphkapillaren dem System der Mikrozirkulation angehören. Dies sind die kleinsten, haarähnlichen Gefäße des Lymphsystems. Somit kommt es, folgt man den Erkenntnissen von Lothar Wendt, bei einem Nährstoffstau im Bindegewebe nicht nur zu einem Eiweißstau in den Blutgefäßen, sondern auch zu einem Stau im Lymphsystem.

Unter Lymphe verstehen wir eine klare, manchmal gelbliche oder weißliche Körperflüssigkeit, die in Gefäßen parallel zu den Venen und Arterien verläuft, bis zu jeder einzelnen Körperzelle. Vielleicht ist es Ihnen als Kind auch so gegangen, dass sie hingefallen sind, das Knie zwar aufgeschrammt war, aber nicht geblutet hat. Es trat nur eine helle Flüssigkeit aus der Wunde. Das war/ist Lymphe. Sie umgibt jede Körperzelle.

Das Umfeld einer Zelle müssen wir uns wie einen Sumpf vorstellen, in den die Arterien und an deren äußersten Ende die Kapillaren über die Blutbahn die Nährstoffe zur Zelle heranschaffen, aus dem die Venen, bzw. die kleinsten Venolen die Abfallprodukte hinwegschaffen und die Lymphkapillaren die zu entgiftenden Stoffe über die Lymphbahnen zu den Lymphknoten abtransportieren. Während bei den griechischen Ärzten im Altertum bereits das Lymphsammelgefäß im Darm, das Chylusgefäß, vom griechischen Chylos (Milchsaft), bekannt war und im 17. Jahrhundert wichtige Forschungsergebnisse den „Milchbrustgang“, den „ductus thoracicus“, etwa hinter dem Brustbein, gefunden hatten, dauerte es doch bis ins späte 20. Jahrhundert, bis es zur

Lymphologie kam, der Lehre von der Lymphe und den Gewebeflüssigkeiten.
Wir dürfen uns die Körperflüssigkeiten nicht in absolut geschlossenen Räumen oder Gefäßsystemen vorstellen. Die verschiedenen Körperflüssigkeiten wie beispielsweise Blut, Lymphe, Körperwasser, Urin, Speichel befinden sich in ständiger Bewegung innerhalb ihres Transportsystems, ihres Organes, aber auch innerhalb des gesamten Körperwassersystems.

Das Lymphsystem – die Kläranlage im Organismus

Auf dem Gebiet der Lymphwissenschaft hat Dr. Helmut Weiß (1917-1987) interessante Erkenntnisse aus seiner langen medizinischen Arbeit in dem Buch „Kranker Darm – kranker Körper" veröffentlicht. Für ihn besteht ein logischer Zusammenhang zwischen einer Überernährung und dem dadurch verursachten Rückstau in der Pfortader: Die Pfortader führt das Blut mit den aus dem Darm angereicherten Nährstoffen zur Leber. Für Weiß sind dementsprechend die Blutstauungen in den Hämorrhoiden typische Zeichen eines Pfortaderstaus infolge einer Überernährung. Ist der Pfortaderabfluss gestaut infolge einer Leberschädigung, so kommt es seiner Meinung nach zu so genannten Kollateralen, Umgehungen der Leber, die sich in der Speiseröhre als Ösophagus-Varizen oder auf der Bauchdecke als „Medusenhaupt" zeigen können.

Weiß vergleicht das Lymphsystem mit der Kanalisation: Abfallstoffe (lymphpflichtige Substanzen) werden abtransportiert und in der Kläranlage – den Lymphknoten - aufbereitet, aufgeschlossen, entgiftet und gereinigt. Anschließend wird die Flüssigkeit weiter transportiert, von der

Kläranlage zum Fluss, zum Meer und im menschlichen Körper zum venösen Blut. Müssen zu viele Stoffe abtransportiert werden, kommt es zuerst zu einem Stau in den Lymphknoten. Lymphknoten, die „Kläranlage", sind Filterstationen in den Lymphbahnen.

Man schätzt, dass wir etwa 600 Lymphknoten haben. Davon befindet sich ein Zentrum im Hals/Kopf-Bereich, denn hier haben wir die meisten Körperöffnungen und somit die größte Infektionsmöglichkeit.
Das zweite Zentrum der Lymphknoten befindet sich im Darmbereich. Einmal gilt es hier die mehrfach ungesättigten Fettsäuren aufzunehmen, über den Milchbrustgang zu „entgiften" und anschließend über die linke Schlüsselbeinvene ins venöse Blut einfließen zu lassen, zum anderen ist der Darm die Schaltstelle zwischen Nahrungsaufnahme und Ausscheidung und somit möglichen „Vergiftungen" ausgesetzt. Logischerweise müssen viele „lymphatische Wächter" uns vor eventuellen Krankheiten bewahren, und das lymphatische System ist stark beansprucht.

Eine Lymphknotenschwellung dürfte allgemein bekannt sein von Verletzungen und Entzündungen. So kann sich beispielsweise bei Verletzungen am Fuß ein rötlicher Streifen am Bein bilden, der bis zum Lymphknotenpunkt in der Leistenbeuge reicht und die entsprechenden Lymphknoten anschwellen lässt.

Bekannt sind auch die Lymphknotenschwellungen in der Achselhöhle bei Brustkrebserkrankungen. Deswegen werden Frauen immer angeregt, regelmäßig ihre Lymphknoten in den Achselhöhlen abzutasten und zu kontrollieren, ob sich Veränderungen zeigen.

Lymphstau – eine Überforderung des Lymphsystems

Wenn eine Schädigung, eine Entzündung oder Infektion von bestimmten Körperorganen vorliegt, so kann ein Lymphstau entstehen, weil die anfallenden Gift- und Zersetzungsstoffe nicht schnell genug entsorgt werden können. Meist reagiert unser Organismus dann mit Müdigkeit, um sich in Ruhe mit dem Problem befassen zu können.

Aber ein Lymphstau kann offensichtlich auch verursacht sein durch ein Überangebot an Nahrung, so dass es zu Vergrößerungen, Erweiterungen, Gewichtszunahme kommt.

Nach Weiß zeigt sich **ein Lymphstau - bedingt durch einen Nährstoffstau -** vor allem in folgenden Bereichen:

- Lymphstau in den Kniekehlen mit geschwollenen Beinen und dicken Unterschenkeln
- Lymphstau in den Leistenbeugen mit Myomen der Gebärmutter und Prostatavergrößerungen
- Lymphstau im Darmlymphsystem mit Abwehrschwäche, Infektanfälligkeit, Störung des Immunsystems, Organerkrankungen und Rückenbeschwerden
- Lymphstau im Milchbrustgang und unter den Achseln mit Emphysemen (Aufblähungen), chronischer Bronchitis und Zystenbrust
- Lymphstau am Hals mit sämtlichen Krankheiten im Hals-Nasen-Ohren-Bereich.

Lymphstau durch Milchunverträglichkeit

Zum Lymphstau am Hals gehört offensichtlich auch die immer bekannter werdende Milchunverträglichkeit. Die Forschungen auf dem Gebiet der Laktoseintoleranz, der Unverträglichkeit von Milchzucker schreiten fort. Ob dies zu einem Lymphstau führt, vermag ich nicht zu sagen. Aber ich möchte in diesem Zusammenhang hinweisen auf Äußerungen von Dr. Max O. Bruker (1909 – 2001). In seinem weit verbreiteten Buch „Erkältungen müssen nicht sein" schrieb er schon in den 80ger Jahren des letzten Jahrhunderts, dass Ärzte bei geschwollenen Mandeln sehr schnell mit der Diagnose „Angina" bei der Hand sind, und nach so und so vielen Anginen pro Jahr die Entfernung der Rachenmandeln empfehlen. Bruker stellte anschaulich dar, dass eine Vergrößerung der Mandeln und ein grauer, leicht zu entfernende Belag auf den Mandeln oft nicht aufgrund einer äußeren Infektion zustande kommen, sondern weil der Organismus sich gegen das Überangebot an artfremden Eiweiß wehrt! Das sei kein Zeichen einer akuten Angina, sondern eine natürliche Reaktion des lymphatischen Gewebes. Das leuchtete mir aufgrund eigener Erfahrungen sofort ein. Leider waren meine Kinder zu diesem Zeitpunkt bereits alle an den Mandeln operiert, für sie war es also zu spät. Aber vielleicht nicht für Ihre Kinder und Enkelkinder!

Die Mandeln gehören zum lymphatischen Rachenraum, zu den Lymphknoten. Sie sind die Wächter im Kopfbereich, die uns vor Infektionen bewahren sollen! Im übrigen bin ich der Überzeugung, dass auch die Nasenpolypen ihre Ursache in einer Milchunverträglichkeit haben. Wenn Sie unter „Anginen" oder Nasenpolypen leiden, so probieren Sie es doch erst einmal aus, sich eine Zeitlang ohne Milch und Milchprodukte wie beim Teil- Fasten zu ernähren! Ich bin überzeugt, es hilft.

Muss auch die Milch „entgiftet" werden?

In diesen Zusammenhang passt auch die Aussage von Helmut Weiß, dass nicht nur die langkettigen Fette über den Milchbrustgang „entgiftet" werden müssten, sondern auch die Milch als solche. Ist die artfremde Milch für uns so schlecht verträglich, dass sie erst entgiftet werden muss? Trifft dies auf alle Arten von artfremder Milch zu, also Kuh-, Ziegen-, Schafs- und Stutenmilch? Kann es sich auch auf die arteigene, die Muttermilch beziehen? Ist dies nur bei bestimmten Blutgruppen der Fall? Leider konnte ich den Autor nicht mehr befragen, da ich erst kurz nach seinem Tod auf sein Buch gestoßen bin.

Aber Renate Collier weist in ihrem Buch „Milchallergie, eine unterschätzte Gefahr" auf persönliche Erfahrungen und Krankheiten hin, die mit dem Verzehr von Milch und Milchprodukten in Zusammenhang stehen.

Bei meinem Besuchin Anfang 2006 Indien überreichte mir der dort sehr bekannte indische Arzt Dr. Sharma sein Buch „Milk - a silent killer". Darin warnt er eindringlich vor dem Verzehr von Milch und Milchprodukten.

Lymphstau und Rückenschmerzen

Ein Lymphstau besonderer Art ist nach Dr. Weiß das kollaterale Ödem, das er als Radixödem bezeichnet, weil es im Wurzelbereich des Gekröses auftritt, dem radix mesenterii, an dem der Dünndarm im hinteren Bauchraum angehängt ist. Wir müssen uns das so vorstellen: Unser Dünndarm ist ein 3 - 5 m langer Schlauch, der vom Mesenterium, dem Dünndarmgekröse, gehalten wird. Es legt sich in zahlreiche Falten, wodurch die Gesamtlänge auf wenige Zentimeter Breite

reduziert und am hinteren Bauchraum im radix mesenterii gehalten.
Kommt es nun zu Stauungen in diesem Bereich, hat das nicht nur Folgen für den Darm und den Unterbauch (Prostata, Hämorrhoiden, Medusenhaupt = eine deutliche Venenverdickung und Zeichnung auf der Bauchdecke), sondern auch für den Rücken. Durch den Stau, und die zwangsläufige Vergrößerung und Gewichtszunahme können sich Wirbelkörper verschieben oder Bänder überdehnt werden.

Verspannungen, Verkrampfungen und Bandscheibenvorfälle im Lumbalbereich werden oft nur symptomatisch behandelt, mit Massagen, mit Spritzen, mit Schmerztabletten, im schlimmsten Fall mit Operationen mit unkalkulierbarem Risiko. Ein Zusammenhang mit Ernährung, Lymphstau oder Darmgesundheit wird kaum gesehen. Patienten sind jahrelang auf ein „unheilbares Leiden“ fixiert, werden zur Rückengymnastik oder Körperschulung geschickt, vielleicht sogar auf einen anderen Arbeitsplatz umgeschult, ohne dass die Ursache, eine mögliche Über- oder Fehlernährung behandelt wird.

Übergewicht durch Eiweißüberfütterung und Lymphstau

Wer die Bücher von Erich Rauch kennt mit dem Gedankengut von F.X. Mayr (1875 - 1965), dem weit über seine Heimat hinaus bekannten großen österreichischen Arzt, hat sicher deutlich die auf ihn zurückgehende, sehr bekannte Typisierung der Darmgeschädigten vor Augen. Diese sind auf der Titelseite seines Buches “Die Darmreinigung“ abgebildet: die Normalhaltung, die Habtachthaltung, die Anlaufhaltung, die Entenhaltung, die Lässige Haltung, die Sämannhaltung und die Großtrommelträgerhaltung. Eindrucksvoll wie heutzutage unter den Männern die „Großtrommelträger“ zunehmen, die nicht mehr nur ihre Bierbäuche vor sich hertragen, sondern ihre Hosen kaum noch halten können. Dieses Phänomen ist aber nicht nur auf Männer beschränkt, sondern ergreift immer mehr Frauen und in den letzten Jahren auch immer mehr Jugendliche. Ärzte halten die dicken Bäuche, die so genannte „abdominale Fettsucht“, und ihre Folgekrankheiten für weitaus gefährlicher als eine Gewichtszunahme an anderen Körperstellen.

Bewegung fördert den Lymphfluss

Geht man davon aus, dass unser größtes lymphatisches Zentrum der Darm ist, so liegt nahe, dort auch mit der Therapie anzusetzen. Das wird im Kapitel „Darm“ ausführlich behandelt. Daneben meine ich, sollten wir uns bemühen, die Lymphflüssigkeit in Bewegung zu halten. Während das Blut mit jedem Herzschlag in den Arterien und Venen vorwärts geschoben wird, ist das Lymphsystem weitgehend auf den Druck der sich zusammen ziehenden Muskulatur, der Atmung und Bewegung, eventuell auch auf zusätzliche Massagen angewiesen, um angeregt zu werden. Man sagt, die Lymphe durchlaufe innerhalb eines Tages, also innerhalb von 24 Stunden, nur einmal den Lymphkreislauf in unserem Körper.

Natürlich wirken sich schon leichte „Schallwellen“ der oft parallel verlaufenden Arterien und Venen oder die Kontraktion der Atembewegung transportfördernd aus. Den stärksten Reiz stellen aber die Kontraktionen der Skelettmuskulatur dar. Deswegen ist Bewegung der beste Motor für einen notwendigen Abfluss der Lymphe. Zu empfehlen sind Walken, Wandern, Radfahren, Schwimmen, Trampolin springen, kurz jede Bewegung vor allem der unteren Extremitäten. Auch die

Bauchatmung, wie sie in diesem Buch beschrieben wird, ist von großer Hilfe. Kommt dann noch Wärme dazu, entweder durch Sport oder mit Hilfe einer Wärmflasche erzeugt, so verstärkt und beschleunigt sich der Lymphfluss.

Eine ganz einfache Übung, auch ohne Sport die Lymphe anzuregen, besteht darin, die Schwimmhäute zwischen den Fingern und nach Möglichkeit auch zwischen den Zehen zu massieren. Normalerweise sollte die Lymphflüssigkeit immer in Richtung zu den nächsten Lymphknoten, also herzwärts, abgestrichen werden. Dieser „Schwimmhäute-Griff" ist der einzige Griff, der entgegen dem Lymphfluss massiert wird, vielleicht ist er deswegen so wirkungsvoll.

An seinen Fingern spielen und massieren kann man überall, sei es beim Fahren im Bus oder Zug, beim Warten auf die Straßenbahn, ja selbst bei einem langweiligen Vortrag. Das Massieren der Zehenzwischenräume sollte man lieber dem häuslichen Bereich vorbehalten! Aber beim abendlichen Fernsehen beispielsweise ist das sehr gut möglich.

Das Lymphsystem ist wichtig für unser Abwehrsystem

Noch vor Jahren wurden Lymphmassagen von vielen Krankenkassen nicht als erstattungsfähig anerkannt. Heute weiß man, wie wichtig das lymphatische System für die gesamte Abwehr ist. Wird doch die wässrige Lymphe, die in ihrer Zusammensetzung dem Blutplasma gleicht, auf ihrem Weg von den Körperzellen bis zum Verschmelzen mit dem venösen Blut am Schlüsselbein in mehreren hundert Lymphknoten gereinigt und entgiftet

Da unser Darm in diesem Zusammenhang eine Schlüsselstelle hat, wird im folgenden Kapitel noch näher darauf eingegangen.

Zusammenfassung

Das Lymphsystem spielt eine bedeutende Rolle in der gesamten Abwehr unseres Organismus.
Fallen zu viele Abfallstoffe im lymphatischen System an oder sind wir mit Nährstoffen überernährt, kommt es zum Lymphstau.
Der Lymphstau führt zu Gewichtszunahmen im gesamten Körper und zur Schädigung einzelner Organe.
Ein Lymphstau im Darmsystem verursacht Abwehrschwäche, Infektanfälligkeit, Störungen im Immunsystem, aber auch Rückenbeschwerden.
Der Verzehr von Milchprodukten kann zu Reaktionen im lymphatischen System führen.
Der Lymphfluss lässt sich durch Wärme, Bewegung und Massagen anregen.
Lymphmassagen gehen entlang des Lymphflusses in Richtung Herz.
Einzige Ausnahme ist die Massage der Schwimmhäute zwischen Fingern und Zehen.

4. Der Darm

Dem russischen Arzt Ilja Iljitsch Metschnikoff (1845 – 1916) wird der Ausspruch „Der Tod sitzt im Darm“ zugeordnet. Der Heilpraktiker und Ernährungstherapeut Wolfgang Spiller betitelte eines seiner Bücher „Der Darm – Wurzel der Lebenskraft“. Ob Tod oder Leben, in beiden Aussagen steckt die Erkenntnis, dass wir uns nur gesund fühlen, wenn auch der Darm gesund ist. Doch wie erkennen wir, ob unser Darm gesund ist?

So wie der Mensch von außen von einer Haut umgeben ist, die ihn umhüllt, ihn schützt, nach außen abgrenzt und dennoch Kontakt mit der Um- und Außenwelt zulässt, so ist der Mensch auch von innen mit einer Haut, der Schleimhaut, ausgekleidet, geschützt, abgegrenzt und dennoch in ständigem Kontakt mit allem, was daran vorbei kommt. Am Mund und am After haben wir die beiden Nahtstellen von außen nach innen. So ist es auch nicht verwunderlich, dass diese beiden „Haut-Übergänge“ von vielen Heilkundigen als erste Diagnosemöglichkeit gesehen werden, um etwas über den gesundheitlichen Zustand der Innenhaut zu erfahren.

Helmut Weiß und seine Aussage über den Zusammenhang von Hämorrhoiden und Pfortaderstau wurde bereits zitiert. Ich kenne eine HP-Kollegin, für die zu einer ausführlichen Untersuchung grundsätzlich der Blick auf den Anus gehörte, zumal „Hämorrhoiden-Probleme“ selten von Patienten zugegeben werden.
Es gibt viele Antlitzdiagnostiker, die aus der Beschaffenheit der Lippen Aussagen über den Zustand von Magen, Leber, Bauchspeicheldrüse und Darmfunktion machen können. Die bei den Chinesen gängige Zungendiagnose findet bei uns kaum

noch Anwendung, die heutigen Mediziner vertrauen meistens Laborwerten. Dabei werden die individuellen Werte der Patienten in Relation gesetzt zu Laborwerten, zu Normwerten, die sich an der „Normalität“, das heißt an dem Zustand der Masse orientieren, was nicht unbedingt Gesundheit bedeutet.

Als bestes Beispiel hierfür zitiere ich gerne die Aussage von Dr. Johann Abele (1940 - 1999), der auch das Vorwort zu meinem Buch geschrieben hat. Als er mit seinem Medizinstudium anfing, waren Cholesterinwerte von unter hundert normal, als er das Studium beendete, waren die Normwerte bereits auf 120 gestiegen. Während seiner praktischen Tätigkeit erlebte er Normwerte bis zu 250, die später auf 200 korrigiert wurden.

Norm wird also verstanden als Ausdruck des „Gesundheitszustandes“ gemessen am Durchschnitt der Bevölkerung! Da wir wissen, dass viele Menschen heute nicht mehr gesund sind, haben sie auch die Norm-Werte geändert. Von daher sind Normwerte von Laboruntersuchungen mit Vorsicht zu interpretieren. Besser wäre es, bei einer Diagnose den ganzen Menschen zu betrachten, so wie es viele Ärzte früher gemacht haben und wie es gerade auch F.X. Mayr vorgelebt und dokumentiert hat.

Die Anatomie des Darmes

Während unsere äußere Haut, schnitte man sie auf und legte sie nebeneinander, etwa 1,5 bis 2 Quadratmeter groß ist, beträgt die Fläche unserer Darmschleimhaut ein Vielfaches. Die Angaben schwanken zwischen der Größe eines Tennisplatzes und der Hälfte eines Fußballplatzes. Wie kann so etwas sein?

Nun, den Vegetariern wird nachgesagt, dass sie einen längeren Dünndarm besitzen als die Fleischesser (nachzulesen bei Glaesel). Im Tierreich ist es ähnlich: das Schaf, ein reiner Vegetarier, soll eine Darmlänge haben, welche die Körperlänge um das 27fache übertrifft (zitiert bei Spiller). Der Löwe dagegen, ein Fleischfresser, hat einen Darm, der seine Körpergröße nur um das Dreifache übersteigt. Die Größenangaben beim menschlichen Darm schwanken zwischen vier und acht Metern.

Vergegenwärtigen wir uns: der Dünndarm ist nicht nur ein Schlauch, sondern dieser Schlauch ist innen noch in viele Falten gelegt ist, so genannte Zotten, und von diesen Zotten ragen wiederum Zotten in den Verdauungstrakt hinein. Diese gesamte Fläche nebeneinander gelegt, lässt uns erahnen, auf welche Größe die Darmwand wohl anwachsen kann.

Über die Funktion des Darmes und die Verdauung im Allgemeinen ließe sich ein ganzes Buch schreiben, was auch viele Autoren gemacht haben. Ich möchte mich auf das Wesentliche hier beschränken: die Nahrung wird im Mund nicht nur von den Zähnen zerkleinert, sondern auch von den Enzymen des Speichels chemisch bearbeitet, vorverdaut. So beginnt das Enzym Ptyalin bereits mit der Verdauung der Kohlenhydrate, was später von den Amylasen der Bauchspeicheldrüse fortgesetzt wird. „Gut gekaut, ist halb verdaut“ bezieht sich also in erster Linie auf die Kohlenhydrate. Dass wir unseren Magen, der weitgehend für die Eiweißvorverdauung zuständig ist, viel Arbeit abnehmen können durch eine Zerkleinerung der Nahrung, ist zweifellos richtig. Aber erst im Magen beginnt mit Hilfe von Pepsin und Salzsäure die Eiweißvorverdauung.

Die Bauchspeicheldrüse spielt eine ganz zentrale Rolle bei der Verdauung, weshalb eine Schädigung der Bauchspeicheldrüse verheerende Folgen hat und bei der heutigen Überernährung der Altersdiabetes, Diabetes Typ 2, immer häufiger wird. Leider werden seine Symptome bereits bei Jugendlichen festgestellt!
Die Bauchspeicheldrüse stellt die für die Aufspaltung von Kohlenhydraten, Fetten und Eiweißen notwendigen Enzyme her und schickt sie direkt in den oberen Teil des Dünndarmes, gleich neben die Sekretion des Gallensaftes, der von der Leber produziert wird. Beide Organe, Leber und Bauchspeicheldrüse, benötigen für ihre Säfte das Bikarbonat, das zur Neutralisierung des sauren Magenbreis dringend notwendig ist, damit die empfindliche Schleimhautschicht im Zwölffingerdarm (Duodenum), dem obersten Dünndarmabschnitt, nicht geschädigt wird. Dünndarmsäfte runden die Aufschlüsselung der Nahrungsbestandteile ab. Dann können die Kohlenhydrate als Glukose, die Eiweiße als Aminosäuren und die Fette als Glyzerin und Fettsäuren die Darmschranke passieren und über die Pfortader zur Leber transportiert werden, wo sie in körpereigene Bestandteile aufbereitet werden. Was hier so vereinfacht dargestellt wird, ist in Wirklichkeit ein viel komplizierterer Vorgang.

Tod und Leben sitzen im Darm

Sitzen doch „Tod und Leben“ ganz dicht hier im Darm. Der Übergang von gut und böse in den Körper ist nirgendwo so eng wie im Darm. Einmal haben wir die aufgeschlüsselten Nahrungsbestandteile, zum anderen können wir es mit giftigen Substanzen zu tun haben, welche ebenfalls über die Darmschleimhaut ins Blut aufgesogen werden. Diese Substanzen können aus der Nahrung, aber auch aus dem Darm selbst kommen durch schädliche Abbauprodukte von Symbionten, die im Darm mit uns leben und die Darmschleimhaut besiedeln. Oft sind sie nützlich, manchmal können sie durch ihre explosionsartige Vermehrung Unheil anstiften, wie die zunehmende Verpilzung der Därme deutlich macht. Deswegen ist es für uns die Frage wichtig, wie wir an uns selber eine Darmgesundheit erkennen können?

Darmdiagnostik an Hand der Bauchform

Einer der größten „Darmdiagnostiker“ war zweifellos der österreichische Arzt Franz Xaver Mayr (1875 - 1965), der Begründer der nach ihm benannten Diagnostik und Schule. Einer seiner bekanntesten Schüler, der Mayrs Worte und Ideen in unsere Zeit übertragen und als Präsident der „Gesellschaft der Mayr-Ärzte“ lange Zeit gewirkt hat, ist Erich Rauch.

Sehr empfehlenswert ist sein bereits zitiertes Buch „Diagnostik nach F.X.Mayr“, das den Lesern ermöglicht, sich ein besseres Bild vom eigenen Darm zu machen. Leicht verständlich und sehr eindringlich sind die Typisierungen der Bauchformen dargestellt. Jeder kann leicht durch eine ehrliche, liebevoll-kritische Betrachtung vor dem Spiegel zu Hause an sich selber überprüfen, welchem Typ er angehört.

Leicht ist ebenfalls die Diagnose des eigenen Gesichtes mit einem liebevoll- kritischen Blick auf die Beschaffenheit der Haare, der Haut, der Skleren (dem Weiß der Augen, einem durchsichtigen Teil unserer Lederhaut!), der Lippen, der Zunge, der Falten oder Furchen und vielem mehr. Schwieriger für einen Laien ist es dagegen, an sich selber eine Diagnose des Brustkorbes, des Abstandes der Schulterblätter oder der Bauchgröße vorzunehmen.

Mehr Bewegungsfreiheit bei Darmgesundheit

Ich erinnere mich gut, wie der Mayr-Arzt Kojer bei einer Ärzte-Tagung einen etwas stämmigen Kollegen nach vorne holte, um ein anderes Experiment zu zeigen. Der Mann sollte den Kopf nach rechts und dann nach links wenden, und wir Zuschauer sollten beobachten, wie weit der Kopf zu jeder Seite gedreht werden konnte. Dann griff der Mayr-Arzt von hinten um den Bauch der Versuchsperson herum, unterstützte ihn mit seinen Händen und zog den ausladenden, schweren Bauch nach oben. Wiederum wurde die Versuchsperson aufgefordert, den Kopf nach rechts und links zu drehen, und alle Anwesenden konnten deutlich sehen: diesmal war die Drehung bedeutend weiter, der Kopf ließ sich weiter zur Seite und nach hinten drehen! Dieses Experiment ist so eindrucks- und wirkungsvoll, dass ich es gerne, sofern ich bei einem meiner Vorträge eine geeignete Person finde, ebenfalls demonstriere.

Bei einer Darmsanierung heben sich die Brustwarzen

Für uns Frauen interessant ist eine Diagnosemöglichkeit, die ebenfalls auf den „Mayr-Schüler" zurückgeht: das Mamma-Dreieck nach Kojer. Die beiden Brustwarzen sollen mit dem Jugulum, der Grube zwischen den beiden Schlüsselbeinen, ein gleichschenkliges Dreieck bilden, was nicht immer der Fall ist. Oft ist der Abstand zwischen den beiden Brustwarzen geringer als der Abstand nach oben, das bedeutet, der Busen hängt nach unten. Bei einer Darmsanierung heben sich die Brustwarzen, weil sich gleichzeitig der Querdarm regeneriert und hebt.

In diesem Zusammenhang ist eine Bewertung des Kaffees interessant, die ich in einem Buch des Lebensmittelchemikers Udo Pollmer fand: „Der Kaffee stieß anfangs auf heftigen

Widerstand seitens der Mediziner, schließlich sei er ungesund, mache impotent oder ließe die Brüste erschlaffen". Und wenig später heißt es über das Koffein im Allgemeinen: „Der Kaffeestrauch schützt sich damit vor seinen Feinden: Koffein wirkt als Breitbandpestizid und stärkt die pflanzeneigene Abwehr. Es tötet vor allem Insekten und Milben."

Da sich Udo Pollmer weniger mit der Darmgesundheit nach Mayr als mit Lebensmittelchemie beschäftigt, ist es fraglich, ob er meinen Schlussfolgerungen positiv gegenüber steht. Könnte es sein, dass das Koffein in unserer komplizierten Darmflora Schäden anrichtet, die sichtbar zu Hängebrüsten führen? Und könnte es sein, dass der Schwarz-Tee, der prozentual mehr Koffein als der Kaffee enthält, diese darmschädigende Wirkung nicht hat, weil er zusätzlich beruhigendes Theanin enthält, sofern man ihn lange genug ziehen lässt? Und könnte es sein, dass der Grüne Tee, dessen ersten Aufguss man wegschütten sollte, kaum noch Koffein (Teein) enthält und deswegen erst gar nicht diese Wirkung zeigt?

Darmgesundheit erkennt man auch an der „Passagezeit"

Ein weiterer wichtiger Aspekt zur eigenen Diagnose der Darmgesundheit ist die Passagezeit. Darunter versteht man die Zeit, welche die Nahrung benötigt, um nach der Aufnahme im Mund, der Verweildauer im Magen, den Dünn- und Dickdarm zu passieren. Das hat nichts, aber auch gar nichts mit dem täglichen Stuhlgang zu tun, womit es so gerne verwechselt wird. Denn ein täglicher Stuhlgang heißt noch lange nicht, dass das, was im Stuhl erscheint, von der Nahrungsaufnahme des Vortages stammt. Ob dem so ist, das genau festzustellen, ist nicht so einfach.

Als möglicher Test wird gerne die Aufnahme von viel Grünem, vor allem Spinat empfohlen. Bei Personen, die sich jedoch weitgehend vegetarisch ernähren und auf viel Grünes in der Ernährung achten, ist eine genaue Bestimmung meist zweifelhaft. Besser eignet sich da der „Rote-Bete-Test".

Der „Rote-Bete-Test"

Um diesen Test wirkungsvoll durchzuführen, sollten Sie bei einer Mahlzeit einmal ausschließlich Rote Bete essen, entweder roh oder gekocht als Salat mit Zwiebeln und Öl oder als warme Mahlzeit mit Butter und wenig Kartoffeln. Dieses Gemüse verliert im Laufe der Verdauung kaum seine Farbe und ist deswegen leicht im Stuhl nachzuweisen.

Über die Norm, wann im Idealfall die Rote Bete im Stuhl auftauchen sollte, scheint in Spezialistenkreisen Einigkeit zu herrschen: etwa nach 24 Stunden. Bei machen wird die Rote Bete früher erscheinen, da ihr eine leicht laxierende (abführende) Wirkung nachgesagt wird, dann freuen Sie sich darüber. Bei manchen wird sich der Urin schon sehr schnell nach der Nahrungsaufnahme rötlich färben, was allerdings kein Grund zur Freude ist, denn das deutet auf eine gewisse Porosität, eine zu große Durchlässigkeit der Dünndarmschleimhaut hin, welche eigentlich den Farbstoff zurückhalten sollte. Bei gesunden Därmen von jungen Menschen scheint das auch noch zu funktionieren.

Bei manchen wird die Rote Bete aber erst nach zwei, drei Tagen über den Stuhl ausgeschieden. Viele Ärzte halten eine derartig lange Verweildauer im Darm für durchaus „normal". Normal heißt aber, wie schon früher gesagt, dass eben bei der überwiegenden Zahl der Menschen, die zum Arzt kommen, eine Verweildauer der Nahrung im Darm von mehreren Tagen als normal angesehen wird. Als normal wird auch angesehen, wenn es pro Woche nur zu insgesamt zwei Stuhlentleerungen kommt. Dabei ist es verständlich, wenn die Passagezeit ebenfalls verzögert ist, hält sich der Nahrungsbrei doch bis zu einer Woche im Gedärm auf. Was das bei Fleischessern heißen kann, verkünden manche Winde und der abstoßende Geruch, der bei der Stuhlentleerung entsteht. Ein Graus für alle nachfolgenden Toilettengänger. Ob sich die Menschen im klaren sind, dass diese abstoßenden Gerüche nicht nur in der Luft zu riechen sind, sondern ständig in ihrem Körper kreisen? Überlegen Sie einmal, wie lange Sie Fleisch bei Temperaturen um 37 Grad im Haushalt stehen lassen können, bis es für uns ungenießbar, ja sogar schädlich wäre und zu stinken anfinge? Und wie viele Tage hält es sich bei uns im Darm auf?

Wie sollte der Stuhl beschaffen sein?

Über die Beschaffenheit des Stuhles sind sich die Naturheilkundler einig:

- Der Stuhl sollte geruchlos sein. Scharfe oder sauer riechende Stühle deuten auf einen Gärungsprozess, einer Störung bei der Verstoffwechselung von Kohlenhydraten hin. Ein stinkender Kot spricht für Fäulnisprozesse aufgrund einer Störung bei der Verdauung von (tierischem) Eiweiß.
- Die Farbe des Stuhles sollte hellgelb bis hellbraun sein, eine dunklere Färbung deutet auf vermehrte Gallenfarbstoffe oder eine zu lange Verweildauer im Darm.
- Die Kotmasse sollte gut geformt sein, nicht verhärtet, mit einer leichten Schleimschicht überzogen. Am Anus und Toilettenpapier sollte sie keine Spuren hinterlassen.

Mehrfache Stuhlentleerungen täglich wären ideal

So wie wir täglich mehrfach Wasser lassen müssen, so sollte eigentlich auch eine mehrfache Stuhlentleerung das anzustrebende Ideal sein. Schauen wir uns doch einmal einen Säugling oder Kleinkinder an, die noch nicht verbildet, geschädigt oder gemaßregelt sind. Da verläuft jeder „Input" mit einem „Output", das heißt, wenn oben etwas rein kommt, kommt unten etwas raus. Manchmal erleben wir diese natürliche Reaktion wenigstens beim Trinken: die Homöostase des Körpers, das Gleichgewicht in unserem Organismus, hier bezogen auf den Wasserhaushalt, registriert das Hereinkommen der Flüssigkeit und gibt ab, sofern ein Teil (oder alles?) nicht benötigt wird.

Wenn dieses logische Wechselspiel des Aufnehmens und Abgebens bei den meisten zumindest beim Trinken noch besteht, so sind wir bei der festen Nahrung oft meilenweit davon entfernt. Der gesunde Säugling wird nach dem Stillen eine Darmentleerung haben, weshalb er am besten auch erst nach dem Stillen gewickelt wird, es sei denn, die Mutter zieht es vor, das beim Stillen eingeschlafene Kind nicht zu wecken.

Wie steht es bei Ihnen mit den Darmreaktionen? Oft achten wir überhaupt nicht mehr darauf, die Zeit eilt, wir müssen in die Schule, zur Arbeit oder können im Augenblick keine Pause machen. Schlimm ist es, wenn wir unseren Kindern verbieten, während der Mahlzeit oder der Schulstunde dieser Darmregung nachzugeben und auf die Toilette zu gehen. Damit legen wir den Grundstein für spätere Darmstörungen. Wenn Sie aber einmal über längere Zeit ganz still ins sich hineinhören, welche Darmreaktionen Sie nach einer Mahlzeit haben, könnte es sein, dass Sie diese Ursprünglichkeit wieder beleben.

Je öfter wir diese Zeichen übergehen, je mehr wir sie unterdrücken, desto mehr schaden wir uns, schädigen wir unsere (Darm-)Gesundheit.

Gesundheitsprobleme durch einen degenerierten/deformierten Dickdarm

Es gibt sicher eine ganze Reihe von Veränderungen des Dünn- oder Dickdarms, auf die ich hier nicht eingehe. Etwas möchte ich aber heraus greifen, weil sie meiner Ansicht nach zu selten Beachtung findet. Viele Menschen leiden – bewusst oder unbewusst – unter einem anatomisch veränderten Dickdarm. Das kann sich darin äußern, dass sich der Darminhalt manchmal durch starke Verengungen und Verkrampfungen des Darmes quälen muss, dass er kaum um die Flexuren herum kommt, - dies sind die oberen Haltepunkte nahe Leber und Milz, bis wohin der auf- und absteigende Dickdarm fest mit der hinteren Bauchwand verbunden sind -, dass sich Gase bilden, die zu Aussackungen, Ausweitungen führen und/oder gegen das Zwerchfell oder die untere Herzspitze drücken, kurz es kommt zu allen möglichen Unpässlichkeiten und manchmal zu Fehldiagnosen.

Ganz klar, dass es für die Peristaltik des Darmes, dem muskulären Druck der Darmwand auf den Inhalt, eine besondere Schwierigkeit bedeutet, wenn der Darm erschlafft und aus der Form gerät. Es ist schon fast normal, von einem weit nach unten hängenden Querkolon zu sprechen.

Aber die Gefahr eines durchhängenden Querdarmes besteht auch darin, dass dieser so weit abgesunken ist, dass er bei Frauen auf die Gebärmutter drückt und diese dann nach hinten ausweicht und „abknickt“. Das ist natürlich nur im Stehen als

Folgeerscheinung des erschlafften Darmes zu diagnostizieren. Beim Liegen auf dem Stuhl beim Gynäkologen stellt dieser nur eine abgeknickte Gebärmutter fest, auf die in dieser Position kein Querdarm drückt und als Ursache für die „erschlaffte" Gebärmutter erkannt werden könnte. So rät er zu einer Operation, bei der die Haltebänder gestrafft und die Gebärmutter wieder in ihre ursprüngliche Position zurückgeholt werden soll. Was aber, wenn die Ursache, der herunterhängende Dickdarm, nicht beseitigt ist? Der Zusammenhang Darm – Gebärmutter wird (fast) nie erkannt, und die gesündeste und natürlichste Therapie, eine Darmsanierung, nicht eingeleitet!

Zusammenfassung

Gesundsein ist nur möglich mit einem gesunden Darm.
Darmgesundheit oder – krankheit lässt sich nach F.X.Mayr an Bauchform, Bauchgröße und Körperhaltung feststellen.
Koffein kann die Darmflora schädigen.
Gut gekaut ist halb verdaut.
Der „Rote-Bete-Test" zeigt die Passagezeit.
Der gesunde Körper reagiert auf jeden „Input" mit einem „Output".
Lebenswichtige Substanzen aus der Nahrung werden durch die Darmschleimhaut ins Blut aufgenommen.
Bei einer geschädigten Darmschleimhaut können Giftstoffe ins Blut gelangen.
Große Gesundheitsprobleme werden durch anatomische Dickdarmveränderungen verursacht.
Ein durchhängender Dickdarm kann bei Frauen auf die Gebärmutter drücken und sie ausweichen, bzw. „abknicken" lassen.

5. Die Verdauungsleukozytose

Im Pschyrembel, einem klinischen Standard-Wörterbuch, heißt es zur Verdauungsleukozytose nur kurz: „physiologisch vorübergehende Vermehrung von Leukozyten kurz nach der Nahrungsaufnahme". Und im dtv-Wörterbuch der Medizin wird nur ergänzt: „durch Verteilungsleukozytose bedingt", was sagen will, dass sich eine Verschiebung der Leukozytenanzahl aus den verschiedenen Depots hin zum Blut und dadurch bedingt an andere Körperstellen nach einer (ausgiebigen) Mahlzeit ergeben hat.

Leukozyten bekämpfen krankheitserregende Ursachen und Schadstoffe

Leukozyten sind ein Sammelbegriff für alle weißen Blutkörperchen, die sich im Blut selbst, in den blutbildenden Organen wie Milz, Knochenmark und Thymus, in den Lymphknoten und im entzündeten Gewebe befinden. Als „Abwehrpolizisten" haben sie die Aufgabe, Noxen, das sind krankheitserregende Stoffe, sowie Schadstoffe zu bekämpfen und unschädlich zu machen.

Nach Meyers Enzyklopädischem Lexikon stellen die weißen Blutkörperchen im Gegensatz zu den roten „eine uneinheitliche Gruppe von kernhaltigen Zellen verschiedener Größe und Form dar. Im Blutstrom fließen sie am Rand. Sie können ihre Form verändern, sich bewegen und aus der Blutbahn auswandern."

Wir unterscheiden bei den Leukozyten verschiedene Arten: 60 bis 70 Prozent sind Granulozyten, die je nach ihrer Anfärbbarkeit in neutrophile, eosinophile und basophile unterteilt werden. 20 bis 30 Prozent sind Lymphozyten und zwei bis sechs Prozent Monozyten. Ihre normale Anzahl in einem Kubikmilliliter Blut beträgt etwa 5.000 bis 10.000. An der Anzahl der Leukozyten im Blut, aber auch an der prozentualen Zusammensetzung der einzelnen Leukozytenarten lassen sich Krankheitsbilder, Krankheitszustände und -verläufe erkennen.

Bei der Verdauungsleukozytose ist neben der Gesamtzahl der Leukozyten auch der prozentuale Anteil der Lymphozyten von vormals etwa 25 Prozent auf etwa 40 Prozent erhöht. Den Lymphozyten wird eine fettspaltende Wirkung und die Bildung von Immunkörpern bei einer Infektion zugeschrieben. Diese Veränderung tritt nun mehrfach am Tage auf, jedes Mal, wenn wir erhitzte, veränderte, denaturierte Nahrung zu uns nehmen.

Erhitzte und denaturierte Nahrungsmittel verursachen eine Verdauungsleukozytose

Bereits um 400 v. Chr. soll der Grieche Diokles von Karystos für das Mittagsmahl die Empfehlung ausgegeben haben, das Gemüse ungekocht vorweg, Gekochtes als nächsten Gang und Obst hinterher als Nachspeise zu essen.

P. Kouschakoff, ein russischer Wissenschaftler, nahm sich des Problems der Verdauungsleukozytose vor rund 70 Jahren intensivst an. Er kam durch Eigenversuche zu der Erkenntnis, dass die Verdauungsleukozytose ausbleibt, wenn die Nahrungsaufnahme aus pflanzlicher Rohkost besteht oder durch diese eingeleitet wird.

Alle erhitzten und denaturierten Nahrungsmittel, auch Wein und Essig, rufen nach seinen Untersuchungsergebnissen eine

Leukozytose hervor. Ein Temperaturanstieg bis 95 Grad bei der Erhitzung von Gemüse erwies sich nach seinen Untersuchungen als unwirksam, löste also keine Leukozytose aus.

Für die tägliche Ernährung bedeutete dies, dass wir „Gemüse mit Biss“ wie es in Asien oder auch in Italien üblich ist, mit dem Verzehr von Frischkost gleichsetzen könnten: die Verdauungsleukozytose bleibt aus.

Bei Ralph Bircher finden wir zu diesem Thema in seinem Buch „Geheimarchiv der Ernährungslehre“ noch einen weiteren, interessanten Gesichtspunkt. Danach soll bei der Aufnahme von erhitzter Nahrung nicht nur eine Abwanderung von Leukozyten ins Blut erfolgen, sondern auch drei bis fünf Minuten , nachdem die Nahrung Kontakt mit der Magenwand hatte, eine Abwanderung der Leukozyten ins Darminnere erfolgen, also eine Weitergabe von Information.

Die Frage bleibt offen, ist die Verdauungsleukozytose als eine Schwächung der Immunabwehr zu werten, wenn jedes Mal nach einer derartigen Nahrungsaufnahme diese Reaktion auftritt, was mehrfach am Tag der Fall sein kann?

Ist die Aktivierung der Leukozyten nun von Vor- oder von Nachteil? Führt sie zu einer Aktivierung oder zu einer Erlahmung der Abwehrorgane?
Offensichtlich betrachtet unser Organismus die erhitzte, denaturierte Kost als Fremdkörper, als Eindringling, den es zu vernichten gilt, gegen den er die Lymphozyten mobilisiert. Dabei spielt es keine Rolle, welche Temperatur die (einstmals) erhitzte Nahrung im Augenblick hat. Sie kann kalt sein wie ein Stück Schokolade oder wie ein Glas Wein, lauwarm wie eine

aufgewärmte Suppe oder heiß wie eine Tasse Kaffee. Bei der aufgenommenen Nahrung scheint ausschlaggebend der Prozess, der sie aller Vitalstoffe beraubt hat, so dass offensichtlich eine bestimmte Reaktion auftritt.

Deswegen vertrete ich die Ansicht, dass wir in einer Zeit, da die Gesundheit jedes einzelnen ständig immer mehr Infektionsmöglichkeiten ausgesetzt ist umso mehr darauf achten müssen, alles zu vermeiden, die Abwehr unnötig zu gefährden und zu reizen.

Ein sauerstoff-freier Darm ist wichtig für die gesunde Darmflora

Die beiden Wissenschaftler Tropp und Chalaupka sollen (zitiert bei Ralph Bircher) Untersuchungen an Speichel, Magensaft und Zwölffingerdarm vorgenommen haben, um die Frage zu klären, in wie weit die in Gemüse und Früchten vorkommenden sauerstoffzehrenden Fermente bei der Verdauung zerstört werden. Bisher hatte man angenommen, dass diese Fermente im Magen, spätestens im Dünndarm von den Verdauungssäften zerstört würden. Bei ihren Untersuchungen zeigte sich aber, dass über die Hälfte der Fermente „überleben“ und deshalb noch im Dickdarm aktiv sind. Das bewirkt, dass der Dickdarm sauerstoff-frei wird, was wiederum für die Darmgesundheit von großer Bedeutung ist.

Ein sauerstoff-freier, ein anaerober Darminhalt soll besonders wichtig für die Entstehung und Erhaltung einer gesunden Darmbakterienflora sein. Die krankmachenden Viren und Bakterien sollen eingedämmt und eine Entartung, die zu schweren Krankheitsbildern führen kann, auf diese Weise verhindert werden.

Zusammenfassung

Ohne eine gesunde, vitalstoffreiche Ernährung gibt es keinen gesunden Darm.
Gemüse und Früchte enthalten sauerstoffzehrende Fermente, die den Darm sauerstoff-frei halten und dadurch für eine gesunde Darmflora sorgen.
Ohne einen gesunden Darm gibt es keine dauerhafte Gesundheit.
Eine Darmsanierung steigert die Abwehrkräfte und heilt viele chronische Leiden.
Rohkost und schonend gegartes Gemüse verhindern eine Verdauungsleukozytose.
Die Verdauungsleukozytose aktiviert mehrmals täglich eine Fraktion der Leukozyten, die Lymphozyten.
Diese ständige Aktivierung schwächt wahrscheinlich die Immunabwehr.

6. Die Rohkost

Seit dem Erscheinen meines ersten Buches zum Thema Fasten sind fast 20 Jahre vergangen. Die Namen derer, die sich damals mit dem Thema „Rohkost" beschäftigt haben, sind nicht vergessen wie beispielsweise Jamila Peiter, Guy Claude Burger, Helmut Wandmaker, Harvey und Marilyn Diamond, Devanando Weise, Franz Konz. Diese „Rohköstler" sind eingegangen in das Studium und die Praxis der nächsten Generation, für die ich stellvertretend Barbara Simonsohn nennen will. Auch wenn man nicht pauschal von „der Rohkost" sprechen kann, so haben sie doch alle eines gemeinsam: den (weitgehenden) Verzicht auf erhitzte Nahrung.

Beim Erhitzen von Nahrung verändern sich Moleküle und werden pathogen

Bereits vor fast 100 Jahren wies der französische Biochemiker Maillard (1875 – 1936) in seiner nach ihm benannten Maillardschen Reaktion nach, dass sich die Moleküle von Lebensmitteln durch die Erhitzung verändern, meist verschlechtern. So sollen die Kartoffeln über 400 neue Fremdstoffe bilden, soweit diese mit den heutigen Methoden bisher erkennbar sind. Damit ist noch nichts über die Verträglichkeit dieser Stoffe auf unseren Stoffwechsel ausgesagt. Die Rohköstler, und nicht nur sie!, gehen aber davon aus, dass es sich hierbei um pathogene Moleküle, also ungesunde, Krankheiten fördernde Stoffe handelt, welche direkt oder indirekt für Krankheiten verantwortlich sind und das Immunsystem schwächen.

Das ist nichts anderes, als die Verdauungsleukozytose ebenfalls besagt. Die auf eine bestimmte Temperatur erhitzte Kost wird (zu Recht?) vom Organismus als Fremdkörper betrachtet und dementsprechend vom Immunsystem angegriffen, beziehungsweise unschädlich gemacht.

Wenn man verfolgt, welche gesundheitlichen Erfolge die Anhänger der reinen Rohkosttherapie bei sich feststellen können, dann ist das überaus faszinierend. Meine Frage ist und bleibt allerdings, in wie weit kann in Deutschlands Breitengraden eine derartige Kost konsequent durchgeführt werden? Nicht jeder hat das Glück, im Alter – oder auch schon früher – in Mittelmeergegenden auswandern zu können oder sich eigene Riesengärten im Heimatland zu leisten, welche für einen immerwährenden Nachschub an frischem Obst und Gemüse 12 Monate im Jahr sorgen. Ist diese Ernährungsart der reinen Rohkost vielleicht die richtige gewesen, als die Menschen noch in Afrika gelebt haben, wo wir ja herkommen sollen? Im Friedensevangelium der Essener, einem asketisch lebenden, friedensliebenden Volksstamm, dem auch Jesus Christus angehört haben soll, heißt es „Tötet weder Mensch noch Tier, noch die Nahrung, die euer Mund aufnimmt. Denn wenn ihr lebendige Nahrung esst, wird sie euch beleben, aber wenn ihr eure Nahrung tötet, wird euch die tote Nahrung ebenfalls töten. Denn Leben kommt nur vom Leben, und vom Tod kommt immer nur der Tod.“

Viele Menschen vertragen keine reine Rohkost

Wie verträgt sich die Rohkost mit unseren durch die Zivilisationskost häufig schon recht mitgenommenen und geschädigten Organen? Reagieren nicht immer mehr Menschen auf Rohkost mit Blähungen und anderen Unpässlichkeiten? Müssen nicht manche Lebensmittel erst mit Hitze (eventuell nur bis 95 Grad?) behandelt werden, um von unserem Organismus überhaupt aufgeschlüsselt und aufgenommen zu werden? Und sind wir alle bereit, wenn das Angebot an Obst und Gemüse nicht ausreicht, auf Wildpflanzen aus unserem Umfeld zurück zu greifen?

Haben sich nicht einfach Essgewohnheiten eingebürgert, weil die Menschen in verschiedenen Lebensräumen, Klimazonen leben wie beispielsweise die Eskimos, die vor ihrer „Zivilisierung“ Gemüse/Plankton nur aus den Bäuchen der erlegten Tiere kannten?
Es ist sicher richtig, dass wir gewissen äußeren Zwängen ausgeliefert sind. Es ist auch richtig, dass wir aufgrund einer ererbten Disposition das eine oder andere nicht vertragen. Wir müssen also sehen, was wir aus unserem Leben machen, wie

groß der Leidensdruck ist, dem wir ausgesetzt sind, und wie groß unsere Einsicht in die Selbstverantwortung für unsere eigene Gesundheit ist. Ich habe an mir und vielen anderen die Erfahrung gemacht, je länger man/frau sich mit Ernährung beschäftigt und je bewusster die Nahrung ausgewählt wird, desto größer wird der Anteil an Unerhitztem, an Frischem, an Lebendigem bei den Mahlzeiten.

Essen nach Instinkt

Und wie steht es mit dem „Essen nach Instinkt“? Ist es richtig, nur das zu essen, worauf man Appetit hat, was der Körper signalisiert? Lassen wir die Kochkost mal beiseite, denn da würden viele Kinder tagelang Spaghetti mit Tomatensoße essen oder Jugendliche sich überwiegend von Pizza oder Big-Mac ernähren. Gibt es ein Instinkt-Essen?

Aus meiner Sicht kann uns unser Organismus sehr wohl signalisieren, worauf es ihm in der Situation heute besonders ankommt, sofern er jeden Tag eine große Auswahl hat und sich nicht vor lauter Hunger auf das nächst Beste stürzt. Kommt im Sommer die Feigenzeit, sprechen mich Feigen an, und nach zwei Monaten, lasse ich sie links liegen, obwohl sie auf dem Markt noch angeboten werden. Offensichtlich hat der Organismus seinen Bedarf an Inhaltsstoffen gedeckt, die speziell über die Feigen aufgenommen werden. Im Herbst bieten sich die Weintrauben an, und auch mit ihnen mache ich die gleiche Erfahrung. Erst besteht Heißhunger, später lässt das Verlangen nach.

Viele Vegetarier bzw. „Halbvegetarier“ sagen mir, sie spüren, wann sie wieder mal ein Stück Fleisch oder Fisch essen möchten, ja gerade zu brauchen. Ich möchte mich nicht in einen Streit einlassen, welchen die einzige richtige Ernährung sei: nur Rohkost und sonst nichts, oder nur Instinktessen, nur Essen nach den drei Doshas (Vata, Pitta, Kapha), nach den Fünf-Elementen, nach Yin und Yang, nach der Makrobiotik, nach der Hildegard-Medizin, nach dem Mond, dem Alpha- oder Omega-Typ und vielem mehr.

Wichtig erscheint mir, dass wir möglichst Unbelastetes, möglichst Naturbelassenes, möglichst schonend zubereitet, möglichst aus heimischem Anbau, mit Dankbarkeit und Freude essen. Wichtig ist, dass jeder seinen Weg sucht, sich beobachtet und die Kraft und die Möglichkeit hat, das, was er als richtig erkennt, in die Tat umzusetzen. Wie heißt es so schön: Man muss es nicht nur wissen, man muss es auch tun!

Zusammenfassung

Es gibt keine gesunde Ernährung, die für alle Menschen zum gleichen Zeitpunkt die allein richtige ist.
Ob Rohkost oder Gedünstetes besser wird Ihr Körper signalisieren
Machen Sie das Beste aus dem, was Sie für sich als richtig erkannt haben, und setzen es tatkräftig um.
Achten Sie auf einen möglichst großen Anteil an un- oder nur wenig erhitzten Lebensmitteln in der Ernährung.
Achten Sie auf Körpersignale, die über Reaktionen des Organismus auf bestimmte Lebensmittel informieren.
Achten Sie darauf, dass Sie sich einer subjektiven, hoffentlich sogar objektiven Gesundheit erfreuen, mit strahlenden, leuchtenden Augen, gesundem Aussehen, harmonischem Wohlbefinden von Körper – Seele – Geist.
Bestehen weiterhin gesundheitliche Probleme, könnte es an der Körperchemie liegen: der Säure-Basen-Balance.

7. Die Säure-Basen-Balance

Ein wesentlicher Schwerpunkt bei der Basischen Kost ist die Säure-Basen-Balance, auch Säure-Basen-Haushalt genannt.

Das Wort Haushalt klingt ein wenig bürgerlich. Aber wie in einem privaten oder öffentlichen Haushalt die Ausgaben die Einnahmen nicht übersteigen dürfen, damit kein Chaos oder ein unüberschaubarer Schuldenberg für die nächste Generation entsteht, muss auch unser Organismus darauf achten, die anfallenden und in seinem Körper vorhandenen Säuren und Basen in einem Gleichgewicht zu halten. Weil dieser Vorgang einem ständigen Wechsel unterliegt, wird allgemein der Begriff Säure-Basen-Balance oder Säure-Basen-Haushalt verwendet, im Folgenden kurz SBH genannt.

Im aktuellen Pschyrembel, dem seit Generationen bekanntesten populären medizinischen Wörterbuch, finden wir als wissenschaftliche Definition des SBHs: „Allgemeine Bezeichnung für Regelvorgänge einer für physiologische Stoffwechselvorgänge optimalen Wasserstoffionen-Konzentration im Extrazellulärraum mit einem arteriellen pH-Wert von 7,4 (+/- 0,02); die Regulation des SBH und damit die Ausscheidung der durch die Stoffwechselvorgänge ständig anfallenden überzähligen nicht flüchtigen (Protonen) und flüchtigen Säuren (CO^2) erfolgt nach kurzfristiger Pufferung durch renale Elimination von sauren Valenzen (metabolische Regulation) sowie durch Abatmen von CO^2 (respiratorische Regulation).“

Das klingt sehr kompliziert und ich versuche es zu vereinfachen und zu erklären: Säuren und Basen sind chemische Verbindungen, die Wasserstoff (Hydrogenium), abgekürzt H enthalten. Der pH-Wert, die „potentia hydrogenii“, gibt die Konzentration der Wasserstoffionen in einer Flüssigkeit an. Ionen sind elektrische, entweder positiv oder negativ geladene Teilchen. Wasserstoff ist positiv geladen: H plus (H+). Wasserstoff in Verbindung mit Sauerstoff ergibt OH, das sind Hydroxyl-Ionen, und die sind minus geladen: OH minus (OH-). Die Angabe der Konzentration von Wasserstoffionen in einer Flüssigkeit erfolgt in einer vereinfachten pH-Wert-Skala von 0 bis 14, je nach Sättigung mit Wasserstoffionen.

Überwiegt die Anzahl der H plus-Ionen gegenüber den OH minus -Ionen, wird die Flüssigkeit als sauer bezeichnet: pH 0 bis pH 6,9999. Es schmeckt auch sauer. Überwiegt die Anzahl der OH minus -Ionen, wird sie als basisch oder alkalisch bezeichnet pH 7,0001 bis 14. Es schmeckt seifig. Extreme Säuren wie extreme Basen sind für unseren Organismus unverträglich und schädlich. Der pH-Wert 7 ist neutral.

Im optimalen Gleichgewicht befinden sich die Ionen im Wasser, bei dem ein Ion H+ und ein Ion OH – zusammen kommen und H^2O = Wasser ergeben. Dieses optimale Ergebnis ergibt sich aber nur bei mehrfach destilliertem Wasser bei einer Temperatur von 22 Grad Celsius. Aus Erfahrung wissen wir, dass kaum ein Wasser in der Natur mineralstofffrei ist. Je nachdem, welche Mineralstoffe im Wasser und in welcher Quantität gelöst sind, verändert sich auch der pH-Wert des Wassers.
Da die Anzahl der jeweiligen angehängten OH minus - Ionen oder H plus-Ionen in absoluten Zahlen zu ungeheuer großen Zahlen führt, hat man sich angewöhnt, sie im so genannten „negativen dekadischen Logarithmus“ anzugeben: also ein pH 5 müsste eigentlich „zehn hoch minus 5“ oder 0,000 01 heißen.

Die Veränderung zwischen pH 7 und pH 6 ist eine Verzehnfachung, eine Abweichung von pH-Wert 7 zu pH 5 bereits eine Verhundertfachung, so dass der pH 5 also hundertmal saurer ist als der Neutralwert pH 7!

Flüssigkeiten im Körper werden nach ihrem pH-Wert bestimmt

Unsere Körperflüssigkeiten wie Speichel, Urin, Tränen, Lymphe, Blut, Sperma, Vaginalsekret oder Gewebeflüssigkeit haben verschiedene pH-Werte, die überwiegend basisch sind. Die meisten Organfunktionen haben einen Spielraum von pH 5 bis pH 8, beim Urin beispielsweise scheinen Extremreaktionen zwischen pH 4 bis 10 möglich. Verständlich, dass derartige Extremwerte nur vorübergehend vertretbar sind, auf Dauer blieben Schädigungen der empfindlichen Schleimhäute der Organe nicht aus.

Während unsere Organfunktionen offensichtlich ein basisches Milieu bevorzugen, verträgt die Magenschleimhaut einen ständigen pH-Wert von 1,2 bis 2, ist also extremer Säure ausgesetzt. Auch das scheint von der Natur sehr sinnvoll eingerichtet. Auf diese Weise werden alle Bestandteile der Nahrung im Magen unter Einwirkung von Enzymen, die ein saures Milieu bevorzugen, zerlegt und für die Verdauung vorbereitet, im Dünndarm dagegen unter der Mitwirkung von Sekreten und Enzymen, die ein basisches Milieu benötigen, weiter verarbeitet.

Somit geht nichts verloren, und alle für den Organismus wichtigen Bestandteile können aus der Nahrung herausgelöst werden.

Im Allgemeinen können wir von folgenden pH-Werten im menschlichen Organismus ausgehen:

Magensaft		1,5 – 2,0
Dünndarm		5,5 – 8,0
Dickdarm	dünnflüssig	6,0 – 6,7
	verstopft	7,7 – 8,5
Nierenkapazität		4,4 – 9,0
Morgenurin		4,5 – 7,0
Herzmuskel gesund		6,9
Herzmuskel bei Infarkt		6,2 – 6,4
Bindegewebe		7,0 – 7,2
Haut		5,0 – 7,5
Blut		7,35-7,45
Tränen		7,1 – 7,4
Sperma		7,1 – 7,4
Vaginalsekret		4,8 – 7,5
Schweiß		6,9 – 7,4
Speichel		5,0 – 8,5
Fruchtwasser		6,9 – 8,5
Bauchspeichel		7,4 – 8,5
Galle		7,4 – 8,5

Während es für uns Laien bei einigen Körperflüssigkeiten wie Urin, Speichel, Tränen, Vaginalsekret oder Schweiß relativ einfach ist, den pH-Wert zu bestimmen, sind andere Bestimmungen nur unter ärztlicher Kontrolle möglich.

Die Entstehung von Säuren in unserem Organismus

In unserem Organismus entstehen ständig Säuren durch den aktiven Stoffwechsel, welche unsere Säure-Basen-Balance beeinflussen:

- Milchsäure und Kohlendioxid durch körperliche Arbeit
- Essigsäure und Kohldioxid durch die Verstoffwechselung von Kohlenhydraten und Fetten
- Phosphorsäure und Schwefelsäure durch die Verstoffwechselung von Eiweiß (Protein)
- Harnsäure aus dem Zellaufbau und Zellabbau sowie der Proteinzufuhr
- Ketonsäure bei Nahrungskarenz durch Abbau der Fettzellen.

Dazu kommen Säuren wie

- Salzsäure durch Basenmangel, Stress und Ärger
- Salpetersäure aus dem Pökelsalz bei Schinken und Wurstwaren sowie der Verwendung von Kaliumnitrat bei der Käseherstellung
- Gerbsäure aus Kaffee- und Teegenuss
- Oxalsäure aus Tomaten, Spinat, Mangold oder Rhabarber
- Kohlensäure aus dem Mineralwasser und Sekt
- Acetylsäure aus Schmerzmitteln

Zusätzlich gibt es Säuren, die entstehen, weil manche Organe nicht mehr einwandfrei arbeiten. So können schädliche Säuren bei einer unzureichenden oder falschen Darmbesiedelung entstehen, der Darminhalt gärt oder, was noch schlimmer ist, fault, und es entstehen krankmachende Gase. Endokrine Drüsen, allen voran die Bauchspeicheldrüse, können in ihrer Funktion eingeschränkt sein, und es entsteht der gefürchtete Diabetes. Nieren oder Magen, praktisch alle inneren Organe können Schädigungen aufweisen, welche Auswirkungen auf den Säure-Basen-Haushalt haben. Nicht berücksichtigt sind außergewöhnliche Belastungen wie Vergiftungen, Fieber, Cortisontherapie, um nur einiges zu nennen. Dazu kommen von uns selbst verursachte Schädigungen, weil wir uns zu basenarm ernähren und/oder weil unsere Ernährung uns nur unzureichend mit Vital- und Mineralstoffen versorgt. All das kann zu einem Ungleichgewicht im SBH führen, kann den Organismus überlasten. Es kann ein Säurestau entstehen, weil die Ausscheidungsorgane mit dem Ausleiten der Säure nicht nachkommen oder die betreffenden Organe selbst bereits geschädigt sind.

Ein gesunder Organismus wird mit den anfallenden Säuren spielend fertig. Die Säuren werden am besten bei Ruhe und/oder im Schlaf mit Hilfe von über die Nahrung zugeführten Basen neutralisiert und vor allem über Lunge, Niere, aber auch über die Haut, den Darm und die Leber ausgeleitet. In der Nacht, wenn die körperliche Aktivität weitgehend auf ein Minimum zurück gefahren ist und nur die lebensnotwendigsten Funktionen aufrecht erhalten werden, eliminiert die Lunge die flüchtigen Säuren wie das Kohlendioxid und die Niere eliminiert die nichtflüchtigen Säuren wie Harn-, Schwefel-, Phosphorsäure, aber auch die

Acetylsäure aus Schmerzmitteln oder Salpetersäure aus gepökelten Lebensmitteln.

Alle Säure-Ausscheidungsreaktionen unseres Organismus laufen über den Blutkreislauf. Alle Säuren müssen übers Blut eliminiert werden, egal ob sie zur Lunge als flüchtige Säuren oder zur Niere als fixe Säuren transportiert werden. Verständlich, dass das Blut besonders anfällig für einen Säurestau ist.

Der Blut-pH

Unser Blut hat einen relativ konstanten pH-Wert zwischen 7,35 und 7,45, ist also leicht alkalisch, basisch. Sinkt sein pH-Wert auf unter 7,35, spricht man von einer Azidose, streng genommen von einer Blutazidose, da absolut genommen eine Azidose, eine Übersäuerung, erst bei 7,00001 beginnt. Steigt der pH-Wert des Blutes auf über 7,45 sprechen wir von einer (Blut-) Alkalose. Eine Über- bzw. Unterschreitung dieses Spielraumes, beide Extremwerte des Blutes sind für den menschlichen Organismus gefährlich, wobei das Absinken in eine Übersäuerung sogar lebensbedrohlich ist und eine sofortige Einweisung auf eine Intensiv-Station erfordert!

Gegenmaßnahmen unseres Organismus bei einer momentanen pH-Entgleisung

Bringt man Blut mit einer Säure zusammen, beispielsweise beim Einlegen von Fleisch in Essig, so gerinnt das Blut. Wird unser Blut mit vom Körper gebildeten (endogenen) oder von außen (exogen) zugeführten Säuren überlastet, so besteht ebenfalls die Gefahr einer Gerinnung, die tödlich wäre. Fällt der Blut-pH-Wert auf unter 6,95, so kommt es in der Folge zum Koma und Herzstillstand. Deswegen sind Blutwerte unter 7,2 bereits sehr kritisch, sogar lebensbedrohend. **Mit Hilfe von Puffersystemen** steuert unser Organismus ständig einem Absinken des Blut-pH entgegen. Die größten Puffer sind im Blut selbst: der Bikarbonatpuffer mit gut 50 %, der Hämoglobinpuffer mit etwa 30 % Anteil, der Phosphatpuffer mit knapp 2 % und im Blutplasma selber der Proteinpuffer mit etwa 15 %. Es mag bei dieser Aufzählung bleiben. Diese Puffer setzen normalerweise sofort ein, wenn die Gefahr einer momentanen Übersäuerung des Blutes auftritt.

Ein Zuviel an Basen scheint aber vom Organismus nicht als so tragisch angesehen zu werden, denn seine Puffermechanismen sind alle als Hilfe bei einem momentanen Säureüberschuss angelegt, vor allem die schnell verfügbaren Puffersysteme von Blutplasma und Blutkörperchen. Außerdem kommt eine Alkalose, eine Überalkalisierung des Blutes in der Praxis äußerst selten vor. Sie wird nur hervorgerufen bei einer Hyperventilation, einem zu schnellen Atmen bei Sauerstoffmangel, wobei vermehrt CO^2 abgegeben wird. Dabei kommt es zu einem Defizit an Kohlendioxid, CO^2, was eine Wirkung auf das frei verfügbare Calcium im Blut hat und zu tetanieartigen Symptomen wie starken Muskelkrämpfen führen kann. Das passiert manchmal beim Hecheln während einer Entbindung, relativ selten auch beim Sport. Eine Alkalose kann auch vorkommen, wenn durch ein unstillbares Erbrechen so viel (Magen-) Säuren erbrochen wurden, dass dann ebenfalls ein Defizit an Säuren entsteht, was aber noch seltener ist.

Bei Säureüberschuss (Blutazidose) im Blut und bei Basenüberschuss (Alkalose) ergreift der Organismus Gegenmaßnahmen. Einfache, schnell wirksame, unterstützende Maßnahmen können folgende sein:

Bei der **Blutalkalose,**
verursacht durch zu rasches Atmen, sollte man/frau versuchen, das abgeatmete Kohlendioxid, das CO^2, wieder einzuatmen, indem die Hände oder eine Plastiktüte beim Atmen vor den Mund gehalten werden. Beim unstillbaren Erbrechen mit hohem Säureverlust hilft nur ein Arzt oder Heilpraktiker.

Bei der **leichten Blutazidose,**
deren Auswirkung nicht so leicht zu erkennen ist, sich aber häufig in extremen Schmerzzuständen äußert, hilft am schnellsten die Einnahme eines in Wasser gelösten Basenmittels wie Kaisers Natron, Alkala, Bullrich Vital, Rebasit, Basica, Erbasit, ein Basenmittel nach Sander, Dr. Jacob´s oder Dr. Töth, um nur einige zu nennen. Eine Überdosierung scheint hier nicht vorzukommen, da überschüssige Basen mit dem Urin über die Nieren eliminiert werden, es sei denn, es liegt eine Nierenstörung vor.

Bei einer **schweren Blutazidose,**
wie sie beispielsweise beim diabetischen Koma (Kussmaul-Atmung) auftritt, ist eine sofortige Einweisung ins Krankenhaus notwendig, wo eine Blutgasanalyse stationär erfolgt und als Sofortmaßnahme meist eine Kochsalzlösung intravenös verabreicht wird.

Viele Ärzte meinen, es gäbe keine Azidose im Blut, außer bei einem Koma, bei der ein Patient mit Blaulicht in die Intensivstation eingeliefert wird. Seit es aber durch die Dunkelfeldmikroskopie nach Professor Günther Enderlein (1872 – 1968) möglich ist, unterm Mikroskop kleinste Veränderungen im Blut, besonders an den roten Blutkörperchen, den Erythrozyten zu erkennen, lassen sich frühe Hinweise auf eine beginnende Blutazidose, einen Blut-Basenmangel geben.

Diagnoseverfahren mit Hilfe des Dunkelfeldmikroskops

Während die herkömmliche Laborpraxis mit einem Hellfeldmikroskop arbeitet, wie es allgemein aus dem Schulunterricht bekannt ist, arbeitet das Dunkelfeldmikroskop, wie der Name sagt, mit einer anderen Technik. Franz Arnoul zieht in seinem Buch „Der Schlüssel des Lebens, Heilung durch die biologische Therapie nach Professor Dr. Enderlein“ den Vergleich mit einem Diaprojektor. Ist dieser in einem dunklen Raum eingeschaltet, so können wir in seinem Lichtstrahl erkennen, wie sich viele Staubpartikel in der Luft tummeln, was normalerweise bei Tageslicht unsichtbar bleibt. Bei einem Bluttropfen, der in einem Dunkelfeldmikroskop untersucht wird, zeigen sich neben den bekannten Blutbestandteilen wie Ery-, Leuko- Lympho- oder Thrombozyten viele Partikel, die im Blutstrom zu sehen sind und die für eine Diagnose nach Enderlein Berücksichtigung finden, in der allgemeinen Labordiagnostik jedoch bisher nicht.

Im Zusammenhang mit einer beginnenden pH-Verschiebung, einem Basenmangel im Blut, kommt es bei den Blutzellen, vor allem den roten Blutkörperchen, zu Veränderungen, die im Dunkelfeld gut sichtbar sind. Auch findet sich häufig die so genannte **„Geldrollenbildung“**, die Aneinanderreihung mehrerer roter Blutkörperchen zu langen Ketten oder übereinander geschobenen Rollen und Klümpchen. Da die roten Blutkörperchen, die Erythrozyten, alle Organe und Zellen mit Nährstoffen und Sauerstoff versorgen und gleichzeitig für den Abtransport der Zellabfallprodukte verantwortlich sind, ist ihre Beweglichkeit, ihre Aktivität, ihre Gesundheit die Voraussetzung für eine einwandfrei funktionierende Durchblutung. Lothar Wendt schreibt in seinem Buch „Gesund werden durch Abbau von Eiweißüberschüssen“, dass ein gesunder Erythrozyt vergleichbar ist mit „einem kugeligen Sack, der nur halb gefüllt ist. Solch ein Sack lässt sich durch leichten Druck in jede beliebige Form verformen. Er kann deswegen auch durch die engsten Kapillaren schlüpfen.“

Wenn die roten Blutkörperchen aber zusammengeballt sind, besteht die Gefahr, dass sie insgesamt nicht mehr verformbar sind und die Kapillaren, die feinsten Äderchen in unserem Körper verstopfen. Das führt zu **Durchblutungsstörungen** und vielen, daraus resultierenden Krankheiten wie Krampfadern, Hämorrhoiden, Thrombosen bis hin zu Herz- und Hirninfarkt. Den meisten Heilpraktikern, aber auch manchen Ärzten für Naturheilkunde sind diese Zusammenhänge bekannt, weshalb die Diagnostik mit dem Dunkelfeldmikroskop in manchen Praxen zur Erstdiagnose verwendet wird.

Veränderungen im Blut können auch durch psychische Reaktionen hervorgerufen werden. Eine „Übersäuerung“ im Blut kann auch durch Angst, Aufregung, Stress oder Hektik hervorgerufen werden. „Ihm stockt das Blut in den Adern“. Deshalb stellt eine Diagnostik der Geldrollenbildung auch nur eine augenblickliche, momentane Situation dar. Die übrigen Diagnoseverfahren anhand eines Dunkelfeldmikroskopes wie beispielsweise die Qualität der Blutzellen, das Sichtbarmachen von Kristallen oder die Veränderung von harmlosen Mikroorganismen zu schädlichen Mikroben deuten auf einen tiefer liegenden Krankheitszustand.

Überprüfung der Blut-Puffer-Kapazität

Es ist ein langer Weg von einer einmaligen, kurzfristigen, leichten pH-Verschiebung im Blut, einem kurzfristigen Basenmangel bis zu ernsthaften Krankheiten, da unser Organismus über die bereits genannten Puffersysteme verfügt. Sie helfen ihm, einen momentanen Säureüberschuss abzupuffern, zu neutralisieren. In wenigen modernen naturheilkundlichen Praxen setzt man deshalb gerne zur Frühdiagnose einer beginnenden Blutazidose ein weiteres Verfahren ein, das bereits 1985 von HP Jörgensen in der medizinischen „Erfahrungsheilkunde" Nr.5 veröffentlicht wurde: die Überprüfung der Pufferkapazität des Blutes. Nach Jörgensen müsste daher auch **die Blutazidose exakter „Blut-Basenmangel"** heißen, weil in den genannten Puffern nicht mehr ausreichend Basen zur Neutralisierung der anfallenden Säuren zur Verfügung stehen. Ich finde diesen Begriff exzellent und werde mich bemühen, ihn im weiteren Verlauf dieser Ausführungen weitest gehend zu verwenden.

Die Überprüfung des Blutes auf einen beginnenden Basenmangel ist bisher nur in wenigen Praxen üblich. Ich habe diese Diagnoseverfahren in der Praxis der Schlossparkklinik in Gersfeld bei Dr. von Rosen erlebt. Dr. Michael Worlitschek beschreibt es ausführlich in seinem Buch „Praxis des Säure-Basen-Haushaltes" wie folgt: zur Untersuchung werden fünf bis zehn ml Blut aus der Vene entnommen und sofort leicht heparinisiert (mit Heparin versetzt), damit sie nicht gerinnen. Jetzt wird 1 ml abgenommen, sein pH-Wert notiert und das übrige Blut zentrifugiert. Beides wird anschließend mit einer Titrierlösung versetzt, und die beiden unterschiedlichen pH-Werte werden in einer speziellen Tabelle vermerkt. Es folgen weitere Titrationen und pH-Wert-Bestimmungen. Aufgrund der

Anzahl der Titrationen vom zentrifugierten Plasma und vom Vollblut, die bis zur Erreichung eines bestimmten Wertes nötig sind, lassen sich Rückschlüsse auf die Pufferkapazität des Blutes ziehen.

Zur Überarbeitung dieses Buches hatte ich HP Jörgensen angeschrieben, um von ihm eine Liste der Therapeuten zu erfahren, welche sein Verfahren anwenden. Leider hat er sich aus dem aktiven Verkauf der Gerätschaften zurückgezogen, empfiehlt aber interessierten Ärzten oder Heilpraktikern, sich mit der Firma BioQuest in Hannover in Verbindung zu setzen. Für erfahrene Laborkräfte ist es leicht, sich in diese Materie einzuarbeiten und für einen Therapeuten ist es eine exzellente Diagnosemöglichkeit, eine beginnende, schleichende, sonst schwer zu überprüfende, tatsächliche Übersäuerung, bzw. einen krankheits-verursachenden Basenmangel festzustellen. Außerhalb einer Praxis gibt es keine Möglichkeit, einen Basenmangel im Blut festzustellen, aber es gibt für uns Laien eine Möglichkeit, an anderen Körperstellen eine beginnende Übersäuerung, einen beginnenden Basenmangel zu überprüfen.

8. Gewebe-Übersäuerung –Extrazelluläre Übersäuerung

Sollten die Puffermechanismen des Blutes nicht ausreichen, greift unser Organismus zu einer weiteren Notmaßnahme: **er schiebt Säuren vorübergehend ins Bindegewebe** ab. Der Begriff „Bindegewebe“ ist so weitreichend, dass eigentlich alles außer den Organen dazu gehört: vom Blut über das Fettgewebe, die äußerlich sichtbaren, verschiebbaren Schichten der Haut, dem die inneren Organe umhüllenden lockeren Bindegewebe, die das straffe Bindegewebe bildenden Sehnen und Bänder bis zum festen Bindegewebe wie Knochen und Knorpeln.

Eine Übersäuerung im Blut, ein Basenmangel in den Blutpuffern, der nicht durch Abpuffern augenblicklich zu beheben ist, kann durch Verschieben der Säuren ins Bindegewebe abgewendet werden. Das heißt, praktisch alle diese Körperteile können von einer mehr oder weniger starken pH-Verschiebung, von einem Basenmangel betroffen sein.

Das Blut fließt vom Herzen aus über die Aorta, dem größten Blutgefäß, weiter über die Arterien, die Arteriolen und das Kapillarsystem bis zu den Zellen und von dort über die Venolen, die Venen und die beiden großen Hohlvenen dem Herzen wieder zu. Dort wird es in einem kleinen Kreislauf in die Lungen gepumpt, mit Sauerstoff beladen und vom Herzen wieder über den großen Kreislauf auf den Weg geschickt, um aus den Zellen die angefallenen Abfallprodukte zurück zu holen. Dazu wird ein festes System benötigt. Aber dieses System ist nicht als eine starre Röhre zu verstehen, sondern als ein nach beiden Seiten durchgängiges, durchlässiges, aber sehr dichtes Gewebe. Wie sonst sollte der Organismus die einzelnen Zellen mit Sauerstoff und Nährstoffen versorgen, wie sollte er die Abfallprodukte aufnehmen, wenn im die Zelle umgebenden Gewebe nicht eine so genannte „Diapedese“, eine Durchlässigkeit, eine Durchgängigkeit der Gefäßwände bestände?

Eben diese Durchlässigkeit ermöglicht es unserem Organismus, sich eines zeitweilig anfallenden Säureüberschusses zu entledigen und die Säuren ins umliegende Gewebe auszulagern. (Die Sonderform, dass auch das Blut „Gewebe“ enthält, berücksichtige ich hier nicht. Dort docken die Säuren vornehmlich an das kollagene Bindegewebe an, welches sowohl Säuren wie Basen speichern und ja nach Situation wieder abgeben kann. Der beste Zeitpunkt, um die

Säuren zu neutralisieren und zu eliminieren, ist einmal die Zeit, wenn es nach Nahrungsaufnahme zu einem Basenschub ins Gewebe kommt, zum anderen die Zeit, wenn der Organismus Ruhe und Schlaf findet. Eine Kombination von beidem wäre der Mittagsschlaf!

Gewebe-Übersäuerung – Basenmangel im Extrazellulärraum

Auf dem Gebiet der Gewebe-Übersäuerung hat sich meine Lehrerin, Dr. Renate Collier, einen Namen gemacht. Schon nicht mehr dem Zwang eines Berufslebens unterworfen, gründete sie den Verein „Gesundheitskreis Lernen, Vorbeugen, Heilen e.V." und versuchte, da die Resonanz im Kollegenkreis zu gering war, auf der „anderen" Seite, beim Patienten, beim kranken Menschen, ihren praktischen Erfahrungen Gehör zu verschaffen. Sie bildete im „Lebensgarten Steyerberg" in späteren Jahren interessierte Personen zu Azidoseberatern aus sowie Heilpraktiker wie mich und andere Therapeuten zu Azidosetherapeuten. Ich habe Renate Collier auf dem Säure-Basen-Kongress der Unabhängigen Gesundheitsberater in Gießen 1991 zum ersten Mal gehört und fühlte mich sofort in meinen eigenen Erfahrungen bestätigt. Das Interesse, das sie dort fand, führte zum ersten Ausbildungsseminar bei ihr.

Als ehemalige Mayr-Ärztin hatte sie bei den Bauchmassagen, die sie bei ihren vielen Patienten praktizierte, beobachtet, wie unterschiedlich der Tonus der Haut sein kann. Da sie ihre Massagen nicht nur auf die Bäuche beschränkte, sondern auf den gesamten Körper ausweitete, entwickelte sie mit der Zeit **eine spezielle Entsäuerungstherapie**, die nicht nur durch Massagen und Wickel, sondern auch durch eine Ernährungsumstellung auf basische Kost die gespeicherten, in Gelose gehaltenen Säuren zum Ausscheiden brachte.

Gewebeübersäuerung lässt sich durch einen Hauttest feststellen

Auf Renate Collier geht der folgende Hauttest zurück, mit dem Sie den Grad der Übersäuerung in Ihrem Gewebe feststellen können: Ziehen Sie zuerst die Haut am Handrücken mit Daumen und Zeigefinger der anderen Hand hoch. Sie werden feststellen, das geht problemlos, meistens jedenfalls. Ich habe aber auch Hände gesehen, die so verquollen waren, dass selbst an diesen Stellen ein Hochziehen nicht mehr möglich war.

Als nächstes greifen Sie sich eine Falte am Unterarm. Was sich hier mit der Haut hochziehen lässt, ist Fett, das uns vor Wärmeverlust schützt. Dann greifen Sie eine Hautfalte an der Ober- und Unterseite des Oberarmes, an der Schulter, eine Hautfalte am Prominens (das ist der 7. Halswirbel, der ein wenig vorragt), eine Falte auf dem Bauch, der Nierengegend, der Hüfte, es folgen die Oberschenkel, das Knie, die Unterschenkel, der große Zeh, kurz alles, was Sie irgendwie, irgendwo greifen können. Sie werden merken, sehen und fühlen, dass die Haut sich ganz unterschiedlich abheben, abziehen lässt, manchmal leicht, manchmal schmerzhaft und manchmal überhaupt nicht.

Die vier Stadien der Gewebeübersäuerung

Je schwieriger es ist, die Haut hochzuziehen, je aufgequollener die kollagenen Fasern sind, desto starrer, oberflächlich straffer ist die Haut. Viele haben die Auffassung, die prallen Oberschenkel seien reines Muskelgewebe. Aber weit gefehlt! Bei echten Muskelprotzen sehen wir, dass sich die Haut nur mit wenig Fett über die Muskeln spannt. Werden doch bei

Wettbewerben gerade die Muskeln und das Muskelspiel zur Schau gestellt, und das geht nur bei einer recht dünnen Haut. Ein pralles Unterhaut-Bindegewebe, das sich nicht verschieben lässt, ist in Wirklichkeit azidotisch, übersäuert. Da dies über viele Jahre nicht schmerzt, wird es kaum registriert.

Mit dem unterschiedlichen Tastbefund an Ihrem Körper haben Sie gleichzeitig eine Differenzierung der unterschiedlichen Grade der Übersäuerung des Bindegewebes. In jungen Jahren, wenn der Organismus noch sehr reaktionsreich und unverbraucht ist, gelingt es meistens „über Nacht", im Schlaf, bei Ruhe und Entspannung die zwischengelagerten Säuren zu lösen, zu neutralisieren und über die Nieren hinaus zu befördern. Später, wenn die Ernährungssünden weiter anhalten, die Lebensweise geprägt ist von Stress und Bewegungsmangel, seelischem und körperlichem Druck, werden immer mehr Säuren zwischen gelagert, hoffend auf bessere Zeiten. Da das pralle Gewebe nicht schmerzt, wird dieser Basenmangel, diese Übersäuerung, diese Gewebe-Azidose kaum registriert. Im Urlaub, in Zeiten von Ruhe und Entspannung tritt eine unerwartete Wirkung ein: es geht den meisten recht gut, sie fühlen sich wohl und nehmen sogar ab, obwohl sie meist mehr essen als zu Hause. Dem Organismus gelingt es, in Ruhe die Säuren zu lösen und zu neutralisieren. Siehe auch Kapitel „Übergewicht" S. 130ff.

Nachteile bringt die Gewebe-Azidose eigentlich erst, wenn die Übersäuerung fortschreitet, wenn die kollagenen Fasern als Säurespeicher nicht mehr ausreichen und die Säuren sich als Kristalle an Gelenken, Muskeln, Bändern, Sehnen und Bandscheiben niederschlagen. Jetzt werden auch die Durchblutungsstörungen der Haut wahrgenommen, anfangs als Kälte, später als sklerotische Veränderungen der Haut wie beispielsweise bei der Zellulitis. Nervenbahnen reagieren besonders empfindlich auf die pH-Wert-Verschiebungen, es treten Schmerzen aller Art auf. Migräne, Rheuma, Rückenschmerzen, Angina pectoris, Tennisarm, Sehnenscheidenentzündung und vieles mehr. **Jede Art von Schmerz ist nur im sauren Milieu möglich**! Wir haben es hier mit einer lokalen Gewebe-Azidose zu tun. Besonders schmerzhaft wird es, wenn im fortgeschrittenen Stadium zur Neutralisierung der Säuren basische Bestandteile wie Knorpelzellen verbraucht werden und den Bewegungsablauf behindern. Dennoch verstehen wir auch unter diesen Erscheinungen, den Folgen der Verschiebung der Säuren ins Gewebe, noch einen Basenmangel im Extrazellulärraum, dem die einzelne Körperzelle umgebenden, umspülenden externen Raum.

9. Die intrazelluläre Übersäuerung – der intrazelluläre Basenmangel

Manche Autoren wie Worlitschek oder Jörgensen vertreten aber auch die Ansicht, basierend auf den Veröffentlichungen von Burnell u.a. von 1974, dass ein Basenmangel sich bis in die Zelle, in den Intrazellulärraum auswirken kann. Das ist leider nicht messbar. Mit der Verschiebung des pH-Wertes im Intrazellulärraum, den Abläufen innerhalb der Zelle und seinen Folgen hat sich der Heilpraktiker Hans-Heinrich Jörgensen intensiv beschäftigt (zitiert u.a. bei Worlitschek).

Seiner Meinung nach ist dieser wissenschaftlich schwer nachweisbare Zustand gekennzeichnet durch einen Kaliummangel innerhalb der Zelle. Die Zellen benötigen das Kalium, um beispielsweise den osmotischen Druck in der Zelle aufrecht zu erhalten oder die Reize an Muskeln und Nerven zu steuern. Laut Jörgensen wandere bei gravierendem Kaliummangel ein Wasserstoff-Ion (H+) anstelle des Kaliums (K+) in die Zelle, was im Blut den Trend zu einer Alkalose bewirke, da die Wasserstoff-Ionen aus dem Blut in das Zellinnere verschoben seien. Diese (Blut-) Alkalose könne durch Abgabe von basischen Substanzen an den Urin weitgehend kompensiert werden, **weshalb ein basischer Urin nicht immer zwangsläufig ein positives Zeichen sei.** Zur genauen Diagnostik hilft auch hierbei die bereits beschriebene Überprüfung der Blutpufferkapazität.

Hannelore Fischer-Reska hat aufbauend auf der Annahme der „Übersäuerung des Intrazellulärraumes" das Buch „Die Entsäuerungsrevolution" heraus gebracht. Neben der Ernährungsumstellung auf eine basische Kost empfiehlt sie eine ganz massive Entsäuerung mit Hilfe von Basenmitteln, nicht nur Natriumbikarbonat, sondern auch Kaliumpräparaten unter Mitwirkung von Vitamin C. Der Ansatz ist sicher richtig. Meiner Meinung nach ist es jedoch besser, eine mit Basenmitteln unterstützte Therapie unter Aufsicht erfahrener Ärzte und/oder Heilpraktiker durchzuführen. Ich empfehle zur Eigentherapie mein „Teil-Fasten mit Basischer Kost", das die Substitution mit Basenmitteln (siehe S. 271) zur Entsäuerung als ständige Begleitmaßnahem nicht vorsieht.

Saure und basische Stoffwechsellage in unserem Organismus

Aus dem Grundlagenbuch zum Säure-Basen-Haushalt von Friedrich Sander aus dem Jahre 1953 mit dem Titel „Der Säure-Basen-Haushalt des menschlichen Organismus und sein Zusammenspiel mit dem Kochsalzkreislauf und Leberrhythmus" zitiere ich eine Aufstellung über die Wirkung der Säuren und Basen in unserem Organismus.

Bei einer sauren Stoffwechsellage:

- Sympathikus ist erregt
- Lecithin steigt an
- Cholesterin fällt ab
- Temperatur steigt an, Fieber
- Blutdruck erhöht sich
- Leukozytose ist erhöht (!)
- Blutzucker ist erhöht
- Stoffwechsel steigt an
- Schlaf setzt aus
- Entzündungsbereitschaft ist erhöht
- Lymphgewebe ist aufgequollen
- Empfindlichkeiten gegen (Sonnen-) Strahlen sind vermehrt
- Leistungsfähigkeit ist vermindert
- Stimmung ist oft gedrückt

Bei einer basischen Stoffwechsellage:

- Parasympathikus ist angeregt
- Lecithin fällt ab
- Cholesterin steigt an
- Temperatur fällt
- Blutdruck ist erniedrigt
- Leukozytenzahl ist erniedrigt
- Blutzucker ist erniedrigt
- Stoffwechsel ist verlangsamt
- Schlafbedürfnis ist erhöht
- Entzündungsbereitschaft ist herabgesetzt
- Lymphgewebe ist verkleinert
- Empfindlichkeiten sind herabgesetzt
- Leistungsfähigkeit und Ausdauer sind groß
- Stimmung ist oft gehoben

Auch wenn Ihnen vielleicht nicht sofort alle medizinischen Fachbegriffe geläufig sind, werden Sie beim Vergleich beider Tabellen bemerken, dass wir es hier bei der „sauren Stoffwechsellage“ mit vielen bekannten Risikofaktoren und Frühsymptomen von immer mehr überhand nehmenden Zivilisationskrankheiten zu tun haben. In vielen Büchern zum Thema Übersäuerung finden Sie ebenfalls diese Aufzählung, nur wird meistens das auf den ersten Blick unerklärliche, widersprüchliche Verhalten des Cholesterins verschwiegen.

Ich habe es auch lange nicht verstanden, dass bei einer basischen Stoffwechsellage der Cholesterinwert erhöht sein soll. Heute erkläre ich mir das aber so, dass damit vielleicht nicht der allgemeine Cholesterinwert gemeint ist. Ich weiß nicht, seit wann man labormäßig den Cholesterinwert nach den Fraktionen HDL und LDL untersucht und ob das zu Sanders Zeiten vor über 50 Jahren schon üblich war. Cholesterin ist ein lebensnotwendiger Bestandteil aller unserer Körperzellen, weshalb es von der Natur so eingerichtet ist, dass unsere Leber ihn selber herstellen kann. Außerdem können wir ihn über bestimmte Nahrungsmittel, u.a. Butter oder Eier, zu uns nehmen. Im Blut wird es durch Träger-Eiweiß transportiert. Wir unterscheiden heute zwischen „High Density Lipoproteins“ (HDL) und „Low Density Lipoproteins“ (LDL). Die für uns gefährlichen sind die LDL, sie werden als Risikofaktor für Arteriosklerose, Herz- und Hirninfarkt, Nierenversagen und schwere Durchblutungsstörungen betrachtet. Deshalb geht man in der Schulmedizin davon aus, dass der HDL-Wert mindestens 35 % des Gesamtcholesterins betragen soll. Bei einem Gesamtcholesterin von 200 bedeutet das, der HDL-Wert muss mindestens bei 70 liegen. Eine andere Messweise geht davon aus, dass der Quotient aus dem

Gesamtcholesterin geteilt durch HDL unter 5 liegen sollte, also 200 geteilt durch 70 ist knapp 3, liegt also unter 5.

Mir liegen zu wenig Vergleichzahlen vor, aber ich konnte bei Patienten, die sich basisch ernährten, beobachten, dass der HDL-Wert stieg, so dass bei Sander eventuell dieses Phänomen gemeint ist.

Bereits vor 60 Jahren war also bekannt, dass bei **saurer Stoffwechsellage**
- die Stimmung sinkt – wie viele Depressionen könnten gelindert werden! ,
- der Schlaf gestört ist - wie viele Schlafmittel könnten eingespart werden! ,
- der Blutdruck steigt – wie viele Medikamente gegen erhöhten Blutdruck wären überflüssig!
- das Lymphgewebe, u.a. die Tonsillen, vergrößert sind – wie viele Mandeloperationen hätten vermieden werden können!,
- die Leistungsfähigkeit nachlässt, wohl auch die sexuelle, Viagra lässt grüßen!
- der Sonnenbrand zunimmt – wie viel Hautkrebs ließe sich verhindern?

Unverständlich, dass selbst in unserer Zeit diese Zusammenhänge so wenig bekannt und anerkannt sind.

Zusammenfassung

In unserem Organismus fallen ständig Säuren an:
- **aus der Muskeltätigkeit**
- **aus der Verdauungstätigkeit**
- **aus der Energiegewinnung**
- **aus dem Auf- und Abbau von Körperzellen.**

Ein gesunder Organismus scheidet die anfallenden Säuren sofort aus.

Die Lunge eliminiert über die Atmung die flüchtigen Säuren

- **aus dem Kohlenhydrat- und Fettstoffwechsel**
- **aus der Energiegewinnung**
- **aus dem Abbau anfallender Milchsäure**
- **aus Zwischenprodukten des intermediären Stoffwechsels**
- **aus der Oxalsäure von Rhabarber, Tomaten, Spinat**
- **aus Fruchtsäuren**

Die Niere eliminiert die nichtflüchtigen Säuren aus wie

- **die Harnsäure aus dem Abbau von Purinen**
- **die Schwefel- und Phosphorsäure aus dem Eiweißstoffwechsel**
- **die Acetylsäure aus Schmerzmitteln**
- **die Salpetersäure aus gepökelten Lebensmitteln**
- **die Gerbsäure aus Schwarzem Tee oder Kaffee**
- **die Salzsäure aus Aufregung, Ärger, Angst, Stress und Wut**

Bei unzureichender Ausscheidung über Lunge, Niere, Darm, Leber und Haut, werden die Säuren abgepuffert und/oder im Bindegewebe zwischen gelagert oder Basendepots im Organismus angegriffen.
Darauf weisen viele Symptome, die oft nicht ursächlich erkannt werden.
Eine extrazelluläre und eventuell intrazelluläre Übersäuerung, dieser Basenmangel ist mitverantwortlich für schwere, oft chronische Krankheiten.

10. Zeichen der Übersäuerung– des Basenmangels

Wenn Sie sich selbst beobachten, werden Sie vielleicht einige Symptome, die bei Sander genannt sind, bei sich wieder erkennen, vielleicht nicht ständig, aber hin und wieder. Damit ein möglicher Basenmangel nicht zu einem ständigen Begleiter wird und in seiner Folge zu Krankheiten führt, haben wir neben dem Hauttest eine weitere Möglichkeit, diesen rechtzeitig zu erkennen.

Mit Hilfe eines **Teststreifens** können Sie pH-Werte Ihres Körpers, am einfachsten Speichel und Urin, eine Zeitlang beobachten (Indikatorpapier). Diese Teststreifen gibt es in der Apotheke zu kaufen. Sie haben meist eine Bandbreite von etwa pH 5 bis etwa pH 8, unterteilt in rund 10 Teilbereiche. Daneben gibt es Teststreifen, welche pH Werte von 1 – 14 feststellen können, aber diese sind logischerweise teurer und für diesen Zweck nicht nötig. Sie finden bei den Teststreifen eine Farbskala, mit der Sie die Farbveränderungen auf dem Indikatorpapier vergleichen können: meistens bedeutet hell = Säure, dunkel = Base.

Sie reißen sich von den Streifen zwei bis drei Zentimeter ab, halten eine Seite davon in den Mund und benetzen ihn mit Speichel, um den Speichel-pH zu kontrollieren, und anschließend halten Sie die andere Seite in den Urinstrahl.

Natürlich können Sie auch einen ganzen Streifen für eine derartige Kontrolle verbrauchen. Dann vergleichen Sie die Farbveränderungen mit der Farbskala. Sie werden sicher überrascht sein, weshalb ich Sie auffordere, im Zusammenhang mit dem Urin-pH-Wert auch oder zuerst den Speichel-pH zu kontrollieren.

Sinkt der Speichel-pH entsteht Karies

Säuren und Basen haben die Tendenz sich zu verbinden, sich gegenseitig zu neutralisieren. Zu den basisch wirkenden Mineralstoffen, welche anfallende Säuren neutralisieren, gehören: Calcium, Kalium, Natrium, Magnesium, Lithium, Eisen, Rubidium und Caesium. Da unsere Zähne zum größten Teil aus Calcium bestehen, bedeutet das, sobald eine Säure mit den Zähnen in Berührung kommt, kann der Zahnschmelz angegriffen werden. Deswegen haben die Mundspeicheldrüsen die Aufgabe, sofort einen hochbasischen Speichel zu produzieren, um die Säure abzupuffern. Des Weiteren hat der Mundspeichel die Aufgabe, einen Teil unserer Nahrung schon „vorzuverdauen“. Nicht umsonst heißt es, „Gut gekaut, ist halb verdaut“.

Ein gesunder Speichel ist basisch, nicht nur wenn wir kauen, sondern auch in der übrigen Zeit, weil sonst Zahnschmelz und Mundschleimhaut ständig angegriffen würden. Auch würde sich die Bakterienart, welche ein saures Milieu bevorzugt, zu stark vermehren. Deswegen müsste eigentlich im Mund ständig ein mehr oder weniger basisches Milieu herrschen. Das scheint aber nicht der Fall zu sein, wie Sie leicht feststellen werden, wenn Sie über einen längeren Zeitraum Ihren Speichel-pH testen. Ein Absinken des Speichel-pH, ein Basenmangel, eine ständige Veränderung im Mundmilieu bleibt natürlich nicht ohne Folgen.

Wenn unser Mund-pH über längere Zeit nicht mehr im basischen Bereich liegt, kommt es zwangsläufig zu Angriffen auf unseren Zahnschmelz, einem gut sichtbaren Calcium-Depot in unserem Körper. Vor Jahren erschreckte eine Pressemeldung Eltern, Verbraucher, Zahnärzte und Produzenten: Kleinkinder, die ständig an ihren Flaschen mit gesüßtem Tee hingen, bekamen dauerhafte Zahnschäden. Was aus den vielen Regressansprüchen geworden ist, weiß ich nicht.

Auch heute schrecken ähnliche Meldungen über Getränke, die **natürliche oder künstliche Zitronensäure** zur Geschmacksverbesserung beinhalten, die Verbraucher auf. Denn diese „coolen drinks" stehen nicht nur bei Jugendlichen hoch im Kurs, sondern auch im Verdacht, Zahnerosionen zu verursachen. Darunter versteht man das Weichwerden des Zahnschmelzes und in seiner Folge das Abbrechen ganzer Teile dieser Schutzschicht.

Die frühere Empfehlung der Zahnärzte, gleich nach dem Essen die Zähne zu putzen, wurde in letzter Zeit ebenfalls revidiert. Hatte man doch bemerkt, dass gleich nach dem Essen die Zähne besonders angreifbar sind und bei falscher Putztechnik und falschen Materialien Zahnschmelz und Zähne beschädigt werden können.

Ich erinnere mich noch an einen Vortrag eines jungen Zahnarztes in der Mitte der 80er Jahre. Er behauptete, der Mundspeichel sei leicht sauer, zwischen 6,0 und 6,5. Auf meinen entschiedenen Widerspruch eingehend, sagte er, so stehe es in den Lehrbüchern. Zum Glück scheint da ein **Umdenken im Gang** zu sein. Denn wenn im Mundraum der Zahnschmelz ständig von einem sauren Speichel umspült wird, wie er beim und vor allem auch nach dem Verzehr von Süßigkeiten über längere Zeit nachgewiesen werden kann, so löst sich langsam das Kalzium aus den Zähnen, und der Zahnarzt spricht von Karies. Peter Jentschura bezeichnet in seinen Büchern (u.a. „Gesundheit durch Entschlackung") die

Karies als „die Osteoporose des Kindesalters“. Treffender kann man dies nicht darstellen.

Viele Zahnmediziner scheinen heute hellhöriger geworden zu sein. In manchen Zahnarztpraxen wird nach der allgemeinen Behandlung eine Spezialpaste, „Tooth Mousse“, auf Zähne und Zahnfleisch aufgetragen, um die Säuren zu neutralisieren, ja um sogar wie „flüssiger Zahnschmelz“ kleine Schäden im Zahnschmelz auszubügeln. Die Grundlage dieser Paste bildet ein Bestandteil von Käse, das Kalziumphosphat, CPP, in einer für den Organismus aufnehmbaren löslichen Form. Diese Erkenntnis geht auf wissenschaftliche Studien in Australien zurück, welche die Wirksamkeit belegt haben. Dass neben diesem Inhaltsstoff CPP-ACP noch „pure water, glycerol, D-sorbitol, silicon dioxide, CMC-Na, propylen glycol, titanium dioxide, xylitol, Phosphorsäure, Guar gum, Zinkoxid, sodium saccharin, Ethyl p-hydroxybenzoate, Magnesiumoxid, Butyl p-hydroxybenzoat und Propyl p-hydroxybenzoat“ enthalten ist, wird meist verschwiegen. Wie sagte man doch früher so schön: “Käse schließt den Magen“. Heute heißt es vielleicht: **„Käsepaste schließt Zahnlücken!“** Ob die Franzosen mit ihrer Käse-Liebe als Nachspeise bessere Zähne vorweisen können?

Die Säuren im Mund haben aber noch weitere Auswirkungen. Es wird heutzutage so viel über Schwermetallbelastung, vor allem auch über Belastungen in Folge von Amalgam-Füllungen gesprochen und geschrieben. Amalgam stand viele Jahrzehnte im Ruf, ein ausgezeichnetes Füllmittel zu sein. Könnte es sein, dass erst durch die ungeheure Säurebelastung in unserer Zeit, durch ein Abnehmen, Absinken der Basen im Mundmilieu, der Abrieb von Amalgam aus den Plomben und die schleichende Amalgamvergiftung mit ihren Folgeschäden möglich wurden?

Wissenschaftlich nachgewiesen wurde, dass es in einem sauren Mundmilieu zwischen verschiedenen Metallen in Plomben sogar zu winzigen, **elektrischen Strömungen** kommen kann, die messtechnisch nachweisbar sind! Hulda Clark, eine renommierte amerikanische Biophysikerin und Physiologin warnt in ihrem Buch „Heilung ist möglich“ eindringlich von der Verwendung von Metallen im Mundraum, führt aber gute Alternativen an. Übertroffen wird die Gefährlichkeit der Metalle auf das Mundmilieu laut Clark aber offensichtlich noch von den mit Cadmium oder Quecksilber rosa gefärbten Kunststoffgebissen!

Ein Defizit im Mundraum wird häufig aus ästhetischen Gründen unsichtbar gemacht: Zähne werden plombiert, überkront, implantiert. Dabei wäre es **die Chance**, eine beginnende Übersäuerung des Organismus festzustellen. Vorreiterrolle hat hier der schwäbische Zahnarzt Johann Georg Schnitzer gespielt, der auch heute nicht müde wird, auf die Zusammenhänge zwischen Zahn- und Körpergesundheit in vielen Büchern und Schriften hinzuweisen. Siehe auch: www.dr-schnitzer.de

Eine weitere Chance der Früherkennung von Krankheiten, die sich bereits an den Zähnen andeutet, gibt eine Zusammenfassung der **„Energetischen Wechsel-Beziehungen zwischen Zahn-Kiefergebiet und dem übrigen Organismus“** wie sie vor Jahren von Dr. Fritz Kramer (1920 – 2001) zusammengestellt wurde und in der Elektroakupunktur nach Voll verwendet wird. Ein kleines Beispiel dafür wäre der Zusammenhang von den oberen Vorderzähnen mit der Niere, der Blase, der Epiphyse, dem Kreuzsteißbein, dem Fuß und der Stirnhöhle. Oder der Zusammenhang vom unteren linken Eckzahn mit dem Auge, der Hüfte, dem hinteren Knie, der

Leber, den Gallengängen und den Keimdrüsen. Jeder Zahn hat seinen eigenen Bezug. Nur welcher Zahnarzt weist schon auf mögliche Zusammenhänge von Zahnbeschwerden und möglichen Organbelastungen hin?

Saurer Speichel: ein erstes Zeichen eines Basenmangels

Bei meinen Kursteilnehmern habe ich früher immer als erstes einen Speicheltest gemacht und oft genug auch bei meinen Vorträgen. Zum einen gab es für die Zuhörer immer ein Aha-Erlebnis und führte recht praktisch in die Problematik des Säure-Basen-Haushaltes ein. Zum anderen war es für mich oft eine Bestätigung, dass sehr viele Menschen ein saures Mundmilieu haben. Dieser Basenmangel kann temporär sein. So kann man beispielsweise vor Aufregung, im Stress, beim Arbeiten am PC einen sauren Speichel-pH haben. Er kann aber auch chronisch sein/werden, und da müssen wir etwas unternehmen.

Basen können nur von außen zugeführt werden, Säuren können, wie wir gesehen haben, im Körper selber entstehen oder über die Ernährung zugeführt werden. Basen können, so sie denn im Stoffwechselgeschehen gebraucht und verbraucht werden, zwar in der Niere teilweise wieder zurück gewonnen werden, aber unser Organismus produziert keine neuen Basen.

Wenn wir nicht genügend Basen dem Körper zuführen, werden bei hochgradigem Basenmangel zur Neutralisierung der Säuren Basendepots angegriffen. Eines dieser Basendepots sind die Zähne. Im Alter werden oft die Basen-Vorräte aus den Knochen genommen, sicher auch, weil in den Zähnen kein oder nur noch ungenügend Calcium vorhanden ist. Karies ist nichts anderes als die Osteoporose, die – bis jetzt noch - später im Erwachsenenalter auftritt: ein Herauslösen des Calciums aus einem Basendepot. Den **Zusammenhang Basenmangel und Osteoporose** finden Sie wissenschaftlich belegt in dem Buch „Chronisch übersäuert“ von Dr. Thomas Goedecke und Professor Jürgen Vormann. www.saeure-basen-forum.de

Fehlende Basen im Speichel sind nicht nur verantwortlich für Karies, sondern auch für **Zahnstein**, der sich besonders an den unteren Schneidezähnen ablagert, wie wir bei jedem Zahnarztbesuch feststellen können. Bei fortgeschrittenem Basenmangel können sich sogar Steine in den Speicheldrüsen bilden, ähnlich den Steinen in den Nieren.

Dass fehlende Basen im Speichel auch mitverantwortlich sind für Verdauungsstörungen, ist den wenigsten klar. Aber die Kohlenhydrat-Vorverdauung beginnt im Mund mit Hilfe von Enzymen, die einen ganz bestimmten pH-Wert benötigen, um wirksam werden zu können. Fehlt diese enzymatische Aufbereitung der Kohlenhydrate im Mund, muss diese Arbeit später vom Bauchspeichel mühsam nachgeholt werden. (Andere Enzyme für die Eiweißverdauung benötigen einen sauren pH wie von der Natur im Magen vorgesehen!)

Ein Basenmangel lässt den Speichel auch zunehmend dickflüssiger werden und den Mund austrocknen. Gebissprothesenträger leiden besonders darunter. Bei manchen Menschen kann die **Mundtrockenhei**t so weit fortschreiten, dass mit Medikamenten nachgeholfen werden muss. Dabei kann die Trockenheit im Mund paradoxer Weise manchmal als Nebenwirkung von anderen Medikamenten auftreten! Ich weiß nicht, wie künstlicher Speichel schmeckt, meine aber, wir sollten es nicht so weit kommen lassen!

Für mich ist der Speichel-pH ein früher Indikator für die Gesundheit eines Menschen, insofern empfehle ich, den Speichel-pH gleichzeitig mit dem Urin-pH zu kontrollieren.

Man kann heute viel darüber lesen, dass ein Zusammenhang besteht zwischen Zahnfleischveränderungen, Zahnfleischbluten und schwerwiegenden Krankheiten wie Diabetes oder Herzinfarkt. Man müsse also unbedingt die Schäden im Mund behandeln, damit sich später keine Folgekrankheiten einstellen. Vielleicht bekommen wir bald die Aufforderung, Antibiotika im Mundmilieu zu verwenden, damit sich dort nicht spezielle Bakterien ansiedeln!

Meiner Ansicht nach ist das ein typisches Beispiel für eine symptomatische Behandlung und eine **Verkennung von Ursache und Wirkung**. Nicht das Zahnfleischbluten ist schuld oder die sich dort aufgrund des veränderten Milieus aufhaltenden oder einnistenden Bakterien, sondern die verstopften Gefäße, die gestörte Mikrozirkulation wie Lothar Wendt in seinem Buch „Gesundwerden durch Abbau von Eiweißüberschüssen“ oder Ralph Bircher in „Ist Gesundheit fotografierbar?“ nachweisen.

Der Urin-pH

Die meisten Menschen haben ein gestörtes Verhältnis zu ihrem eigenen Urin, und ich gebe zu, dass auch ich durch meine Erziehung einen großen Abstand zu eigenen Ausscheidungen hatte. Anfang der 90er Jahre kam durch die Bücher von Carmen Thomas wie „Ein ganz besonderer Saft – Urin; ein altes Heilmittel neu entdeckt“ eine Diskussion in Gang, die manche Vorurteile abbauen konnte, auch bei mir. So bin ich seit vielen Jahren Mitglied der Deutschen Gesellschaft für

Harntherapie und versuche, auch andere Menschen zu einem freien Umgang mit diesem „Heilmittel“ zu bewegen.

Urin, das vergessen wir oft, ist unser gefiltertes, helles Blut. **Urin ist steril**. Alles, was an Bakterien drin sein kann, kommt erst auf dem Ausscheidungsweg hinein, also in der Blase oder den Harnleitern. Was vor wenigen Augenblicken noch hinterm Auge, in der Zunge, am Herzen vorbeigeflossen ist, wird kurze Zeit später in den Nieren gereinigt, konzentriert, rückresorbiert oder ausgeschieden. Wenn man bedenkt, dass unser gesamtes Blut von gut 5 Litern in 5 – 7 Minuten die Nieren durchläuft, das ist etwa ein Liter pro Minute, das sind das 60 Liter in der Stunde und 1500 Liter innerhalb eines ganzen Tages, **etwa 18 Badewannen voll**. Davon werden 150 Liter Primärharn gewonnen, der wiederum konzentriert wird auf etwa 1,5 Liter, die wir im Laufe von 24 Stunden ausscheiden, tagaus, tagein.

Im Blut zurück geblieben sind beim Gesunden Zucker, Eiweiß und Mineralstoffe (Elektrolyte), die im Organismus Wiederverwendung finden. Ausgeschieden werden nach Abele: Harnstoff, präparierte Immunglobuline, Mineralstoffe, Wasserstoffionen, Hormone, Fermente, Zytokine/Monokine, letztendlich alle im Körper vorkommenden Substanzen in Spuren.

Unser Urin ist normalerweise hellgelb und klar. Ist er trüb, so lässt das auf Infektionen oder bei Fadenbildung auf Pilzbelastung schließen. Wenn wir zu wenig trinken oder bei bestimmten Krankheiten verändert sich die Farbe von dunkelgelb bis rot oder dunkelbraun. Ein ständig blasser Urin bei normalem Trinkverhalten lässt auf eine Nierenfunktionsstörung schließen. Im Altertum und im Mittelalter war die Harnschau ein wichtiger Bestandteil der

Diagnose jedes verantwortungsbewussten Arztes. Ob die heutigen Laborbefunde das in allen Fällen ersetzen können?

Ein saurer Urin ist dunkler als ein basischer, der bei Vegetariern „normal" ist. Auch beim Geruch des Urins gibt es zwischen diesen beiden Gruppen große Unterschiede. Wenn Sie einmal darauf achten, können Sie Wurst, Schinken oder Käse noch am gleichen Tage nach der Nahrungsaufnahme im Urin riechen. Ein basischer Urin, wie er sich ebenfalls beim „Teil-Fasten mit Basischer Kost" einstellt, riecht (und schmeckt) eher wie eine Gemüsebrühe, weshalb ein Kennenlernen der Eigenurintherapie dann leichter fällt.

Die Chinesen sagen, wir werden mit einem bestimmten Nieren-Chi, einer uns für unser Gesamtleben zur Verfügung stehenden Nierenkraft, geboren, die laufend abnimmt. Ich möchte nicht wissen, welche Auswirkungen die augenblickliche selbst im Winter übliche „bauch- und nierenfreie" Mode auf die Nieren-Gesundheit, auf das „Nieren-Chi" der jungen Mädchen hat.

Der pH-Wert im Urin schwankt je nach Tageszeit

Dass die Überprüfung des pH-Wertes im Urin nur einen **Augenblicksstatus** darstellt und (noch) keine allgemeinen Rückschlüsse auf die Stoffwechsellage zulässt, dürfte klar sein. Ein Morgenurin ist sauer, ist er doch das Ergebnis der Ausscheidung der in der Nacht angefallenen Stoffwechselprodukte. Es ist völlig normal, morgens einen sauren oder mehr in Richtung Säure verschobenen Urin-pH zu haben. Im Schlaf fallen kaum neue Säuren an, aber die tagsüber angefallenen Säuren müssen nachts neutralisiert und am Morgen ausgeleitet werden.

Nach Glaesel („Heilung ohne Wunder und Nebenwirkung“) schwankt unser Urin-pH je nach Tageszeit, er **flutet wie Ebbe und Flut**, mal ins Basische, mal ins Saure. Etwa 2 Stunden nach einer Mahlzeit sollte er aber basisch sein. Wieso? Das ist zu erklären mit der Salzsäureproduktion der Belegzellen im Magen, wie sie Friedrich Sander in seinem Buch „Der Säure-Basenhaushalt des menschlichen Organismus und sein Zusammenspiel mit dem Kochsalzkreislauf und Leberrhythmus“.

Wenn wir Nahrung aufnehmen, reagiert der Organismus sofort mit der Produktion von Verdauungssäften, und in der Magenschleimhaut wird aus dem vorbei streichenden Blut zur Eiweißverdauung die Salzsäure HCl gebildet.
Das Blut enthält vorwiegend Natriumchlorid, NaCl, Wasser, H^2O, und das von den Zellen zur Lunge zu transportierende Kohlendioxid, CO^2. Daraus stellen die Belegzellen Salzsäure, HCl, her. Übrig bleibt im Blut ein Überschuss an Natriumbikarbonat, auch Natriumhydrogencarbonat genannt, $NaHCO^3$.

Dieser vorübergehende Überschuss wird im weiteren Blutfluss begierig von den basophilen Drüsen wie Leber und Bauchspeichel aufgenommen. Denn sie müssen hochbasische Sekrete produzieren, um den sauren Magenbrei im Dünndarm abzupuffern.

Im Dünndarm wird dann das Kochsalz, NaCl, aus HCl und $NaHCO^3$ wieder resynthetisiert, zusammengesetzt, ebenfalls die anderen Stoffe, weshalb man von einem auf Friedrich Sander zurückgehenden „Kochsalz-Kreislauf“ spricht.

NaCl	+	CO^2	+	H^2O	⇔	
Natrium-Chlorid	+	**Kohlendioxid**	+	**Wasser**	ergibt	**wechselseitig**

HCl	+	$NaHCO^3$
Salzsäure	+	**Natriumbicarbonat**

Wenn die basophilen Drüsen nicht alles Natriumbikarbonat benötigen, wird der momentane **Überschuss im Urin ausgeschieden** und ist dort nachweisbar. Tritt kein Überschuss im Urin auf, so deutet das auf einen Mangelzustand in den basenliebenden Drüsen, die alle zur Verfügung stehenden Basen „aufgeschluckt" haben. Ein Mangel an basischen Mineralstoffen zur Herstellung der basischen Sekrete von Leber und Bauchspeichel ruft aber ernsthafte Störungen wie anfangs beispielsweise Durchfall, später Schlimmeres wie beispielsweise Störungen der Bauchspeicheldrüsenfunktion hervor, weshalb der ständige Basen-Nachschub so wichtig ist.

Basen können im Körper nicht neu entstehen, sie müssen über die basische Ernährung zugeführt werden. Fehlt dieser Nachschub an Basen übers Blut an Leber und Bauchspeichel, versucht unser Körper noch auf andere Weise, diesen **Mangel zu kompensieren: er produziert Salzsäure im Magen**, nicht weil er sie zur momentanen Eiweißverdauung benötigt, sondern um den notwendigen Basenüberschuss im Blut für andere Organe zu erzeugen. Wenn diese Notmaßnahme zur Regel wird, weil in der Ernährung nicht auf eine basische Kost geachtet wird, nimmt der Körper dafür sogar Schädigungen der Magenschleimhaut in Kauf, was sich in Form von **Sodbrennen** äußert. Die nächste Stufe der Organschädigung bei der Überproduktion von Magensäure, bzw. bei akutem Basenmangel ist die **Speiseröhrenentzündung**. Wie viele

Personen klagen heutzutage über ernsthafte Beschwerden und werden nur symptomatisch behandelt: sie erhalten ein Antazidum, ein Mittel, welches das Symptom ruhig stellt, das die Magensäureproduktion verringert. Sie benötigten in Wahrheit aber ein Basenmittel, das die Ursache beseitigt, damit der Basenmangel ausgeglichen wird.

Daher ist es in meinen Augen besonders wichtig, den Urin-pH etwa 2 Stunden nach der Nahrungsaufnahme zu kontrollieren, ob er basisch oder basischer als vorher ist. Wenn kein deutlicher Ausschlag ins Basische erkennbar wird, ist das für mich – neben einem überwiegend sauren Mundmilieu - ein weiteres Kennzeichen eines beginnenden oder gravierenden Basenmangels im Organismus.

Manche Autoren empfehlen zur Überprüfung eines möglichen Basenmangels im Organismus, morgens einen Esslöffel Kaisers Natron in Wasser aufgelöst zu trinken und seine spätere Wirkung auf den Urin-pH zu überprüfen. Wird der Urin nicht basisch, so ist dies als ernstes Zeichen für einen Basenmangel zu werten.

Leider ist eine Diagnose über den Urin-pH nicht so einfach, dass man sagen könnte: „ständig saurer Urin = krank und ständig basischer Urin = gesund". Wenn unsere Urin-pH-Messungen über einen längeren Zeitraum saure Werte ermitteln, **wissen wir nicht 100%ig**, ob eine ernsthafte Störung, ein hochgradiger Basenmangel/eine „Säurestarre" vorliegt oder ob es dem Organismus gelungen ist, sich längere Zeit über den Urin zu entsäuern, denn wir messen mit den Teststreifen nur die freien Säuren im Urin. Wir wissen nicht, wie viele Säuren neutralisiert und als Salze über den Urin ausgeschieden werden. Ebenso wenig wissen wir, ob bei einem ständig basischen Urin, wie er nicht nur bei Vegetariern vorkommen kann, diese Reaktion auf einem Basenüberschuss beruht, auf einer Ammoniakreaktion, auf einem Zinkmangel oder einer eventuellen intrazellulären Übersäuerung. Eine wirklich exakte Messung könnte nur in einem **Speziallabor** vorgenommen werden.

Dennoch herrscht allgemeine Übereinstimmung, dass eine längere Säurestarre im Urin die Vorstufe von mannigfaltigen Krankheiten ist.

Eine Säurestarre ist meist alimentär (ernährungsbedingt)

Eine Säurestarre wird vor allem durch die Nahrungsaufnahme hervorgerufen, sie ist alimentär. Alle tierischen Eiweiße (Fleisch, Wurst, Innereien, Schinken, alle Milchprodukte, Eier, Fisch, Meeresfrüchte) sind säureüberschüssig. Säurebildend sind alle denaturierten, stark veränderten, der Vitalstoffe beraubten Nahrungsmittel, auch Zucker und alle damit hergestellten Produkte, Nüsse, viele Getreidesorten und Getreideprodukte. Es ist vielen Menschen nicht einsichtig, dass auch Getreideverzehr übersäuern kann. Aber so schreibt bereits Anfang der 30er Jahre **Alfred Brauchle**, der Leitende Arzt der Klinik für Naturheilkunde in Dresden in seinem Buch „Handbuch der Naturheilkunde" auf Seite 548:

„Eine säurenüberschüssige Fleischkost führt ebenso zur Gicht (Fleischgicht) wie eine säurenüberschüssige, vorwiegend aus Brot bestehende Nahrung (Brotgicht)."

Den Gedanken der Brotgicht habe ich sonst nirgendwo gelesen, finde ihn aber hoch interessant. Offensichtlich gehöre ich selbst zu den „Brotgichtlern", denn während meiner Studentenzeit ernährte ich mich einmal wochenlang von Schmalzbroten, bis durch einen Zufall bei mir Zahnschäden festgestellt wurden an einem bis dahin plombenfreien Gebiss. Auch heute noch kann ich mit überwiegendem Brotverzehr einen Gichtanfall hervorrufen.

Obst kann unter bestimmten Voraussetzungen ebenfalls säurebildend sein/werden. Das ist einmal abhängig von dem Boden, auf dem die Früchte wachsen, zum anderen von ihrem Reifezustand. Davon jedoch mehr im Kapitel über die Ernährung im praktischen Teil des Buches.

Wenn es zu einer **Säurestarre** kommt, wenn der Urin über Wochen oder Monate nicht mehr die typischen Tagesschwankungen aufweist, so liegt eine gesundheitliche Schädigung vor. **Nach Wendt und Glaesel ist dies das erste Zeichen einer chronischen Krankheit**. Kommt zu einer Säurestarre noch eine überhöhte Säurebildung durch längere Muskelarbeit wie beim Sport, so kann die Übersäuerung tödlich werden und zum plötzlichen Herztod führen. Leider gibt es aus der Sportgeschichte genügend Beispiele dafür.

Säure bedingte Krankheiten

Die bekannteste Säure-Krankheit ist der Diabetes. Aber auch andere Krankheiten sind als „Säure-Krankheiten“ anerkannt wie die Gicht, das Rheuma oder manche Steinebildung (Oxalat-Steine). Zum Glück setzt sich immer mehr durch, beispielsweise auch Osteoporose als Säure-Krankheit anzuerkennen, leider werden die Zusammenhänge bei Arteriosklerose, Bluthochdruck, Parodontose, Neuralgien, Allergien, Tinnitus, um nur einige zu nennen, noch nicht gesehen.

Daneben gibt es eine ganze Reihe von gesundheitlichen Störungen, die auf eine Übersäuerung, einen Basenmangel schließen lassen, was sich aber noch nicht als anerkannte Krankheit manifestiert hat und nachweisbar ist. Häufig werden sie erst als Krankheiten diagnostiziert, wenn die Laborwerte einen von der augenblicklichen Norm abweichenden Befund aufzeigen. **Aber leider sind nicht alle Normwerte auch Gesundheitswerte**. So wird u.a. der Hämatokrit, der Sammelbegriff für den Anteil der zellulären Bestandteile im Gesamtblut, immer mehr hinaufgesetzt, obwohl bekannt ist, dass ein zu hoher Wert schädlich ist, wenn wir nicht gerade Radfahr-Profis sind und damit dopen wollen.

Wie weit der saure Urin bereits als Normalität angesehen wird, wurde mir auf einer Verbrauchermesse vor Augen geführt. Ein Vertreter bot dort für den Gaststättenbetrieb eine automatische Toilettenspülung für Urinale an, die nur bei saurem Urin einsetzte. Als ich ihm erklärte, dass ein Urin auch basisch sein könne und ihn fragte, was dann geschehe, wusste er keine Antwort. Nun trifft es durchaus zu, dass Bier einen sauren Urin verursacht und so eine Automatik in Gaststätten angebracht sein kann.

Der saure Haut-pH ist „normal"

Auch ein saurer Haut-pH scheint heute schon normal zu sein, so normal, dass er nicht nur als „Säure-Schutz-Mantel" proklamiert und von vielen als solcher anerkannt wird, sondern in manchen Werbungen sogar als „Neutralwert" bezeichnet wird. Ein Gel oder eine Lotion sei „hautneutral" bei pH 5! Gemeint ist damit, sie reagiert gegenüber einem sauren Haut-pH neutral, ruft also keine Irritationen hervor, ist aber bei pH 5 100-mal saurer als der Neutralwert pH7!

Ein „Säure-Schutz-Mantel“ sollte besser „Säure-Säure-Schmutz-Mantel“ heißen, kommen doch die Babys mit einem basischen Haut-pH auf die Welt. Die meisten jedenfalls. Leider fällt der ursprünglich basische pH des Fruchtwassers im Leib der meisten werdenden Mütter immer mehr ab. Durch den immer größer werdenden Basenmangel der Schwangeren in der modernen Zeit wird dieses Gleichgewicht gestört. „Entsäuern“ so doch die Schwangeren ins Fruchtwasser, bzw. ihr Organismus holt sich dringend notwendige Basen aus diesem Depot, um irgendwo anders „Säurelöcher“ zu stopfen, bzw. Säuren zu neutralisieren. Lag der pH-Wert des **Fruchtwassers** früher ähnlich dem Meerwasser bei etwa 8,5, was für die Haut am angenehmsten ist, so ist er heute in den meisten Fällen bis auf pH 7 abgesunken und damit saurer als das Blut!

Das Fruchtwasser hat nicht nur in Geruch und Aussehen gelitten, wie manche Hebammen bestätigen, sondern sein abgesunkener pH-Wert hat eine ungeheuer negative Wirkung auf die ungeborenen Kinder. Diese können sich gegen das Absinken des pH-Wertes im Fruchtwasser nicht wehren und kommen deswegen manchmal bereits mit ernsten Krankheiten auf die Welt, so u.a. Hautschädigungen oder Neurodermitis, manchmal noch Schlimmerem. Dabei wäre bereits das **Schwangerschaftserbrechen** ein frühes Zeichen für den beginnenden Basenmangel der Mütter, die sich – siehe den „Sanderschen Kochsalzkreislauf“ - auf diese Weise von der überschüssigen Magensäure befreien. Leider kennen nur die wenigsten Gynäkologen dieses Frühsymptom des Basenmangels, um gezielt therapieren und helfen zu können.

Ursprünglich waren Fruchtwasser und Baby-Haut basisch. Wann der gesunde pH-Wert der Haut von Babys vom

Basischen ins Saure umschlägt, weiß man nicht. Offensichtlich hat sich aber die Baby-Kosmetik auf das zunehmende Absinken des Haut-pH bei Babys eingestellt und produziert seit einiger Zeit Produkte für ein saures Haut-Milieu. Kontrollieren sie einmal beim Einkaufen den pH-Wert dieser Baby-Kosmetika mit einem Teststreifen!

Die Produkte der Erwachsenen sind schon seit längerem auf eine saure Haut eingestellt, denn **Tatsache ist, dass die meisten Menschen einen sauren Haut-pH haben**. Ich selbst habe Anfang der achtziger Jahre bei einem Seminar für Heilpraktiker einen Test mitgemacht, bei dem der Haut-pH mit Tetracyclin-Gelb (nicht zum ständigen Gebrauch empfohlen!) getestet wurde. Verfärbte sich das „Gelb“ ins Braune, war die Haut basisch, blieb alles gelb, war die Haut sauer. Ich hatte damals noch zu wenig Ahnung vom Säure-Basen-Haushalt und wunderte mich nur, dass ich zu den wenigen „braunen“ Exoten gehörte.

In den Neunzigern lebte ich vorübergehend in einem (ungesunden) Hochhaus und wunderte mich über allergische Erscheinungen. Ein Hauttest beim Arzt förderte bei mir einen sauren Haut-pH zutage. Wann sich das geändert hatte, konnte ich nicht feststellen. Ich bin aber überzeugt, dass ein Wohnungsumfeld in einem Betonhochhaus zur allgemeinen Übersäuerung beiträgt.

Der Organismus scheidet über die Haut das aus, wovon er im Übermaß hat: Säuren. Deswegen haben die meisten von uns einen sauren Haut-pH. Dass dieser aber mit pH 5 bereits 10x10 mal, also hundertmal saurer ist, als er sein dürfte, um nicht dauerhaft geschädigt zu sein, und wahrscheinlich 500-1000mal saurer ist, als von der Natur beabsichtigt, das begreifen die wenigsten. Die Kosmetik hat sich weitgehend auf die Veränderungen eingestellt. Lediglich die **Naturkosmetik** bemüht sich, das Rad wieder zurück zu drehen, und bietet basische Produkte an. Leider ist es meistens so, dass eine „saure“ Haut auf basische Produkte mit Irritationen reagiert und viele Probanden diese Produkte sofort wieder absetzen!

Einer der wenigen „traditionellen“ Seifen-Hersteller, die Firma Walter Rau, ist mit ihrer **„Speick-Seife“** und einigen weiteren Produkten im basischen Bereich geblieben. Seife ist nun mal von Hause aus seifig, alkalisch, basisch. Früher wurde viel öfter die alkalischere **Schmierseife** mit einem pH von 9 – 10 nicht nur zum Wäsche waschen, sondern auch in der Krankenpflege verwendet. Schon bei den Sumerern, aber auch bei den Römern war das Baden in seifigem Wasser ein geschätztes Heilmittel.

Seit neuestem ist ein **Haut-Test-Stift** auf dem Markt, mit dem sich der Haut-pH bestimmen lässt. www.toxikator.de. Man streicht einige Male in der Ellenbeuge mit diesem blauen Stift hin und her und wartet die Zeit ab, die es dauert, bis ein Farbumschlag nach rot erfolgt. Je nach zeitlicher Dauer sollen sich Rückschlüsse auf den Säuregrad der Haut ziehen lassen.

Wie lautet ein chinesisches Sprichwort so treffend: **was die Niere nicht schafft, muss der Darm machen, was der Darm nicht schafft, muss die Lunge machen und was die Lunge nicht schafft, muss die Haut machen.** Die Haut ist also neben Darm, Lunge und Niere - zu ergänzen wäre noch die Leber - ein wichtiges Ausscheidungsorgan für anfallende Säuren. Deswegen ist einmal auf eine richtige Hautpflege, aber auch auf eine gesunde Entsäuerung über die Haut zu achten, falls die anderen Organe überlastet sind.

Auf dem Gebiet der basischen Hautpflege hat sich Peter Jentschura besonders verdient gemacht, siehe auch seine Webseite www.p-jentschura.de. Im praktischen Teil des Fastens mit Basischer Kost werde ich auf seine Empfehlungen bezüglich einer basischen Hautpflege und Entsäuerung noch ausführlich eingehen.

Zusammenfassung:

Unser Säure-Basen-Haushalt erfordert weitgehend ein basisches Körpermilieu.
Der Speichel-pH sollte basisch sein, sonst leiden die Zähne.
„Karies ist die Osteoporose des Kindesalters."
Ein ständig saurer Speichel-pH ist ein Frühsymptom für Basenmangel.
Ein saurer Urin-pH ist meist ernährungsbedingt.
Ein ständig saurer Urin weist auf ernsthafte gesundheitliche Probleme.
Ein basischer Urin kann auch ein Krankheitszeichen sein.
Der Urin-pH pendelt wie Ebbe und Flut, je nach Angebot.
2 Stunden nach dem Essen sollte der Urin-pH basisch sein.
Urin- und Speichel-pH sollten über einen längeren Zeitraum kontrolliert werden.
Frühe Symptome für Basenmangel sind Sodbrennen und Speiseröhrenentzündung.
Der „Säure-Schutz-Mantel" sollte eher „Säure-Schmutz-Mantel" genannt werden.
Über die Haut werden Säuren ausgeschieden.
Babies kommen mit einem basischen Haut-pH auf die Welt.
Der Haut-pH kann sich im Laufe des Lebens verändern.
Eine „saure" Haut und basische Kosmetika führen oft zu Unverträglichkeiten.

11. Übergewicht

Nicht ausgeschiedene Säuren werden im Bindegewebe zwischengelagert wie im Kapitel „Gewebe-Azidose" beschrieben. Das Blut lagert bei einem Säureüberschuss die anfallenden Säuren, die momentan nicht ausgeschieden werden können, im Bindegewebe, vorzugsweise am Kollagen des Unterhautbindegewebes zwischen. Wenn der Organismus genügend Basen zur freien Verfügung hat, bevorzugt im Schlaf und in Ruhe nach basenreicher Kost, können die Säuren aus ihren Depots befreit, neutralisiert und die anfallenden Stoffwechselprodukte über die entsprechenden Organe ausgeleitet werden.

Auf Peter Jentschura, dessen Ausdrucksweise manchmal sehr direkt, aber zutreffend ist, geht eine Klassifizierung zurück, die ich in dieser Direktheit und Treffsicherheit bisher nirgends gelesen habe: die Fettdicken und die Wasserdicken.
Auch ich vertrete seit Jahren die Ansicht, dass Übergewicht differenzierter betrachtet werden muss und dieser Ausdruck leuchtet mir nicht nur ein, sondern trifft sich mit meinen Erfahrungen mit Übergewichtigen. Außerdem ist er wunderbar einprägsam und verständlich.

Die Fettdicken und die Wasserdicken

Während der Speicherung der Säuren im Unterhautbindegewebe ergeben sich zwangsweise Hautveränderungen, die Haut wird praller, dicker. Die sich durch die eingelagerte Säure ergebende Hautfaltendicke besteht in diesem Fall also nicht nur aus Fettzellen. Das zeigt der anfängliche **Wasserverlust/Gewichtsverlust** bei einer Azidosetherapie, ja der Wasserverlust bei fast allen Diäten.

Vor 20 Jahren war es üblich, mit einem bestimmten Messgerät die **Hautfaltendicke** und damit den Grad des Übergewichtes zu bestimmen. Die Nutzlosigkeit sah man wohl bald ein, denn ich habe lange nichts mehr darüber gelesen. Modern wurde es später, eine **Körpermessung** zu erstellen, welche das **Körperfett, die fettfreie Masse und den Wasseranteil** bestimmen konnte. Die von verschiedenen Krankenkassen durchgeführten Untersuchungen wurden, soweit mir bekannt ist, leider nicht veröffentlicht

Was heißt Wasser im Körper? Der Säugling wird mit einem Wasseranteil von etwa 75 % geboren. Dieser hohe Wasseranteil nimmt dann ständig ab und im hohen Alter liegt nur noch bei knapp 50 %. Die Frage ist natürlich, welches Wasser kann gemessen werden? Ist es das frei verfügbare „gute" Wasser oder sind das Wasseransammlungen zur Säureneutralisation/Säurespeicherung? Insofern erscheint mir dieses Messverfahren oft ungenau.

Auch die Waagen, die für den Hausgebrauch zur Körperanalyse angeboten werden, um Gesamtgewicht sowie Wasser- und Fettanteil zu messen, erscheinen mir noch nicht ausgereift genug. Ich habe schon mehrere ausprobiert und beim vergleichenden Testen auf verschiedenen Waagen kamen völlig unterschiedliche Ergebnisse heraus. Es wäre sicher nicht nur für mich interessant zu wissen, welches Wasser im Körper gespeichert ist, das gute oder das zur Säureneutralisierung.

Ein vergleichbares Beispiel für die Speicherung der Säuren im Bindegewebe von Tieren ist das Schweinefleisch von schnell hochgepäppelten Schweinen. Auch bei ihnen wird viel Wasser in den Fasern gespeichert, was sich positiv auf das Gewicht auswirkt. Dieses Wasser wird beim Bratvorgang aus den Zellen getrieben, und das Fleischstück schrumpft auf einen Bruchteil zusammen.

Wenn mir jetzt spontan übergewichtige Jugendliche einfallen, so möge man mir das nicht übel nehmen. Aber ich finde es schaurig anzusehen, wie deren Bäuche schwabbeln, wie die Fettmassen herunter hängen, wie deren Oberschenkelmaße dem Taillenumfang von Normalgewichtigen entsprechen und wie der Umfang ihrer Oberarme stärker als der Halsumfang ist. Wenn dann noch Pressemeldungen lanciert werden, in denen ein Zusammenhang zwischen Ernährung und Körpergewicht abgestritten wird und nur der offensichtliche Bewegungsmangel der jungen Menschen als Auslöser für das Übergewicht deklariert wird, so finde ich das skandalös.

Ich habe viele Jahre Kurse gegeben, welche zum Ziel hatten, Menschen mit subjektivem oder objektivem Übergewicht bei der Gewichtsreduktion zu helfen. Am Anfang hielt ich mich an ein Programm nach den Plänen der Bundeszentrale für gesundheitliche Aufklärung, das eine ausgewogene Mischkost mit Kalorienzählen befürwortete.
Dabei stieß ich sehr schnell auf Max Otto Bruker und die Lehren der vitalstoffreichen Vollwertkost. Darüber schrieb ich mein erstes Buch „Alternatives Abnehmen – aber mit Vernunft". Es gab darin Anregungen, wie sich das Programm verbessern ließe und wie eine Gewichtsreduktion mit Vollwertkost möglich sei. Ich merkte aber sehr bald, dass gerade die Frauen wenig Erfolg beim Abnehmen hatten, bei denen ein hoher Getreideanteil in der Ernährung vorherrschte.

Ich machte mich auf die Suche nach möglichen Gründen und trat als Nichtmedizinerin unter anderem der Gesellschaft für Adipositasforschung bei, **hörte dort von Tierversuchen,** die diesen oder jenen Rückschluss auf den Menschen zulassen sollten, **hörte vom Unterschied vom braunen und weißen Fett, vom Fettabsaugen, Thermogenese, Magenverkleinerung, Magenballon, Reduktionskost, der Wirkung von Appetitzüglern** und vielem mehr.

Ich lernte, dass **Broca und Idealgewicht überholt sind, dafür der Body-Mass-Index (BMI) aber genauer ist. Ich lernte die „hip/waist relation" (Hüfte/Taille Relation) kennen** und sah es als positiv an, zum „gynoiden" Typ zu gehören, dessen Fett sich an Hüfte und Oberschenkel wieder findet, ähnlich der Form einer Birne, dafür aber „nur" mit belastungsabhängigen Gelenkerkrankungen rechnen müsse. Das Gegenteil sei der „androide" Typ mit seiner Stammfettsucht, der sein Fett um den Bauch herum schleppt, meist eine Apfelform hat und mit viel schlimmeren Krankheiten im Alter zu kämpfen habe. All das gab Denkanstöße, konnte mich aber nicht befriedigen.

Verschiedene Ursachen von Übergewicht

Zum differenzierteren Betrachten von Übergewicht regte mich mehr die **Typisierung des französischen Arztes Jacques Moron** an, der offensichtlich selbst mit diesem Problem zu kämpfen und deswegen so eingehend bei seinen Patienten auf unterschiedliche Ursachen geachtet hatte. Er unterschied zwischen alimentärer (ernährungsbedingter) Fettsucht und der Fettsucht der gestörten Verbrennung. Bei der letzten Gruppe unterteilt er in

- konstitutionelle familiäre Fettsucht
- konstitutionalisierte Fettsucht
- prädiabetische Fettsucht
- abdominale Fettsucht (nervös, digestiv, metabolisch)
- Fettsucht durch Bewegungsmangel

- zirkulatorische Fettsucht (kapillare oder venöse Form)
- genitale Fettsucht der Frau (hyper- oder hypomenorrhoisch)
- kombinierte Störungen:
  Kombination der alimentären Fettsucht
  Kombination einfacher Formen von Verdauungsfettsucht
  Psychosomatische Fettsucht

Zu jeder dieser Fettsucht-Arten liefert Moron eine genaue Beschreibung und Körperskizze, an welchen Körperteilen sich die verschiedenen Arten der Fettsucht als Fett niederschlagen.

Übergewicht aufgrund von Stoffwechselstörungen

Für mich waren die Arbeiten von Moron Anlass, darüber weiter nachzuforschen, wie **Übergewicht aufgrund von Stoffwechselstörungen** überhaupt therapierbar ist. Leider kannte er offensichtlich nicht die Eiweißspeicherung (nach Wendt) oder die Übersäuerung/den Basenmangel, so dass seine Therapie (die Anregung des Stoffwechsels mit Hilfe von Medikamenten) eine andere war, als ich sie vorschlage.

Übergewicht ist nicht gleich Übergewicht, und nicht jeder dicke Mensch hat nur zu viel Fett gespeichert. Beim strengen Fasten oder bei machen Diäten reagieren die Zonen, die auf eine alimentäre Fettsucht, ein Zuviel an Nahrung, zurückzuführen sind, als erstes mit einer Veränderung. Deswegen nimmt man/frau zuerst an Stellen ab, die zu diesen Zonen gehören: am Gesicht und am Oberkörper.

Häufig sind aber die Frauen vor allem gar nicht daran interessiert, gerade in diesem Bereich abzunehmen, sondern viel eher an ihren „Problemzonen“ wie Oberschenkel, Po oder Hüfte. Wie groß ist dann die Enttäuschung, wenn da einfach gar nichts in Bewegung kommt.

Übergewicht abbauen durch Förderung der Durchblutung und der Ausscheidungsfunktionen

Ein gutes Beispiel für eine gestörte Durchblutung ist **Zellulite**. Früher glaubte man, dass die eingedellte Orangenhaut mit einer Entzündung zusammenhänge, weshalb dieser Begriff mit –itis am Ende gewählt wurde. Heute ist man der Auffassung, dass dies nicht der Fall ist, weshalb wir heute von Zellulite sprechen. Viele betroffene Frauen klagen nicht nur über die Dellen in den Oberschenkeln oder Oberarmen, sondern auch über einen kalten Po und kalte Beine, Hände und Füße. In der Alternativmedizin nimmt man an, dass es sich hierbei um Ablagerungen im Bindegewebe, Zwischenlagerungen von Stoffwechselprodukten, um eine mehr oder weniger intensive Übersäuerung und Speicherung der Säuren handelt, wodurch es zu einer Mangeldurchblutung und Mangelernährung der betroffenen Körperteile kommt. Damit ist es **nicht allein eine Frage der Überernährung, sondern viel mehr eine Frage der Fehl- und Mangelernährung.**

Deswegen darf der Therapieansatz nicht in einer nach Kalorien berechneten Nahrungsreduktion liegen, sondern muss in einer gezielten Ernährungsweise mit Vitalstoffen liegen, damit die **Durchblutung und die Ausscheidungsfunktionen** gefördert werden. Dass dies unterstützt werden kann/muss durch Bewegung, durch Wickel, durch Bürstenmassagen, vielleicht auch durch Algen, Kaffee, Birkenöl und vieles mehr, ist zweifellos richtig. Aber all dies hilft nichts, wenn die Ernährung nicht stimmt.

Denn Sportlerinnen beispielsweise können sicher nicht über Bewegungsmangel klagen, und trotzdem finden wir bei vielen von ihnen die verquollenen Oberschenkel. Oft ist es gerade so, dass sie durch ihre große sportliche Belastung, bei der vermehrt Milchsäure anfällt, **nicht genügend Ruhepausen** einlegen, in denen der Organismus sich von den Säuren wieder befreien kann. Die Säuren werden deswegen im Bindegewebe zwischen gelagert. Der Körper kann sie aber nicht als Säuren ablagern, das wäre ätzend für das umliegende Gewebe. Er lagert sie an den kollagenen, eiweißhaltigen Fasern im Bindegewebe zwischen. Diese sind amphoter, das bedeutet, sie können je nach Bedarf Basen oder Säuren aufnehmen. Bei Säurenanlagerung quillt das Gewebe auf, wird prall und geleeartig: es bildet sich eine Gelose, wie bereits ausgeführt. Die Gelose, diese Gewebe-Azidose ist tastbar. Je nach Stoffwechsellage und Ernährung ist dieser Zustand reversibel, kann positiv beeinflusst oder sogar völlig wieder in seinen natürlichen Gesundheitszustand zurück versetzt werden. Er kann sich aber auch zu jeder Zeit wieder verschlechtern. Darin liegt der nach vielen Diäten wieder einsetzende und gefürchtete **Jojo-Effekt**.

Zusammenfassung:

Es gibt verschiedene Ursachen für Übergewicht.
Es gibt die „Fettdicken" und die „Wasserdicken".
Beim Abnehmen wird meistens erst Wasser verloren.
Fettabbau ist bedeutend schwieriger.
Auch Basenmangel kann zu Übergewicht führen.
Hilfen zum Abnehmen bieten eine bewusste Ernährung auf eine vitalstoffreiche Vollwertkost, ein Ankurbeln des Stoffwechsels durch Sport und Bewegung und ausreichend Schlaf.

12. Basendepots in unserem Körper

Basendepots in unserem Körper sind einmal

die basischen Körperflüssigkeiten wie:
Speichel, Schweiß, Tränen, Sperma, Muttermilch, Schleim, Sekrete, Lymphe, Blut, Bauchspeichel, Galle, Darmsaft, Hirn-Rückenmarksflüssigkeit, Fruchtwasser

die Körperteile wie
Nägel, Zähne, Knochen, Haarboden, Haut, Knorpel, Kapseln, Sehnen, Bänder, kollagene Fasern, Drüsen

die Körperprodukte wie Hormone oder Enzyme.

Diese Basendepots können bei großem Basenmangel im Organismus in unterschiedlicher Weise zur Neutralisierung der Säuren herangezogen werden, allerdings nicht ohne Folgen.

Das erkannte bereits vor fast einem halben Jahrhundert der Schweizer Zahnarzt Dr. Hugo Batt. Er hat einen Symptomen-Katalog der Übersäuerung aufgestellt, auf den Renate Collier in ihrem Buch „Natürliche Ernährung in der modernen Welt“ zu sprechen kommt.

Diesen **Symptomen-Katalog** habe ich aufgrund meiner Erfahrungen mit meinen Kursteilnehmern modifiziert, **abgewandelt und ergänzt**.

13. Stadien der Übersäuerung – Stadien des Basenmangels

a. Stadium: die Übermüdung

Das erste Stadium ist recht harmlos. Wenn wir einmal gelernt haben, auf Körpersignale zu achten, so merken wir diese Veränderungen. Wir sind müde und wollen uns hinlegen. Meist sind wir gezwungen, das genaue Gegenteil zu machen. Wir glauben zum Schlafen/zum Ausruhen keine Zeit zu haben und putschen uns mit Süßigkeiten, mit Alkohol, mit Kaffee oder Tee auf und arbeiten weiter.

Ein kleines Kind, das müde ist, wird quengelig, beginnt sich durch Schreien oder Weinen gegen weitere „Angriffe“ zu wehren und verfällt sofort in einen tiefen Schlaf, wenn wir es auf den Arm nehmen und es sich ausruhen darf. Das ist eine ganz natürliche Reaktion, denn wenn wir „sauer“ sind, helfen das Entspannen, das Ausruhen, der Schlaf am besten.

Deswegen kann ich auch nicht verstehen, weshalb manche Wissenschaftler, wie in Studien geschehen, davor warnen, zu lange zu schlafen. Natürlich bringt der längere Schlaf es auch mit sich, dass alte Defizite, Schlaf- und Entsäuerungsdefizite geweckt werden und der Körper nach mehr Schlaf schreit und wir uns deshalb auch nach längerem Schlaf immer noch nicht ausgeschlafen fühlen.
Das ist vergleichbar einer Heilreaktion, bei der sich anfangs die Krankheitssymptome verstärken. **Der Organismus braucht Ruhe, um sich der Säuren zu entledigen**. Unterbrechen wir diesen Prozess, sind wir nicht nur unausgeschlafen, sauer, sondern reagieren sogar mit körperlichen Störungen. So soll, laut Aussage des Regensburger Schlafforschers Professor

Jürgen Zulley, fast die Hälfte der Bevölkerung bei uns unter leichten bis schweren Schlafproblemen leiden.

Eine beginnende Übersäuerung, ein anfänglicher Basenmangel äußert sich in:
Müdigkeit
Abgeschlagenheit
Gereiztheit
Verspanntheit
Schreckhaftigkeit
Empfindlichkeit
Aggressivität
Antriebsschwäche
Konzentrationsmangel
„Sauer-Sein"

b. Stadium: die Sensibilisierung

Empfindlichkeiten gegen
  Lärm, Licht, Kälte, Nässe, Wind, Sonnenschein
  Frieren – Sonnenbrand – Nieskrampf
  Empfindlichkeit der Zahnhälse
  Schmerzempfindlichkeit

Gefäßlabilität
  Weißwerden der Finger
  fliegende Hitze, Hitzewallungen
  fleckförmige Röte
  erhöhte Pulsfrequenz
  „Aufgequollen-Sein"

Muskelverspannungen
  Wadenkrämpfe

Augenlidzittern
Zähneknirschen
Schluckauf
Schlechtes Sehen
Morgensteifheit

Befindlichkeitsstörungen
Morgendliches Einschlafen von Armen und Beinen, Händen und Füßen

Vermehrte Ausscheidungen
Augentränen
vermehrter Speichelfluss
vermehrte Schleimbildung in den Bronchien
Auswurf
Fließschnupfen
Milchschorf
Mundgeruch
Ödeme
Pickel- und Pustelbildung
schnelle Bildung von Blutergüssen
Juckreiz
Nachtschweiß
Fußschweiß
übel riechender Urin
Brennen beim Wasserlassen
Ausfluss
Durchfälle

Knacken in den Gelenken

Gelegentliche Schlafstörungen
Angstträume

unruhiger Schlaf
gelegentliches Schnarchen
„Unausgeschlafen-Sein“
nächtliches Wasserlassen

Schwangerschaftserbrechen
Gewichtschwankungen
Gefühlsschwankungen
auffälliger Konzentrationsmangel, Vergesslichkeit

Wie viele Menschen gehen mit diesen Symptomen zum Arzt, weil sie sich in ihrer Haut nicht wohl fühlen. Sie wissen, dass sie nicht ernsthaft krank sind, aber ganz gesund fühlen sie sich auch nicht. Häufig werden sie für **Hypochonder** gehalten und **psychosomatisch** betreut. Das ist gar nicht einmal so falsch, da allein durch die Zuwendung oder ein vorläufige Abgeschottet-Sein vom sonstigen Stress eine Besserung eintreten kann. Was ihnen aber nicht gesagt wird, ist, dass dies erste, ernste Zeichen einer beginnenden Übersäuerung, eines Basenmangels sind. **Was fehlt sind Ruhe, Entspannung, Urlaub, ist eine Ernährung voll mit Vitaminen und Mineralstoffen: die Basische Kost.**

c. ***Stadium: Latente (verborgene) Basenmangel-Krankheiten***

Massive Schlafstörungen
Ständige Schlaflosigkeit
Ständige Müdigkeit
Leichte Erschöpfbarkeit
leichte Schlafapnoe
Vermehrte Ängste
Nervosität, Reizbarkeit

Depressionen
Neigung zu Infektionen
- Erkältungen, Husten
- Entzündungen

Starke Empfindlichkeit gegenüber
- Alkohol, Nikotin, Kälte, Nässe, Wind, Sonne, Zugluft, Lärm

Rheumatische Erscheinungen ohne Rheumafaktor
Wandernde Gelenkschmerze
Wiederholte Anginen, Polypen, Sinusitis
Extrasystolen (unregelmäßige Schläge des Herzens)
Kopfschmerzen
Gelosen

Durchblutungsstörungen
- ständige kalte Hände, Füße, Oberschenkel, Po
- Schwindel
- Unruhige Beine
- Gelegentlicher Tinnitus
- Ohrensausen
- Besenreiser
- Krampfadern
- Schaufensterkrankheit
- Bluthochdruck
- Sehstörungen
- Zahnfleischbluten

Schädigungen der Haut
- spröde Lippen
- Trockenheit der Haut, Risse
- Verstärkte Faltenbildung

Altersflecken
Furunkel
Ekzeme
Quaddeln
Hautjucken

Schädigung der Haare
Haarausfall
Spliss
Ergrauen

Schädigung der Nägel
brüchige Nägel
Längsrillen
Gewölbte Fingernägel
Weißgefleckte Nägel
Nagelpilz

Schädigungen der Muskeln, Bänder, Sehnen
Muskelverspannungen an Hals, Rücken, Kreuz
Rückenschmerzen
Starker Muskelkater
Bänderriss
Tennisellenbogen
„Scheuermann“
Halux valgus
Verkrümmung von Zehen und Fingern
Weitsichtigkeit

Schädigung der Knorpel, Gelenke, Knochen
Arthrose
Gelenkschmerzen
Bandscheiben-, Knochen-Deformationen

Veränderungen an den Zähnen
- Zahnfleischschwund
- Parodontose
- Zahnstein

Verdauungsstörungen
- starke Blähungen
- anhaltende Verstopfung
- Saures Aufstoßen
- Sodbrennen
- Vermehrte Durchfälle
- Hämorrhoiden
- Porosität der Darmwände

Störung der Endokrinen Drüsen
- Frigidität
- Impotenz
- Nachwuchsmangel
- Gallensteine

Lymphstau
Neuralgien
Veränderungen in der Psyche
Hyperaktivität
Skrupellosigkeit – Maßlosigkeit – Seelische Verrohung
Suchtverhalten
- Workaholic
- Alkoholic
- Drogen, Nikotin

Hier haben wir es mit Krankheiten zu tun, die zum Teil sogar in Laborbefunden nachweisbar, aber noch grenzwertig sind. Mal geht es den Betreffenden besser, mal schlechter. Häufig werden diese Störungen als **„Vegetative Dystonie“** diagnostiziert und die Patienten mit einem Beruhigungsmittel „ruhig gestellt“, auch Kinder! Da aber die eigentlichen

Ursachen, der **Basenmangel, vielleicht sogar schon ein intrazellulärer Basenmangel, nicht erkannt**, die Körpersignale für Schlaf und Entspannung überspielt, die Hilferufe von Körper und Seele nicht gehört werden, Stress und Fastfood oft zum Alltag gehören, geht alles seinen unaufhaltsamen Gang in das nächste Stadium.

4d. Stadium: Manifeste (anerkannte, diagnostizierte) Krankheiten

Allergien, Aids, Alzheimer, Asthma, Arteriosklerose, Apnoe
Bandscheibenvorfall
Candida, Colitis ulcerosa
Diabetes, Dyspnoe
Embolie, Enteritis
Furunkulose, Fettleber, Fingerpolyarthrose
Gicht, Geschwüre, Grauer/Grüner Star
Herzinsuffizienz, Herzinfarkt, Hörsturz
Infektionen
Karies, Krebs
Lymphom, Lupus
Migräne, Morbus Crohn, Mikroangiopathien
Neurodermitis, Nervenleiden, Nierenversagen
Osteoporose, Ösophagitis
Prostatitis, Pankreatitis
Rheuma, Reizkolon
Schlaganfall, Steinebildung, Schizophrenie
Tinnitus, Thrombose
Übergewicht, Ulcus
Verpilzung, Verschlusskrankheiten
Weichteilrheumatismus, Wirbelsäulenarthrose
Zellulite, Zehengangrän und vieles mehr

Wenn wir die Erscheinungsformen des ersten Stadiums übergehen, wenn wir uns nicht genügend Zeit zum Ausruhen, Ausspannen nehmen, holen uns zwangsläufig die Befindlichkeitsstörungen des 2. Stadiums ein. Wenn wir auch hier noch nicht grundsätzlich unsere Ernährung und unsere Lebensweise ändern, landen wir bald beim Arzt und bekommen die Diagnose „Vegetative Dystonie“, d.h. es sind Krankheitserscheinungen da, grenzwertige Laborbefunde, aber so recht lässt sich das „Übel“ nicht in den Griff bekommen. Wir bekommen das eine oder andere Mittelchen verschrieben, - womit wir meistens noch stärker in die Übersäuerung getrieben werden. Und so rennen wir vom Hausarzt zum Orthopäden, zum Internisten, zum Spezialisten, zum Physiotherapeuten, zum Psychotherapeuten, aber alle therapeutischen Maßnahmen bringen nur vorübergehende Erleichterungen.

Da der Basenmangel oft nicht gesehen, erkannt, anerkannt wird, werden meiner Ansicht nach viele Patienten falsch behandelt. Sie werden mit ihren (Früh-) Symptomen allein gelassen, oft nicht ernst genommen. Dadurch wird das Terrain für einen extrazellulären, vielleicht auch intrazellulären Basenmangel bereitet und – auf lange Sicht gesehen – es werden schwere Krankheiten provoziert.

Ein typisches Beispiel hierfür ist in meinen Augen der **Weg von der Müdigkeit zum gelegentlichen/ständigen Schnarchen hin zur Schlafapnoe.**

Meist beginnt es mit **Müdigkeit**, dem **ersten Stadium** der Übersäuerung. Da die Menschen sich aber keine Zeit zum Ausspannen nehmen, der Alltagsstress, die Verpflichtungen zu groß sind, geraten sie zwangsläufig in das **zweite Stadium** der Übersäuerung. Dann finden wir den **unruhigen Schlaf, die**

nächtliche Unterbrechung, die Angstträume, welche aus dem Schlaf herauf schrecken lassen oder auch das gelegentliche Schnarchen. Wein oder Bier haben zu gut geschmeckt, der Schweinebraten liegt schwer im Magen, die Luft im Wirtshaus war verqualmt, die Probleme in Familie und Beruf wachsen über den Kopf. Wie soll da ein Mensch einen ruhigen Schlaf finden und am nächsten Morgen ausgeschlafen, entsäuert sein?

Aber es muss ja weiter gehen, keine Rede vom Ausscheiden der Säuren in Ruhe, von mehr Bewegung, von basischer Kost. Also kommt bald das **dritte Stadium.** Das nächtliche Schnarchen wird stärker, der Körper verschiebt die anfallenden Säuren ins Bindegewebe, auch im Kopfbereich schwellen die Schleimhäute an, das **Schnarchen wird zur Dauereinrichtung**, nimmt eine Lautstärke an, welche die Partner aus dem gemeinsamen Schlafzimmer treibt und das Gefühl verstärkt, am Tage ständig müde zu sein. Kurze „Schlafphasen“ während des Tages schaffen gefährliche Situationen im Beruf und Verkehr. Ein Besuch beim Arzt bringt keine Klärung, vielleicht ein paar Schlaftabletten. Die Symptome verstärken sich. Eine Überweisung zum Facharzt bringt die Technik zum Einsatz: zur Abklärung der Diagnose werden die Patienten für eine Nacht an Elektroden angeschlossen, und meist werden auch **Atemaussetzer**, das **vierte Stadium**, festgestellt. Das bedeutet, der Körper wird nicht mehr ausreichend mit Sauerstoff versorgt.

Zum Glück haben wir ein von unserem Willen unabhängiges Atemzentrum. Am Tage können wir, wenn wir uns dessen bewusst werden, hin und wieder tief ein- oder ausatmen. Meist läuft das Atmen aber automatisch, unabhängig ab. Bei nächtlichen Atemaussetzern springt eine Notmaßnahme an.

Wenn das Blut durch die kurzfristig aussetzende Atmung zu stark mit Kohldioxid angereichert ist, schnappt der Schläfer wie ein Ertrinkender geräuschvoll nach Luft, damit die Zellen wieder mit Sauerstoff versorgt werden. Das geschieht automatisch, denn sonst würde eine Blutübersäuerung einsetzen, der Betreffende fiele ins Koma oder, falls keine Hilfe käme, müsste er den Säuretod sterben.

Und was hat die Technik für diese Patienten parat? Da viele Ärzte nichts von den Symptomen der Übersäuerung und sich bei Schlafapnoe oder Atemaussetzern nicht zu helfen wissen, wurden Apparate erfunden, welche den Patienten über eine Gesichtsmaske, die nachts angelegt werden muss, zwangsweise warme, angefeuchtete Luft einflößen und auf diese Weise ein geregeltes Atmen ermöglichen/erzwingen.

Neuere Erkenntnisse aus der Forschung zitiert bei stern.de / wissenschaft am 29.10.2004: „Nach Angaben der Deutschen Fortbildungsgesellschaft der HNO-Ärzte bedeutet jeder Schnaufer für Schnarcher Atemnot, weil beim Einatmen nicht genügend Luft in die Lunge gelangt. Der Körper reagiert darauf mit Panik. Deshalb seien Schnarcher morgens entkräftet und unkonzentriert. Bei Männern könnten auch Erektionsstörungen die Folge sein. Zudem erhöhe der Sauerstoffmangel das Risiko von Schlaganfällen und Herzinfarkten, sagte (der Direktor der Hals-Nasen-Ohren-Klinik am Universitätskrankenhaus Mannheim, Prof. Karl) Hörmann."

Wir sehen also, **Apnoiker haben auch die anderen Säure-/Basenmangel-Krankheiten, nur werden diese leider nicht als solche erkannt und daher nicht ursächlich-ganzheitlich therapiert!**

Weitere Ursachen neben den bereits genannten unzureichenden Erholungs- und Schlafphasen und einer ungesunden, eiweißbetonten, einseitigen oder falschen Ernährung können sein - und **über jeden dieser Bereiche ließe sich ein eigenes Buch schreiben!** :

- ungesunde, falsche, stressbetonte Lebensweise
- falsche Zubereitung der Lebensmittel
- Gärung oder Fäulnis im Darm
- Basenmangel/pH-Veränderungen
- zu wenig Trinken
- zu viel Alkohol und/oder Zigaretten
- erworbene oder /und erbbedingte Krankheiten
- Zusatzstoffe in Lebensmitteln und Trinkwasser
- Wohn-, Kleidungs- und Umweltgifte
- Luftverschmutzung, Radioaktivität, UV Strahlung
- Elektrosmog und Ozon
- Lärm
- geologische Störfelder
- ungesunde Arbeitsplätze- und Arbeitsbedingungen (Schichtdienst)
- Bewegungsmangel
- Medikamente
- Disharmonie in Partnerschaft und Umgebung

Dabei ist es am Anfang noch so einfach, aus einem sauren Zustand wieder raus zu kommen: viel Schlafen, sich Bewegen an frischer Luft – kein Leistungssport! - und eine basische Kost.

Ich habe auf meiner Internetseite www.azidosetherapie-online.de ein ganzes Alphabet des Wohlbefindens und der möglichen Therapien veröffentlicht, von A wie Akupunktur, Atemtherapie, Ayurveda, Azidosetherapie bis Z wie Zuwendung, Zufriedenheit, Zärtlichkeit.

III. DIE PRAXIS DES TEIL-FASTENS MIT BASISCHER KOST

Sinn des Teil-Fastens mit Basischer Kost ist es, sich von den im Organismus abgelagerten Säuren zu befreien, einen möglichen Basenmangel zu beheben, Basendepots wieder aufzufüllen und gesünder zu werden. Hierbei bieten sich **zwei unterschiedliche Wege** an. **Der erste wäre**: wir beginnen mit der umfassenden Ernährungsumstellung auf eine Basische Kost, was über längere Zeit ausprobiert und praktiziert werden kann, verringern dann den Anteil der erhitzten Kost immer mehr zugunsten der unerhitzten, gehen praktisch über ins „Erweiterte Teil-Fasten mit Basischer Kost" und kommen letztendlich zum strengen „Teil-Fasten mit Basischer Kost".

Oder wir machen es in genau **umgekehrter Reihenfolge**: Wir wagen eine Fastenwoche oder zwei, dürfen dabei „basisch essen", das heißt: unerhitztes Gemüse und reifes Obst, so viel, wie wir vertragen, gehen dann ins „Erweiterte Teil-Fasten mit Basischer Kost", bei der die Pellkartoffel und Gemüsesuppe den Speiseplan erweitern und kommen dann zum „Längeren Teil-Fasten mit Basischer Kost", bei der alles, was basisch macht, was basenüberschüssig ist, gegessen werden darf und soll.

Alle, die sich zutrauen, auf jegliche feste Nahrung zu verzichten, die vielleicht eigene positive Fastenerfahrungen mit dem totalen Fasten haben, können gleich die strenge Form des „Teil-Fastens mit Basischer Kost" durchführen. Wer allerdings stark übersäuert ist, wer unter Basenmangel-Krankheiten leidet, wie unter den Symptomen auf Seite 141f beschrieben, wer unter Stress und Befindlichkeitsstörungen leidet, dem rate ich, sich erst einmal langsam auf die neue Ernährungsweise einzustellen. Denn sonst könnte die Belastung der durch das Teil- Fasten freigesetzten Säuren, die über Lunge, Darm, Niere, Haut ausgeleitet werden, am Anfang zu groß werden und der Eindruck entstehen, dass dies Fasten kranker anstatt gesünder macht. Dass es sich bei solchen Belastungen wie Frieren, Kopfschmerzen, Fließschnupfen, Müdigkeit, Hitzewallungen und vielem mehr um „Heilkrisen“ handelt, ist oft schwer einzusehen.

Sollten **Sie stark unter Symptomen einer Heilkrise leiden, empfehle ich unbedingt den „langsamen Weg“** vom „Längeren Teil-Fasten mit Basischer Kost“ zum „Erweiterten Teil-Fasten mit Basischer Kost“ zum „Strengen Teil-Fasten mit Basischer Kost“ zu wählen. Vielleicht sollten Sie sich auch erst in die **Basische Kost allgemein „einschleichen“, sie ausprobieren**. Aber manche Fastende erleben „Heilkrisen“ nicht als etwas Negatives, sie leiden nicht, sie sehen nur die positiven Veränderungen wie Energiegewinn, Tatkraft, innere Ausgeglichenheit oder gesundheitlicher Fortschritt. Wenn Sie diese innere Einstellung haben, wenn Sie mit dieser Überzeugung herangehen, dann können Sie gleich die strenge Form wählen, immer **alles in eigener Verantwortung und eigener Entscheidung**.

Überhaupt möchte ich Sie darauf hinweisen, dass alle Art von Empfehlungen von mir im besten Wissen und Gewissen gegeben werden, dass **ich aber keine Verantwortung, keine Verpflichtung und keine Garantie übernehmen kann.** Es muss Ihnen bewusst sein, dass Sie das „Teil-Fasten mit Basischer Kost“ **eigenverantwortlich** durchführen. Wenn Sie Zweifel haben, sprechen Sie mit einem erfahrenen Therapeuten, naturheilkundlichen Arzt oder Heilpraktiker. Oder machen Sie eine **Azidose-Kur** bei dafür ausgebildeten

Therapeuten (Siehe Kapitel „Nützliche Adressen). Ich werde versuchen, ein entsprechendes Zentrum in Portugal zu initiieren. Wenn es so weit ist, erfahren Sie es auf meiner Webseite www.azidosetherapie-online.de.

An den Anfang der Praxis vom „Teil-Fasten mit Basischer Kost“ muss ich auch den Hinweis auf den **Medikamenten-Konsum** geben. Harald Schmidt machte in einer Fernsehwerbung Reklame für ein Schmerzmittel und sagte dabei, er sei eigentlich ganz gesund bis auf…….Und jetzt folgten viele kleine Wehwehchen und am Schluss kam seine Empfehlung für ein bestimmtes Medikament.
So ähnlich geht es manchen Menschen. Fragt man Sie: „Sind Sie gesund?“, bejahen sie die Frage. Beim weiteren gezielten Nachfragen, ob Sie irgendwelche Medikamente einnehmen, stellt sich allerdings heraus, dass sie eines gegen den Bluthochdruck, ein weiteres gegen die Über/Unterfunktion der Schilddrüse, ein weiteres gegen einen zu hohen Cholesterinspiegel und vielleicht noch etwas als Nahrungsergänzungsmittel einnehmen. Aber sie sind gesund!

Beim Teil-Fasten mit Basischer Kost sinken Blutdruck und/oder die Blutfette (Triglyceride). Bevor Sie Ihre verordneten Medikamente gegen diese „Krankheiten“ reduzieren**, fragen Sie Ihren Arzt oder Heilpraktiker**. Meiner Erfahrung nach können Sie sich **langsam** aus den meisten Medikamenten **rausschleichen**. Sie sollten sie nicht abrupt, plötzlich absetzen, auch wenn die Blutdruckwerte sehr schnell mit dieser Art der Kost in den Normbereich fallen. Nach Absprache mit Ihrem Therapeuten könnten Sie am besten erst die Hälfte der bisherigen Dosis einnehmen, dann ein Viertel und am Schluss wahrscheinlich völlig darauf verzichten.

Wenn Sie das „Teil-Fasten mit Basischer Kost“ in eigener Regie durchführen und bisher noch keine Fastenerfahrung haben, werden Sie sicher erst einmal den Einstieg über die Basische Kost wählen, wozu ich Ihnen mein Buch „Gesundheit aus der Küche der Natur – Basische Kost“ empfehlen möchte.

Beginnen Sie mit einer Ernährungsumstellung auf Basische Kost von einer oder mehrerer Wochen, dann schränken Sie diese Kost im Sinne des Längeren und Erweiterten Teil-Fastens immer mehr ein, bis Sie zum “Strengen Teil-Fasten mit Basischer Kost“ kommen. Der umgekehrte, etwas schwierigereWeg geht so:

1. Die drei Stufen des Teil-Fastens mit Basischer Kost

Strenges Teil-Fasten mit Basischer Kost (7 – 10 Tage)

Das ist eine Ernährung, die nur reifes, unerhitztes, möglichst biologisch angebautes, unbestrahltes Obst und Gemüse sowie Salate, Kräuter, Pilze und frische Avocado zu lässt, so viel man zu einer Mahlzeit will. Über den Tag wird ausreichend – **mindestens 2 Liter** - getrunken, wie im Kapitel „Trinken“ beschrieben, nicht direkt zu, sondern vor oder nach den Mahlzeiten, damit die Verdauungssäfte besser wirken können.

Frühstück	**reifes** Obst oder Gemüse, jeweils nur **eine** Sorte
Mittagessen	**„Wasserreiches“** Gemüse, Salate, Avocado, grüne Kräuter, Pilze, **alles unerhitzt**
Abendessen	wie mittags

Getränke besser bis etwa eine halbe Stunde vor oder erst ab einer halben Stunde nach dem Essen zu sich nehmen.

Erweitertes Teil-Fasten mit Basischer Kost (14 Tage)

Bei dieser Ernährungsform kann man zusätzlich zu dem bisher Erlaubten gedünstete Gemüse/Pellkartoffeln und abends eine „bissfeste" Gemüsesuppe essen. Auch hierbei gilt: viel reines Wasser oder Kräutertees außerhalb der Mahlzeiten trinken.

Frühstück	**reifes** Obst (oder Gemüse)
Mittagessen	Salate, Avocado, grüne Kräuter, Keime roh, **Gemüse und Pellkartoffeln gedünstet**
Abendessen	**„bissfeste" Gemüsesuppe** oder wie mittags

Das Erweiterte Teil-Fasten mit Basischer Kost lässt sich recht lange aushalten, auch abwechselnd mit Form I, der strengen Form, bei der nur unerhitzte Lebensmittel gegessen werden. Angaben zur „Bissfesten" Gemüsesuppe" finden Sie im Rezeptteil auf Seite 294

Längeres Teil-Fasten mit Basischer Kost (4 Wochen und mehr)

Das ist eine Ernährungsform, die aus frischen Salaten/Sprossen oder Obst, rohen und gekochten Gemüsen, gedünsteten Pellkartoffeln wie bisher besteht. **Jetzt kommen frische Nüsse und Samen, Gewürze sowie kaltgepresste Öle und unbehandelte Bauernbutter** dazu, d.h. die guten Fette, auf die bisher bis auf die Avocado, verzichtet wurde. Auch bei dieser Form ist unbedingt auf ausreichende Flüssigkeit in Form von Ayurveda-Wasser, stillem Wasser oder Kräutertees zu achten.

Es spricht überhaupt nichts dagegen, sich mit dieser Art der Kost sein ganzes Leben lang zu ernähren. Befürchtungen, unterernährt, unterversorgt zu sein, brauchen wir nicht zu haben. Es gibt genügend Beispiele von Völkern auf der ganzen Welt und es ist auch medizinisch erwiesen, dass die Gesundheit von Menschen, die sich vegan ernähren, also auf jegliche Produkte verzichten, die vom Tier stammen, der Gesundheit von „Allesessern" in nichts nachsteht, ja ihr Gesundheitszustand häufiger sogar besser ist, wenn sie bestimmte Regeln beachten. In unserem Kulturkreis gelten jedoch Veganer als Außenseiter. Eher Zustimmung finden Vegetarier, der lediglich auf Fleisch und Fisch verzichten. Eine ausführliche Beschreibung der Basischen Kost finden Sie in den jetzt folgenden Kapiteln.

2. Die Basische Kost

Ragnar Berg hatte vor 80 Jahren gefordert, die „Normal-Kost" solle zu 80 Prozent aus basenüberschüssigen und zu 20 Prozent aus säureüberschüssigen Lebensmitteln bestehen, also 1 Teil Säure zu 4 Teilen Basen. J
Je nach Übersäuerung/Basenmangel kann auch ein höherer Anteil der basenüberschüssigen Nahrung erforderlich sein wie beispielsweise 1:7 oder eine rein Basische Kost wie im Teil-Fasten vorgeschlagen.

Wem die folgenden Ausführungen hierzu in diesem Buch nicht genügend, den darf ich auf mein Buch „Gesundheit aus der Küche der Natur – Basische Kost" mit der ISBN 978-3-00-021389-2. Es ist erhältlich im Buchhandel oder über www.dryfruit.de bzw. info@dryfruit.de Tel. 0941-56 01 69.

Lassen Sie mich das Wesentliche daraus hier zusammenfassen:

Vermeidung aller säureüberschüssigen Lebensmittel

Nicht alles, was sauer schmeckt, ist auch säurebildend, säureüberschüssig in unserem Organismus. Beispielsweise schmeckt die Zitrone sauer, wird aber so verstoffwechselt, dass die organische Zitronensäure in einem gesunden Stoffwechsel letztendlich in Wasser und Kohlendioxid aufgespaltet wird und ein Basenrest für den Körper verfügbar bleibt. Deswegen spreche ich gerne von basenüberschüssigen Lebensmitteln, da sie dem Körper mehr Basen bringen, als sie zur eigenen Verstoffwechselung, der Umwandlung von Nahrung in die für den menschlichen Organismus nutzbaren Bestandteile benötigen. Vorsicht ist bei der **Zitronensäure** und anderen Fruchtsäuren nur geboten in Bezug auf den Zahnschmelz, aber darauf habe ich Sie bereits hingewiesen.

Dass Vorsicht auch geboten ist bei künstlichen Zitronensäuren, sei hier nur der Vollständigkeit halber vermerkt, denn beim Teil-Fasten verwenden wir keine Fertigprodukte. Darin können Sie teilweise künstliche Zitronensäure finden, deren Herstellung über Ausscheidungen von Schimmelpilzen (aspergillus niger!) läuft. Leider ist durch die Deklaration als Inhaltsstoff bei einem gekauften Nahrungsmittel oft nicht zu erkennen, ob es sich um natürliche oder künstliche Zitronensäure handelt, da wir meist nur die allgemeine Kennzeichnung E 330 für Zitronensäure vorfinden.

Wenigstens ist seit Ende November 2005 ein europaweites Gesetz in Kraft, das vorschreibt, möglicherweise allergisierende Inhaltsstoffe auf der Verpackung anzugeben.
Zu den Hauptallergenen werden gerechnet:

- die glutenhaltigen Getreide wie Weizen, Gerste, Roggen, Hafer, Dinkel, Kamut, deren Hybridstämme (Züchtungen) und deren Erzeugnisse
- Krebstiere und deren Erzeugnisse
- Eier und deren Erzeugnisse
- Fisch und dessen Erzeugnisse
- Erdnüsse und deren Erzeugnisse
- Soja und deren Erzeugnisse
- Milch (einschließlich Laktose) und deren Erzeugnissen
- Schalenfrüchte wie Mandeln, Pistazien Hasel-, Wal-, Cashew- , Peka-, Para-, Macadamia-, Queenslandnüsse sowie deren Erzeugnisse
- Sellerie und deren Erzeugnisse
- Senf und dessen Erzeugnisse
- Sesamsamen und dessen Erzeugnisse
- Schwefeldioxid ab 10 mg /kg oder pro Liter

Die meisten dieser Allergene sind sehr eiweißreich. Alles Eiweiß, ob Tiereiweiß oder Pflanzeneiweiß, enthält säureüberschüssige Mineralstoffe, wobei diese im Tiereiweiß in ihrer Konzentration stärker vorhanden sind und sich deswegen nachteiliger in unserem Organismus auswirken. Das gilt auch für die so oft empfohlenen Milchprodukte, die wegen ihres Calciumgehaltes als Prophylaxe gegen Osteoporose empfohlen werden. Sie bringen zwar eine ganze Menge an Calcium, aber sie benötigen zur eigenen Verstoffwechselung, der Umwandlung in körpereigene Bausteine, mehr an basischen Mineralstoffen u.a. Calcium als sie zuführen. Je wasserärmer sie sind, desto mehr Eiweiß enthalten sie prozentual. Sie werden daher als Säurebildner, oder wie ich sage, als säureüberschüssig bezeichnet.

Deswegen verzichten wir beim Teil-Fasten mit Basischer Kost völlig auf Milch und Milchprodukte, Fleisch und Fleischprodukte, Fisch und Fischerzeugnisse, Meerestiere oder Eiklar.

Wir verzichten auch auf veränderte, denaturierte, pasteurisierte, homogenisierte, sterilisierte oder genmanipulierte Nahrungsmittel. **Während die Milch, so wie sie aus der Kuh kommt, noch basisch ist**, wird sie im Lauf ihrer weiteren Verarbeitung immer mehr denaturiert und der basischen Substanzen beraubt. Das fängt an bei den Leitungen, in denen die Milch von der Melkmaschine zum Sammelgefäß fließt, Leitungen, die mit Spülmitteln sauber und rein gehalten werden müssen, und geht weiter bei der Bearbeitung sowohl der Milch, die bakterienfrei sein muss, als auch beim Käse, dem die basische Molke entzogen wird.

Beim Teil-Fasten mit Basischer Kost wird ebenfalls auf Getreide und seine Produkte, auf Zucker und alle damit hergestellten Produkte sowie auf raffinierte und veränderte Fette verzichtet.

Säureüberschüssig und jetzt nicht erlaubt

1.alle erhitzen, konservierten, künstlich verfeinerten Nahrungsmittel

2. alle Tiereiweiße, unerhitzt oder erhitzt:
- Fleisch, Fleischprodukte, Fleischbrühe, Fleischextrakt, Geflügel, Wild, Wurst, Innereien, Schinken, Speck
- Fisch, Fischprodukte, Meerestiere, Fischkonserven, Muscheln, Krebse, Krabben, Austern

- alle Milchsorten und Milchprodukte wie Quark, Joghurt, Kefir, Weich- und Hart-Käse
- Eiklar

3.alle getrockneten Hülsenfrüchte und daraus zubereiteten Gerichte/ Pasten**, außer Soja**

4. alle denaturierten und fabrikatorisch hergestellten Tier- oder Pflanzenfette wie Margarine, Öle, Schmalz

5. alle Getreide und Getreideerzeugnisse wie Teigwaren, Brote, Nudeln, Pizzas, Brötchen, Kuchen, Kekse, Zwieback

6. alle mit Zucker verfeinerten Nahrungsmittel wie Konfitüren, Marmeladen, Brotaufstriche, Bonbons, Eis, Schokolade, Softdrinks, Fruchtdrinks, Limonaden, Colagetränke

7. alle alkoholischen Erzeugnisse wie Wein, Bier, Likör

8. alle kohlensäurehaltigen Getränke wie Mineralwasser, Sekt

9. alle Früchte-Tees, Kaffee, Schwarz-Tee

Für viele erhebt sich dann die Frage, was darf ich denn da überhaupt essen? Kein Frühstücksbrötchen, keine Marmelade, kein Kuchen, kein Fleisch, kein Käse, keine Wurst, wie soll ich denn da satt werden! (Werden Sie garantiert!)
Gelingt es mir überhaupt, mich umzustellen? (Das hängt von Ihrem Willen ab.)
Kann ich denn davon allein leben? (Ja.)
Bin ich dann nicht unterversorgt? (Nein.)
Hab ich dann nicht ständig Hunger? (Nein.)

3. Vielfalt der basenüberschüssigen Lebensmittel

Sie glauben gar nicht, **wie reichhaltig eine Speisekarte mit Basischer Kost ist**, ja selbst bei einem „Strengen Teil-Fasten mit Basischer Kost“ sein kann.

Basenüberschüssig sind

1. alle frischen grünen Salate
2. Küchenkräuter, Wildkräuter, Knoblauch/Zwiebeln
3. alle Gemüse, die schonend zubereitet sind, (bis auf Artischocken, Spargel, Rosenkohl)
4. frische unerhitzte Erbsen, gekochte grüne Bohnen, Sojabohnen und deren Produkte
5. gekeimte Samen und Sprossen
6. alle reifen unerhitzten Obstssorten, auch Trockenobst wie Feigen, Datteln, Rosinen
7. Pilze
8. Avocados
9. Kartoffeln
10. unerhitzter Eidotter
11. Muttermilch, Kuhmilch direkt von der Kuh, Süßmolke
12. frisch geerntete Nüsse und Samen, besonders Maronen/Kastanien, außer Erdnüssen!
13. Wasser (ohne Kohlensäure), Grüner/Weißer Tee, fast alle Kräutertees, verdünnte frische Obst- und Gemüsesäfte

Beim „Strengen Teil-Fasten mit Basischer Kost“ können/müssen alle Produkte **unerhitzt** gegessen werden. Sollten Sie einen unbändigen Appetit auf Kartoffeln haben, können selbst rohe Kartoffeln essen. **Roher Kartoffelsaft gehört zu den besten Heilmitteln bei Sodbrennen**, einem frühen Zeichen der Übersäuerung. Da grüne Bohnen nur erhitzt gegessen werden sollten, weil erst durch Erhitzen oder bei der Milchsäuregärung das für uns unbekömmliche Phasin abgebaut wird, empfehle ich die grünen Bohnen oder Sojabohnen erst bei der dritten Stufe, dem „Längeren Teil-Fasten mit Basischer Kost“ in gedünsteter Form zu essen. Gekeimte Sojabohnen sind aber von Anfang an erlaubt.

Salate und Gemüse im Überfluss

Haben Sie einmal überlegt, wie reichhaltig die Natur unseren Tisch deckt?

Beginnen wir mit den **Salaten**, von denen es von Jahr zu Jahr mehr neue Sorten bei uns gibt: Grüner Salat, Kopfsalat, Eissalat, Eisbergsalat, Buttersalat, Feldsalat, Frisée, Novitée, Kresse, Chinakohl, Bataviasalat, Rucola, Lollo Rosso, Eichblattsalat, bittere Salate wie Endivien, Chicorée, Radicchio, Wildkräutersalate wie Gänseblümchen, Löwenzahn, Brennnessel oder Bärlauch

Dann die vielen **Blattgemüse**, von denen sich viele auch zum Salat eignen: Spinat, Mangold, Grün-, Rot-, (Rosen-) und Weißkohl, Wirsing, Spitzkohl, Stangensellerie.

Blüten-, Stängel- und Sprossengemüse können ebenfalls als Salat, als Vorspeise genossen werden: Blumenkohl, Broccoli, Fenchel, Kohlrabi, (nicht aber Artischocken und Spargel).

Eine Freude sind im Herbst die **Samen- und Fruchtgemüse** wie Melonen, verwandt mit den Gurken, die grünen und gelben Zucchini, unzählige Kürbissorten, gelbe, rote, grüne Tomaten, gelbe, grüne und rote Paprika, Zuckermais, Zuckererbsen, Auberginen und Okra.

Denken Sie an die Fülle der **Wurzel- und Knollengemüse** wie Karotten, Möhren, weiße, rote und gelbe Rüben, Steckrüben, Sellerie, Schwarzwurzeln, Pastinaken, weißer und roter Rettich, Radieschen, Meerrettich, Rote Bete, Petersilienwurzeln, weiße Rübchen, Süßkartoffeln, Topinambur und Kartoffeln.

Zum Abschluss noch die abführenden **Zwiebelgemüse** wie Frühlingszwiebeln, Knoblauch, Porree (Lauch), Schalotten, Gemüsezwiebeln, rote und weiße Zwiebeln.

Rosenkohl, Spargel und Artischocken hält Ragnar Berg für säureüberschüssig, andere Autoren nennen noch weitere Gemüsesorten.

Küchenkräuter

Vorteilhaft wäre es natürlich, wir hätten alle noch einen kleinen Garten, um wenigstens die **wichtigsten Kräuter selbst groß zu ziehen.** Das lässt sich heutzutage aber auch oft auf einem Fensterbrett bewerkstelligen, oder man kauft sich die Kräutertöpfe, die auch in Bio-Qualität angeboten werden. Petersilie, Dill, Kresse, Basilikum, Estragon, Kerbel, Koriander, Schnittlauch sind allgemein bekannt. Bringen Sie sich von Spaziergängen im Grünen noch Gänseblümchen, Bärlauch, Brennnessel, Sauerampfer oder Löwenzahn mit.

Wir wissen aus der mittelalterlichen Klosterküche, wie wichtig die Küchenkräuter damals waren. Sie wurden als Heilkräuter verwendet und halfen bei vielen Krankheiten. Sollten Sie keine frischen Kräuter haben, so nehmen Sie getrocknete. Ich habe verschiedene Keramikmühlen, gefüllt mit getrockneten Kräutern, deren Blätter durch das Mahlen kurz vor dem

Servieren einen erstaunlichen Duft entwickeln, der bereits das Wasser im Mund zusammenlaufen lässt.
Haben Sie keine Angst, **Zwiebeln und Knoblauch** zu verwenden. Ich weiß, wie verpönt es ist, nach Knoblauch zu riechen, aber je „reiner" sie sind, desto weniger haben Sie unter Ausdünstungen zu leiden. Zwiebeln gelten seit alters her als Heilmittel bei Husten und ihr hoher Gehalt an Querzetin macht sie wie den Knoblauch zu Verbündeten bei Gefäßproblemen.

Dem Knoblauch wurde schon im Altertum eine blut- und darmreinigende Wirkung nachgesagt, er wirkt blutdrucksenkend und schleimhaut-durchblutend, was in moderner Zeit wissenschaftlich bewiesen wurde. Knoblauch ist reich an Selen, einem neu entdeckten Antioxidant, das uns im Kampf gegen freie Radikale hilft. **Freie Radikale** sind Teile von Molekülen, die sowohl positive Reaktionen u.a. bei der Immunabwehr in unserem Körper hervorrufen können als auch negative u.a. bei der Entstehung von Arteriosklerose. Je nach dem, womit sie sich verbinden, können sie auch Kettenreaktionen auslösen. Hauptverursacher der negativen Kettenreaktionen scheint das Rauchen zu sein. Antioxidantien gelingt es offensichtlich, die Kettenreaktionen der Radikalen zu unterbrechen, ohne selbst in reaktionsaktive Moleküle umgewandelt zu werden. **Zu den Antioxidantien werden die Vitamine C und E gezählt sowie das Beta-Karotin, die Vorstufe des Vitamin A, als auch Selen und Zink.** Auf das Vitamin E komme ich bei den Fetten noch zu sprechen.

Hülsenfrüchte

Beim „Strengen Teil-Fasten mit Basischer Kost" greifen wir nur zu unerhitzten Gemüsen. Das bedeutet, dass wir von den Hülsenfrüchten nur die Zuckererbsen verwenden können. Beim

Erweiterten und beim Längeren Teil-Fasten sind außer der Sojabohne auch die jungen, frischen grünen Buschbohnen zugelassen. **Grüne Bohnen sollten nach Möglichkeit immer gekocht und das Kochwasser weggeschüttet werden**. Die übrigen Hülsenfrüchte, außer der Sojabohne, sind wegen ihres hohen Eiweißanteiles beim Teil-Fasten nicht geeignet, da sie säureüberschüssig sind. Bei einer rein vegetarischen Ernährung, die dauerhaft tierisches Eiweiß vermeidet, sind sie aber sehr willkommen.

Eigentlich müsste man vermuten, dass die **lecithinreiche Sojabohne** aufgrund ihres hohen Eiweiß- und Fettgehaltes ebenfalls säureüberschüssig sei. Wegen ihres außergewöhnlich hohen basischen Kaliumgehaltes von etwa 1800 mg/100g, dem Doppelten der anderen Hülsenfrüchte, gleicht sie jedoch die Säure aus und ist basenüberschüssig.

Gekeimte Samen und Getreide

Während auch die Getreidesorten für ein Teil-Fasten wegen ihres hohen Eiweißgehaltes und der damit verbundenen Säurebildung nicht in Frage kommen, eignen sich gekeimte Hülsenfrüchte und gekeimte Samen und Sprossen sehr wohl für eine optimale basische Ernährung und die Versorgung mit Vitalstoffen beim Teil-Fasten.

Zum Keimen eignen sich alle Samen, bis auf die von Nachschattengewächse, da deren Blätter für uns nicht geeignet (giftig) sind. Bei der Keimung entsteht durch die Blatt- und Sprossenbildung ein Umbau der Inhaltsstoffe und ein Aufbau von basenüberschüssigen Vitalstoffen.

Es ist einfach, Sojabohnen, Getreide, Alfalfa, Sesam, Sonnenblumen, Leinsamen, Senf, Rettich, Radieschen und vieles mehr zum Keimen zu bringen. Was alle Keime benötigen, ist **Wasser, Wärme und ein wenig Pflege**. Ein spezielles Keimgerät ist nicht unbedingt notwendig, ein einfaches Glas genügt.

Die Samen werden über Nacht in einem Glas mit gutem, möglichst ungechlortem Wasser zum Quellen eingeweicht. Morgens wird das Gefäß mit einem Tuch oder einem durchlöcherten Schraubverschluss abgedeckt, das Glas umgedreht, damit das Wasser ablaufen kann (ist gut zum Blumen gießen!), dann am besten kopfüber und ein wenig schräg aufgestellt, damit alles überschüssige Wasser ablaufen, die Luft zirkulieren und nichts schimmeln kann. 2-3-mal muss das Keimgut täglich unter fließendem Wasser abgespült werden. Die Keimlinge sind nach 3-4 Tagen verzehrfertig.

Um einem Schimmelbefall vorzubeugen, sollte man jedem Keimvorgang **zusätzlich einige Radieschensamen** beifügen, was eine **pilzverhütende** Wirkung hat. Trotzdem sollten nicht zu große Mengen auf ein Mal keimen, da sich sonst die einzelnen Pflänzchen im Wachstum behindern. Auch schmecken die **täglich neu gezogenen Keime auf Salaten und Gemüsen** besser. Kresse und Leinsamen dürfen nicht im Wasser liegen, sie bilden eine schleimige Masse, weshalb es besser ist, sie auf einem Filterpapier oder in Watte aufzuziehen.

Keime und Sprossen sind reine Vitaminbomben, da hier auf kleinstem Raum die ganze Urkraft der Pflanze zum Ausbruch, zum Tragen kommt. Was Gesünderes gibt es kaum.

Pilze

An der Frage, ob Pilze gesund sind, scheiden sich die Geister. Für die Chinesen sind Pilze ein **Symbol für langes Leben**, weshalb sie Pilze an fast alle Gemüsegerichte geben. Für andere Menschen sind Pilze aber eben nur Parasiten, die sich von organischen Substanzen wie Baumwurzeln ernähren, wieder andere halten sie nur für Fruchtkörper eines schimmelartigen Fadengeflechtes.

Nachdem auch bei uns bekannt ist, wie mineralstoffreich Pilze sind und dass einige von ihnen im Gegensatz zu Gemüse auch Vitamin B 12 oder Vitamin D liefern, findet man auch in Europa immer mehr gezüchtete Pilze, selbst in Bioqualität. Die bekannten Zuchtpilze wie Shiitake und Austernpilze wachsen auf Laubbaumabfall, weiße und braune Champignons bevorzugen Kompost. Der seit einiger Zeit neu ins Sortiment aufgenommene Kräuterseitling bevorzugt Stroh. Alle können gefahrlos auch unerhitzt verzehrt werden. Es empfiehlt sich, sie nicht zu waschen, sondern nur mit einem Papier oder Pinsel zu säubern. Die beliebten Speisepilze wie Pfifferlinge oder Steinpilze sind leider nach dem Tschernobyl-Reaktorunfall im Jahr 1986 noch immer mit Cadmium verseucht!

Reife Obstsorten

Was nützen uns die schönsten Erdbeeren oder anderen Früchte, wenn sie unreif geerntet, im Flugzeug Tausende Kilometer transportiert und dann mit viel Zucker zubereitet werden, da sie sonst zu sauer sind. Abgesehen von der ökologisch nicht zu vertretenden Transportweise enthalten diese Früchte dann nicht den Mineralstoffreichtum, der in irgendwelchen Tabellen angegeben ist. Sind es doch gerade die Fruchtsäuren von reifen

Früchten, die basenüberschüssig und zur Entsäuerung besonders zu empfehlen sind. Aber erst in am Baum gereiften Früchten kommen diese voll zur Entwicklung und Entfaltung. Leider lassen sich solch reife Früchte nicht mehr auf eine lange Reisen schicken, sie kämen matschig oder angefault an. Daraus ergibt sich zwangsläufig:

Gemüse- und Obstfrüchte sollten aus heimischem, und wenn möglich, biologischem Anbau stammen

Wenn in Deutschland Erntezeit ist, so kennen wir die Früchte, die dann in Hülle und Fülle angeboten werden. Doch meist sind wir durch das ganzjährige Obstangebot nicht mehr so richtig ausgehungert auf eine bestimmte Sorte. Wenn Weintrauben praktisch das ganze Jahr über verfügbar sind, reizt es nicht mehr, im Herbst eine Traubenkur zu machen, obwohl diese seit alters her zur Entgiftung und Entschlackung empfohlen wird.
Bei Kirschen ist das noch ein wenig anders. Anscheinend lohnt sich im Winter, wenn die Kirschen auf der anderen Seite der Erdhalbkugel reif werden, der Transport – zum Glück – noch nicht, weshalb sich viele im Sommer bei uns auf diese wunderbaren Früchte stürzen.

Im Winter ist das Angebot an heimischen reifen Früchten natürlich gering. Deswegen heißt es auch nicht, dass Sie nie Kaki, Kiwi, frische Feigen oder Bananen kaufen sollten. Aber diese Früchte wachsen bei uns leider (noch) nicht. Oft sind sie für den Transport speziell behandelt mit Mitteln, welche den Reifeprozess unterbrechen, um dann bei uns wiederum einem Reifebeschleunigungsprozess unterworfen zu werden. Wenn dann noch unzählige Chemie beim Anbau verwendet wurde, bleibt von den so gesunden Früchten oft nichts mehr übrig.

Schön wäre es, Sie könnten Obst und Gemüse aus **biologischem Anbau** kaufen. Ich muss zugeben, dass die Preise dafür nicht von allen zu bezahlen sind. Eine gute **Alternative** bietet der Wochenmarkt, auf dem heimisches Obst und Gemüse angeboten wird. Achten Sie beim Kauf ganz gezielt auf die Menschen, die Ihnen ihre Waren verkaufen. Ich gehe davon aus, dass diese ihre eigenen Erzeugnisse essen. Wenn sie dann einen fröhlichen, gesunden Eindruck machen, greife ich gerne zu ihrem Obst und Gemüse, auch wenn es nicht immer den Anforderungen der Bioverbände entspricht.

Ein möglicher Einwand gegen Biokost ist natürlich, dass man nicht nachprüfen kann, ob es sich wirklich um biologisch angebaute Lebensmittel handelt und ob die zunehmende Luftverschmutzung nicht ebenso das Biogemüse in Mitleidenschaft zieht.

Das ist sicher richtig. Aber wenn Sie die Früchte in die Hand nehmen, daran riechen, vielleicht eine Kostprobe bekommen, merken Sie sehr schnell den feinen **Unterschied zum herkömmlichen Gemüse:** Biowaren schmecken kräftiger, intensiver im Aroma, sie sind nicht wässrig, fad und überzüchtet und halten länger frisch. Sie sind teurer, aber das kann nicht ausbleiben, wenn auf die vielen konventionell erlaubten chemisch-synthetischen Hilfs- und Düngemittel bewusst verzichtet wird. Aber dafür es ist ohne schädliche Rückstände.

Wie wollen wir denn entgiften, entsäuern, entschlacken, wenn wir über die Nahrung gleich wieder neue Gifte aufnehmen! Beim Strengen Teil-Fasten sollten Sie Biowaren essen, die jetzt auch immer mehr in Supermärkten angeboten werden.

Saure Früchte sind nicht immer säureüberschüssig

Eine Frucht enthält Fruchtsäuren, je saurer, desto mehr. Auch die reifen, süßen Früchte enthalten Fruchtsäuren. Es kommt aber auf die Leistungsfähigkeit unseres individuellen Stoffwechsels an, ob die Fruchtsäuren so weit abgebaut werden, dass ein Basenüberschuss übrig bleibt. Wie ich bereits sagte: **nicht alles, was sauer schmeckt, ist säureüberschüssig, nicht alles, was süß schmeckt, ist basenüberschüssig**.

Mir fiel auf, dass **unreifes Obst**, in Mengen gegessen, zu **ziehenden Nervenschmerzen** an den Beinen führen kann, und offensichtlich Säuren zuführt. Meiner Lehrerin, Renate Collier, war aufgefallen, dass eine unzulängliche Verstoffwechselung von Obst zum **„azidotischen Rücken"** führt. Das ist ein glatter Rücken, dessen Haut sich nicht hoch ziehen lässt, dessen Unterhautbindegewebe verquollen und gelotisch ist. Beim Massieren lässt sich nicht ins Gewebe greifen, man rutscht praktisch ab, und eine Massage ist für den Betroffenen äußerst schmerzhaft, da im Unterhautgewebe viele Säuren zwischen gelagert sind, was manchmal schon bei Berührung schmerzt.

Ergänzend dazu möchte ich bemerken, dass ich die Erfahrung gemacht habe, dass nicht nur Obstsäuren, sondern auch andere **Kohlenhydrate**, die unzureichend verstoffwechselt wurden, also nicht bis zu den Endprodukten CO^2 und H^2O aufgespaltet und über die Lunge eliminiert werden konnten, sich gerne in der **oberen Körperhälfte** als Gelosen, als zwischengelagerte Säuren wieder finden.

Zwischengelagerte Säuren aus dem **Eiweißstoffwechsel** lassen sich meiner Erfahrung nach eher im **unteren Körperbereich**, an den Hüften, den Oberschenkeln als Zellulite und an den Füßen als Krallennägel oder Gichtknoten wieder finden. Die Symptome der Übersäuerung, des Basenmangels sprechen da eine reiche Sprache.

Trockenfrüchte

Es ist verständlich, dass wir nicht nur beim Teil-Fasten mit Basischer Kost, sondern auch bei der allgemeinen Verpflegung gerne auf Trockenfrüchte zurückgreifen, welche uns die Reife und Süße aus sonnigen Ländern darbieten. Besonders angebracht ist dies bei einem **Heißhunger auf etwas Süßes**.

Einen Heißhunger im Laufe eines Tages zu bekommen, ist normal, wenn wir lange nichts gegessen haben. Dann ist unser Blutzucker abgefallen, und unser Körper signalisiert uns einen Hunger, meist auf Süßes. Jetzt zu einem Stückchen Zucker oder Traubenzucker zu greifen, halte ich nicht für gut, da beide Produkte Vitamin-B-Räuber und Säurebildner sind und den Blutzuckerspiegel rasant hochtreiben. Dagegen wehrt sich die Bauchspeicheldrüse mit einer Insulinausschüttung, was den Blutzucker wieder senkt. Ein länger anhaltender, hoher Blutzucker wäre für den menschlichen Organismus schädlich. So entsteht ein natürliches Wechselspiel. Wenn wir das aber ständig provozieren, kann es nach einigen Jahren , zur Ermüdung der Insulinproduktion führen.

Greifen Sie bei Heißhunger oder Blutzuckerabfall zu Trockenfrüchten. Kauen Sie diese langsam, das bewirkt eine Vorverdauung im Mund und eine schnellere Aufnahme der dadurch gelösten natürlichen Zucker, welche die gleiche Wirkung haben wie der oft empfohlene und in Apotheken so gerne verschenkte Traubenzucker. Auch bei Trockenfrüchten steigt der Blutzucker an, aber bedeutend langsamer, und wir verfügen lange Zeit über neue Energie und Tatkraft.

Die Trockenfrüchte haben zum größten Teil neben der natürlichen Süße, dem schnell resorbierbaren Fruchtzucker, einen hohen **Kaliumgehalt (Datteln), hohen Calciumgehalt (Feigen**) und einen hohen **Eisengehalt (dunkle Rosinen).** Achten Sie darauf, dass Datteln nicht mit Glukosesirup besprüht und Feigen und andere Trockenfrüchte nicht mit Schwefel behandelt wurden. Das würde ihren gesundheitlichen Wert zunichte machen. Sie finden es aber auf den Verpackungen deklariert. Bei losen Früchten fällt es nur bei Datteln auf, die dann sehr stark glänzen.

Tabellen sind unzureichend und oft überholt

Es werden verschiedene Tabellen angeboten, welche eine bestimmte „Wertigkeit", den jeweiligen Basenreichtum der Gemüse- oder Obstsorten angeben. Aber Vorsicht! **Diese Tabellen greifen häufig auf Untersuchungen zurück, die fast 100 Jahre alt sind**. Sie entsprechen - leider – nicht mehr den heutigen Inhaltsstoffen. In der modernen Zeit, da die Böden immer mineralstoffärmer werden, nur zusätzliche Stickstoffgaben/Kunstdünger die Pflanzen in die Höhe treiben, der Regen immer saurer wird und dem Boden die vielleicht noch vorhandenen Basen entzieht, wo Herbizide und Pestizide Kahlschlag betreiben und Genmanipulationen unvorhersehbare Veränderungen bewirken, sind auch Obst und Gemüse nicht mehr das, was sie einmal waren.

Deswegen veröffentliche ich auch keine Tabellen, möchte Ihnen aber folgende Ratschläge geben:

Kaufen Sie Obst und Gemüse, gewachsen auf natürlichem Erdreich

Von manchen in Europa praktizierten Anbaumethoden wird gesagt, dass Obst und Gemüsefrüchte häufig nur noch **in einer Nährlösung ohne direkten Bodenkontakt aufgezogen** werden. Sicher lässt sich auf diese Weise die Nährstoffzufuhr exakt bestimmen und ökonomisch gestalten. Aber kennen wir wirklich alles, was eine Pflanze aus dem Boden zieht und lässt sich das alles künstlich nachbauen? Ich bezweifle das.

Kaufen Sie nur unbestrahlte, keine genmanipulierten Lebensmittel

Ich bezweifle auch, dass die Bestrahlung von Lebensmitteln, die einem schnellen Verderb entgegenwirken soll, ohne größere Wirkung auf die Lebensmittel und ihre Bioverfügbarkeit in unserem Organismus sein soll. Gegner der Bestrahlung sprechen davon, dass dadurch die Antioxidantien in Lebensmitteln zerstört würden. Im Aussehen unterscheidet sich eine bestrahlte Frucht leider in Nichts von einer unbestrahlten. Auch der Geruchssinn kann getäuscht werden, indem „naturidentische, künstliche“ Aromen auf die Früchte gesprüht werden und unserer Nase Natürlichkeit und Frische vorspielen.

Besonders aufgefallen ist mir eine Veränderung an den Avocados: **manche reifen absolut nicht mehr nach**. Ich habe die Avocados in mein Programm aufgenommen, weil sie ein guter Lieferant von pflanzlichem Eiweiß und sehr mineralstoff- und vitaminreich sind und ein breites Spektrum an mehrfach ungesättigten Fettsäuren haben. Da es sich hierbei nicht um eine heimische Frucht handelt, kommt sie in Deutschland oft unreif auf dem Markt, reift aber im Winter mit einem kleinen Trick nach: wickeln Sie Avocados in Zeitungspapier und legen Sie diese auf die Fensterbank. Das hilft in den meisten Fällen, leider nicht immer.

Viele Früchte liegen und liegen und wenn man meint, sie müssten doch endlich reif sein und sie öffnet, hat ihr Inneres einen **fauligen, ungenießbaren Geschmack** angenommen. Diese Erscheinung bezieht sich leider nicht nur auf Avocados, sondern auch auf andere Früchte, die einen langen Reiseweg aus anderen Ländern hinter sich haben und offensichtlich dafür extra „behandelt“ wurden.

Auch wenn die Industrie und in deren Fahrwasser einige Wissenschaftler uns weiß machen wollen, dass **genmanipulierte Lebensmittel** für den Menschen ungefährlich sind, haben viele Verbraucher eine natürliche Distanz, wie sie auch beim letzten Referendum in der Schweiz zum Ausdruck kam. Dort stimmte im November 2005 die Mehrheit für eine 5jährige Verlängerung des Gesetzes, dass die Schweiz vorläufig gentechnikfrei bleibt, und nichts Derartiges angebaut noch eingeführt werden darf. Leider ist in Deutschland eher ein gegenteiliger Trend zu spüren wie der Austritt von Schleswig Holstein aus dem Zusammenschluss der gentechnikfreien Zonen zeigt. Europaweit steht die Zulassung von genmanipuliertem Produkten wie Mais und Kartoffeln für Menschen bevor. Genveränderte Erbsen hatten bei einem mehrjährigen Fütterversuch in Australien Mäuse verstärkt an Lungenentzündung erkranken lassen. Es gibt leider kein EU-Gesetz, das zwingend die Untersuchung der Auswirkungen von genmanipulierten Lebensmitteln auf Menschen vorschreibt! **Die neue 0,9 prozentige, erlaubte Verunreinigung von Lebensmitteln ist viel zu hoch**! Seien Sie wachsam!

Kaufen Sie in Geschäften oder beim Bauern Ihres Vertrauens

Lassen Sie es sich notfalls vom Ladenbesitzer oder vom Bauern auf dem Markt bestätigen, dass seine Lebensmittel garantiert unbehandelt sind. Wenn wir Verbraucher wollen, dass sich etwas ändert, müssen wir zum Ausdruck bringen, dass wir nicht wahllos alles essen, was uns angeboten wird, dass **wir keine Müllschlucker sind**, dass uns unsere Gesundheit wichtig ist.

Die fettreiche Avocado

Die Avocado wird gerne für eine Gemüsefrucht gehalten, ist aber in Wirklichkeit eine tropische Beerenfrucht, welche aus Mittelamerika stammt. In Deutschland wachsen Avocados bisher nicht, sie werden importiert, die biologischen meist aus Israel oder Spanien. Die bekannteste Sorte ist „Hass“, eine Frucht mit einer rauen, buckligen Schale, die im reifen Zustand von einem Grün- in einen Braunton wechselt.

Es gibt verschiedene Möglichkeiten, die Avocado zuzubereiten. Manche bevorzugen die süße Variante mit Banane oder Sahne, manche die pikante als Soßen, Suppen, herzhafte Dips. In meinem Buch „Gesundheit aus der Küche der Natur – Basische Kost“ finden Sie im Rezeptteil ebenfalls einige Anregungen.

Die Avocado ist beim „Strengeren Teil-Fasten mit Basischer Kost“ ein wichtiger Fett- und Eiweißlieferant und bildet damit eine ideale Grundlage für jedes Essen. Die hochwertigen Fettsäuren, die bis zu 30 % der Inhaltsstoffe betragen können, sind für den Stoffwechsel von großer Bedeutung. Ich schließe mich nicht der **allgemeinen Verteufelung der Fette** an. Wir brauchen Fett in der Ernährung, aber das richtige. Jede Körperzelle benötigt Fett, ohne Fett ist eine optimale Stoffwechselarbeit nicht möglich. Durch den Verzehr von gesundem Fett wird eine lang andauernde Sättigung erreicht. Beim Teil-Fasten darf von einer unerhitzten Frucht, auch von Avocados, so viel gegessen werden, bis man das Gefühl hat, satt zu sein. Ich habe in meinen Kursen erlebt, dass Teilnehmerinnen bei einer Mahlzeit 4 Avocados verspeist haben und trotzdem abgenommen haben!

Avocados sind reich an Lezithin und B-Vitaminen, sie senken den Cholesterin- und Insulinspiegel, weshalb sie eigentlich das beste Obst (und Gemüse!) sind, das ich kenne. Schade, dass sie für den deutschen Markt in den Erzeugerländern unreif geerntet werden, da sie im reifen Zustand sehr empfindlich sind und dann schwarze Druckstellen bekommen. **Unreife Früchte haben nicht die vollen Vitalstoffe**.

Frisch geerntete Nüsse und Samen

Neben dem Fett der Avocados gibt es weitere fettreiche Samen und Früchte, welche im naturbelassenen, frischen, unerhitzten Zustand meiner Ansicht nach basisch sind und einen wichtigen Platz bei der Ernährung, auch beim Längeren Teil-Fasten einnehmen. Fette sind, wie bereits gesagt, lebensnotwendig: äußerlich bewahren sie uns vor Wärmeverlust und schützen als Fettpolster die inneren Organe. Innerlich regulieren sie den Hormonhaushalt (deswegen kommt bei strengen Fastenkuren häufig der Menstruationszyklus der Frauen durcheinander!). Sie sind an der Regulation des Blutdrucks, des Immunsystems und der Energiegewinnung beteiligt. Auch an der „Außenhaut der Zelle“, der Zellmembran, haben sie eine wichtige Aufgabe. Die ständig im Blut kreisenden Blutfette wie Triglyzeride und Cholesterin gelten heutzutage als wichtiger Parameter zur Erkennung von Stoffwechselstörungen. Es ist aber nicht so, dass wir ständig erhöhte Blutfettwerte haben, wenn wir uns fettreich ernähren. Das zeigen uns die Eßgewohnheiten der Bewohner am Mittelmeer mit ihrem hohen Verbrauch an Olivenöl, was sich aber offensichtlich positiv auf ihren Gesundheitszustand auswirkt.

In meinem Buch „Gesundheit aus der Küche der Natur – Basische Kost“ finden Sie eine ausführliche Darstellung der Fette, der pflanzlichen wie der tierischen, der gesättigten wie der ungesättigten und der Differenzierung in Omega -3 - und Omega - 6- Fettsäuren. Im „Strengen Teil-Fasten mit Basischer Kost“ haben wir nur die Avocado als Fettlieferant, bei den anderen Formen des Teil-Fastens und in der dauerhaften Basischen Kost dürfen wir jede frische Nuss wie Walnuss, Haselnuss, Pekannuss, Paranuss oder Kokosnuss essen, nur die **Erdnüsse nicht**, **die sind säureüberschüssig**. Leider können wir Erdnüsse kaum noch im frischen Zustand, sondern nur noch wärmebehandelt kaufen, weil sie anfällig für Schimmelbildung sind. Durch die zusätzliche Behandlung bringen sie einen noch größerer Säureüberschuss.

Maronen oder Esskastanien sind hochwertige Basenlieferanten, die aber nur gekocht gut schmecken und daher erst in der zweiten, besser erst in der dritten Teil-Fasten-Stufe verzehrt werden. In der dritten Stufe dürfen wir jeden frischen Samen wie Lein- oder Sesamsamen, alle Kerne wie Mandeln, Sonnenblumen, Kürbis-, Pinien-, Cashew- oder Pinienkerne essen, solange sie nicht gebleicht, konserviert oder sonst irgendwie behandelt wurden. Kaufen Sie keine zerkleinerten Samen, beispielsweise gemahlene Mandeln. **Jede Zerkleinerung bietet dem Luftsauerstoff eine größere Angriffsfläche, d.h. es findet eine Oxidation statt**. Bei fettreichen Samen bedeutet das, sie werden ranzig. Wenn das nicht passiert, sind die Erzeugnisse wärmebehandelt und damit nicht mehr basisch.

Stellen Sie zu den Mahlzeiten ein Schüsselchen mit Sonnenblumen- oder Kürbiskernen, Wal- oder Haselnüssen bereit. Sie haben, wenn sie alles gut kauen, das beste und gesündeste Fett, voller Vitalstoffe und besonders reich an den fettlöslichen Vitaminen A,D,E und K sowie die besten Antioxidantien!

Oliven bedürfen einer gewissen Behandlung, da sie für uns frisch vom Baum ungenießbar (bitter) sind. Sie werden aber schnell merken, ob es sich um bei den gekauften Oliven um heimische, in Salzlake entbitterte oder um grüne oder mit Eisengluconat schwarz gefärbte Oliven handelt, die kommerziell als „Fertiggerichte" auf den Markt kommen.

Dasselbe trifft auch auf die aus den Ölfrüchten gewonnenen Öle zu. **Kaufen Sie nur Öle erster Pressung, egal aus welcher Frucht, möglichst „kaltgepresst".** Es ist logisch, dass das Öl aus einer reifen Olive oder dem Mohnsamen leichter herausfließen kann als aus einem Traubenkern oder Distelsamen! Manche Öle müssen zwangsläufig bei der Herstellung hohen Temperaturen ausgesetzt werden. Das verringert jedoch seine Vitalstoffe. Ein gutes Öl schmeckt nach seiner Ursubstanz, also beispielsweise nach Oliven oder Sonnenblumen. Würde das Distelöl nicht desoderiert, d.h. von seinem ungenießbaren Geschmack befreit, wir würden es weiterhin nur als Maschinenöl verwenden.

Ein Qualitätsmerkmal der wertvollen Öle ist die **Reaktionsfähigkeit ihrer ungesättigten Fettsäuren**, was sich zwar positiv in unserem Organismus, außerhalb an der Luft und in der Sonne jedoch nachteilig auswirkt. Deswegen ist es ratsam, **Öl in dunklen Flaschen** an einem kühlen Ort aufzubewahren. Beim Teil-Fasten benötigen wir kein Fett zum Anbraten, alles wird nur im Dampf erhitzt und das Fett beim Servieren dazu gegeben. Wenn Sie später zu einer vollwertigen basischen Dauerernährung übergehen, so sollten Sie diese Garmethode weitgehend beibehalten. Falls Sie aber mal etwas angebraten, so eignet sich am besten Olivenöl dazu. Es hat ein breites Spektrum an verschiedenen Fettsäuren und verträgt deswegen die höchsten Temperaturen von allen Erstpressölen.

Ich möchte Ihnen raten, Ihr **Öl in einer Mühle oder von einem Hersteller Ihres Vertrauens zu kaufen**, da es leider Herstellungsverfahren gibt, die beim Verarbeitungsprozess, um auch noch den letzten Tropfen Öl herauszuquetschen, selbst vor der Verwendung von **Leichtbenzin** nicht zurück schrecken. Es ist einleuchtend, dass dies nicht gesund ist.

Viele lieben Butter, und gegen eine gute, natürliche, frische **„Bauernbutter“** ist auch nichts einzuwenden. Aber diese Butter sollte nach altem Verfahren aus Sauerrahm gewonnen sein. Da dies sehr zeitaufwändig ist, wird es kaum noch praktiziert. Time is money, Zeit ist Geld. Deshalb hat die Industrie den lang andauernden Vorgang der natürlichen Säuerung durch ein neuzeitliches Verfahren ersetzt: „mildgesäuert“ heißt es heutzutage fast nur noch auf den Verpackungen, und das erfüllt nicht mehr die Kriterien einer vitalstoffreichen Ernährung. Dennoch ist es besser Butter als Margarine zu essen, die immer mehrere Verarbeitungsprozesse hinter sich hat, um Wasser und Fett streichfähig zu machen.

Kaufen Sie Lebensmittel, keine Nahrungsmittel

Schon **Ragnar Berg** (1873 – 1956) und vor ihm wohl auch manch andere Wissenschaftler stellten die Frage nach der biologischen Wertigkeit und Verfügbarkeit von Lebensmitteln in unserem Körper. Der berühmte Ernährungswissenschaftler Professor **Werner Kollath** (1892 – 1970) vertiefte die Frage und stellte seine bekannte **„Kollath-Tabelle"** auf, bei der er zwischen Lebensmitteln und Nahrungsmittel unterschied. Im Kapitel „Ernährungsbedingte Krankheiten" bin ich ausführlich darauf eingegangen.

Es ist unverständlich, wie leichtfertig im globalen Zeitalter Listen mit „unbedenklichen" Zusätzen wie Farbstoffen, künstlichen Vitaminen, Stabilisatoren, Aromastoffen und Geschmacksverstärker, Antioxidantien und Säuerungsmitteln, Emulgatoren und Enzymen, Trägerstoffen und Lösungsmittel international abgesegnet werden. Häufig wird weder eine Kumulation, die Anhäufung verschiedener Zusatzstoffe bei gleichzeitigem Verzehr verschiedener Nahrungsmittel, noch eine mögliche Interaktion von verschiedenen Stoffen untereinander innerhalb unseres Organismus, schon gar nicht bei einem kindlichen Organismus beachtet oder berechnet.

Ein typisches Beispiel dafür ist das in der „Öko-Test-Liste der E-Nummern" zugelassene Antioxidationsmittel E 310, das Propylgallat. Dieses ist bei Säuglingsnahrung zwar nicht zugelassen, da es zu lebensbedrohlicher Blausucht führen kann, darf aber in Produkten für Kinder wie Marzipan, Nougat, Knabberartikel und vorgekochter Getreidekost verwendet werden! Es wurde bisher nicht erforscht, was passiert, wenn Kindern mehrere von diesen Produkten gleichzeitig essen. Die „E-Nummern-Liste" ist bei der Zeitschrift Öko-Test erhältlich.

„Globale Zivilisationskost" verursacht viele Krankheiten

Wir brauchen uns also nicht zu wundern, wenn viele Menschen ständig gesundheitliche Probleme haben! Es ist eben nicht egal, was wir essen. Es ist erwiesen, dass die heutige übliche Zivilisationskost bestimmte Zivilisationskrankheiten verursacht, bzw. mitverantwortet. Das müssen mit der Zeit auch die Skeptiker einsehen.

Es gibt genügend wissenschaftliche Untersuchungen über Einwanderergruppen, die sich in der Heimat relativ gesund ernährt haben, so dass bestimmte Krankheiten bei ihnen unbekannt waren. Mit dem jahrelangen Aufenthalt in fremden Ländern und der Anpassung an die dort praktizierten Ernährungs- und Eßgewohnheiten übernehmen sie auch die dortigen Krankheiten und geben sie an die nächsten Generationen weiter.

Dann heißt es zwar, dies oder jenes sei genetisch bedingt**, aber in Wirklichkeit hat sich eben eine Generation daran gewöhnt, sich angepasst, sich „degeneriert“ und gibt dies – leider – auch über ihre Gene an die nächste weiter!**

Beim Teil-Fasten mit Basischer Kost essen wir möglichst unverfälschte Lebensmittel. Wir verzichten auf alle Zusatzstoffe und Denaturierungen. Aber wir leben in Breitengraden, in denen uns eine ständige unerhitzte Rohkost nicht immer angenehm ist. Deswegen ist in der 2. Stufe auch die erhitzte Kost, allen voran die Kartoffel, besser die Pellkartoffel zugelassen. „Etwas Warmes braucht der Mensch“ eben hin und wieder!

Die Kartoffel

Der Erdapfel, wie die Kartoffel mancherorts genannt wird, ist nicht nur ein sehr basenreiches Gemüse, sondern sie hat noch weitere Vorzüge. Deswegen finden wir sie in vielen Fastengetränken als Grundlage einer Gemüsebrühe.

Nun gibt es augenblicklich viele Bücher, die vor dem Verzehr der Kartoffel warnen, da sie **einen relativ hohen glykämischen Wert (Index)** haben soll. Darunter wird die Klassifizierung der Kohlenhydrate nach ihrer Wirkung auf den Blutzuckerspiegel verstanden. Wie ich beim Traubenzucker sagte, gehen manche Kohlenhydrate schnell ins Blut, andere werden langsamer verstoffwechselt. Bei den Glyx-Diäten werden diese schnell verwertbaren Kohlenhydrate vermieden. Leider kam auch die Kartoffel in Verruf. Ich bleibe jedoch bei meiner Empfehlung, weil

- sie kalorienarm ist (wobei die Kalorienzahl beim Teil-Fasten mit Basischer Kost überhaupt nicht beachtet wird, aber eben in vielen Köpfen spukt)
- sie einen langen Sättigungswert aufweist, eben weil ihre Kohlenhydrate nicht so schnell aufgenommen werden
- sie viele Faser- bzw. Ballaststoffe hat, welche für das notwendige Darmvolumen sorgen,
- sie ein biologisch hochwertiges pflanzliches Eiweiß vorweist, das beispielsweise in Verbindung mit Ei von nichts zu übertreffen ist,
- sie sehr kaliumreich ist und damit das ideale Nahrungsmittel zum Entsäuern und Entschlacken,
- sie trotz langer Lagerzeiten im Winter ein guter Vitamin C-Lieferant ist
- sie gesundheitsfördernd für Magen- und Darmproblemen ist; beispielsweise bei Sodbrennen.

Sie sollten die Kartoffeln nicht tot kochen. **Mineralstoffe sind wasserlöslich und gehen ins Kochwasser über**. Dieser Effekt wird bei einer Suppe genutzt, aber wir essen nicht nur Suppe. Deswegen empfehle ich, wenn Gemüse oder Obst erhitzt gegessen werden, sie entweder mit dem Kochwasser zusammen als Suppe/Mus zu verzehren oder die betreffenden **Lebensmittel nur zu dämpfen**. Zum Dämpfen eignet sich am besten ein **zusammenlegbares Sieb** mit kleinen Beinchen, das sich jeder Topfgröße anpasst. Sie füllen ein wenig Wasser in einen Topf, es darf maximal bis zum Siebboden reichen, legen das Gargut auf das Sieb und lassen es im Wasserdampf erhitzen.

Sollten Sie noch einen alten **Dampfdrucktopf** haben, so schrauben Sie das Ventil heraus und benutzen den Topf mit den Einlegesieben weiterhin. Nur bitte nicht mit Druck kochen, das zerstört einen Teil der Vitamine, da die Temperaturen unter Druck bedeutend höher steigen. Der Deckel des Topfes muss gut schließen, sonst verdampft zu viel Wasser. Rote Bete beispielsweise brauchen recht lange, bis sie weich sind, weshalb es nötig ist, nochmals Wasser nachzugießen, sonst könnte die nach unten in den Topf abgetropfte Flüssigkeit anbrennen.

Sie brauchen Kartoffeln, Möhren oder Schwarzwurzeln oder anderes Knollengemüse vor dem Dämpfen nicht zu schälen. Nachher lässt sich die Schale ganz leicht abziehen, und es bleiben damit wertvolle Mineralstoffe und Vitamine trotz der relativ hohen Temperatur erhalten. Siehe auch das Kapitel „Verdauungsleukozytose“.

Seit neuestem sind Töpfe auf dem Markt, die völlig ohne Wasserzugabe ein Gemüse erhitzen, bei denen Sie manchmal sogar eine **„Bio-Temperatur“** einstellen können, also mit wenig Temperatur garen.

Ich selbst bevorzuge **einen Dampfgarer** für den Hausgebrauch, bei dem man nur Wasser in einem Behälter füllt, eine „gesunde“ Temperatur (um 90 Grad Celsius) und die Zeit einstellt, und ansonsten das Gemüse im Garraum sich selbst überlässt. Ich muss zugeben, dass ich beim Arbeiten am Computer schon öfters vergessen habe, Gemüse aufgestellt zu haben. Die anschließende Reinigung hat mich viel Zeit gekostet. Mit dem Dampfgarer kann nichts mehr anbrennen und die kritischen Temperaturen über 95 Grad werden vermieden.

In meinen Kursen kam es immer wieder vor, dass Teilnehmerinnen darüber klagten, dass sie durch die Ernährungsumstellung auf basische Kost, die Vermeidung von tierischem Eiweiß und Getreide aller Art Verdauungsprobleme bekämen. Anfangs konnte ich es mir nur so erklären, dass viele eben als Anreiz zu einer geregelten Verdauung eine Körnerkost bevorzugten und durch den vorübergehenden Verzicht auf die säurebildende, darmstimulierende Getreidekost nur unzureichend Ballast- oder Faserstoffe zu sich nahmen. Die Därme, die an einen groben „Besen“ gewohnt waren, vermissten meiner Vermutung nach diesen starken Anreiz.

Erst durch das Buch von **Peter J. D´Adamo** „4 Blutgruppen - Vier Strategien für ein gesundes Leben“ erfuhr ich eine andere mögliche Erklärung, nämlich, dass manche Lebensmittel bei Personen einer bestimmten Blutgruppen **Unverträglichkeiten**, auch Verstopfungen hervorrufen können, so auch die von mir favorisierte Kartoffel und auch die Avocado. Das erscheint wir so wichtig, dass ich in einem **gesonderten Kapitel** über die Blutgruppendiät ausführlicher darauf eingehen werde.

Frische Kuhmilch und frischer Eidotter

Die Milch, so wie sie aus dem Euter der Kuh kommt, ist basisch, muss basisch sein, denn sie ist die erste Nahrung der kleinen Lebewesen. Der unerhitzte Eidotter ist meiner Ansicht nach ebenfalls basisch, entwickelt sich doch aus ihm ein neues Lebewesen, und der Urspürung des Lebens sind Basen. Den unerhitzten Eidotter, wohl gemerkt, nicht das Eiklar, als basenüberschüssig zu bezeichnen, diese Annahme wird von einigen Autoren geteilt, aber nicht von allen. Da das Teil-Fasten mit Basischer Kost im Gegensatz zur ständigen Basischen Kost auf tierisches Eiweiß generell verzichtet, ist dies in unserem Fall nicht von Bedeutung, für eine spätere vollwertige Kost schon.

Da Milch und Milchprodukte in der Nahrungsaufnahme bei vielen Personen eine große Rolle spielt, hier noch einige Ergänzungen zur basischen Milch. Es mag Menschen geben, die Milch ausgezeichnet vertragen (Blutgruppe B?). Aber es gibt viele Menschen, die weder Milch noch Milchprodukte vertragen (Blutgruppe A, AB und 0?). Oft wissen sie es gar nicht. Sie kennen den Zusammenhang zwischen Milchverzehr, **Laktoseintoleranz** und Allergien nicht. Sie wissen nichts über den Zusammenhang von Milch mit Lymphstau oder mit Osteoporose.

Schon Anfang der 90-er Jahre des letzten Jahrhunderts wurden Ergebnisse einer Langzeitstudie bekannt, die in China über einen Zeitraum von 8 Jahren an 6500 Chinesen durchgeführt worden war. Man stellte fest, dass die **Chinesen damals durchschnittlich nur sieben Prozent Tiereiweiß aßen** – im Gegensatz zu den Menschen in den zivilisierten Ländern, bei denen der Anteil an Tierprotein teilweise bis zu 70 Prozent betrug. Ein weiteres Ergebnis war, dass Krankheiten wie Krebs, Osteoporose, Fettsucht, Diabetes und Herzerkrankungen praktisch nicht vorkamen. **Ein Wort für Osteoporose existierte damals in der chinesischen Sprache nicht**, weil diese Krankheit bis dato unbekannt war. Bei meinen Besuchen in China in den 90-er Jahren fiel mir auf, dass die Menschen dort wunderschöne Haare und Zähne hatten, dass es aber in den Geschäften keine Milch und Milchprodukte zu kaufen gab, es sei denn in den für Ausländer vorbehaltenen Geschäften. Das soll sich heute geändert haben. Warten wir ab, bis sich auch die ernährungsbedingten Krankheiten in China einstellen, zumal China seit neuestem Milchprodukte aus Europa einführt.

Es bleibt festzuhalten, dass **wir Menschen keine Milch benötigen, wenn wir dem Säuglingsalter entwachsen sind, schon gar keine artfremde**. Im Gegenteil! Es spricht vieles dafür, dass gerade im Säuglingsalter durch artfremde Milch, allen voran mit dem Verzehr von Kuhmilch, der Grundstein gelegt wird für spätere Krankheiten. Während die Muttermilch für den Säugling ideal zusammengesetzt und bekömmlich ist, gilt dies bei der Kuhmilch natürlich nur für das Kälbchen! Ein Säugling bekommt mit der Kuhmilch dreimal so viel Eiweiß und Mineralsalze, was nicht ohne Wirkung auf seine spätere Entwicklung bleibt. Schlimm ist es, wenn Kleinkinder auf den Milchverzehr mit „Milchschorf", einem Ekzem, das meist am Kopf beginnt, reagieren, aber die Erwachsenen, auch Kinderärzte, diese deutliche Abwehrreaktion nicht beachten und das Kind weiterhin mit Milchspeisen quälen.

Ob „Naturmilch" von gesunden Kühen auf gesunden Weiden, ohne schockartige Kühlung, ohne Restsubstanzen von Reinigungsmittel aus Leitungen und Transportwagen, ohne Pasteurisierung und Homogenisierung, in geringen Maßen genossen nicht doch gesund ist, sei dahin gestellt. Nur: wo gibt es solche Milch noch? Neueste Untersuchungen weisen zumindest auf die bessere Verträglichkeit von Bio-Milch hin.

Milchprodukte verhindern die Entsäuerung, Entwässerung und Entgiftung

Sie werden nicht entsäuern, solange Sie noch Milchprodukte essen. Milchprodukte enthalten zwar das zum Entsäuern wichtige Calcium, benötigen es aber gleichzeitig zur Verstoffwechselung der durch die Verarbeitung des Tierproteins anfallenden Säuren. Außerdem ist das meiste Calcium bei der Käseherstellung in die Molke geflossen, die ein wunderbarer Basenlieferant ist.

Sie werden nicht entwässern, da die anfallenden Säuren meist im Gewebe in Lösung gehalten werden müssen, bis sie bei günstiger Gelegenheit, im Schlaf, in Ruhe, bei ausreichendem Basennachschaub neutralisiert und dann ausgeschieden werden.

Sie werden nicht entgiften, da die Unverträglichkeit der Milch bei vielen zu Reaktionen auf der Haut und im Lymphsystem führt (Milchschorf, „Angina“, Polypen, Blinddarmreizung, siehe Kapitel „ Der Lymphstau“).

Vielleicht ergeht es Ihnen aber auch wie mir, dass Ihnen anfangs der Verzicht auf Milchprodukte sehr schwer fällt und Sie sich auf die Suche nach gesundem Rohmilchkäse aus nicht pasteurisierter, unerhitzter Milch machen. Käse aus Frankreich! Welchem Käseliebhaber läuft da nicht das Wasser im Munde zusammen? Aber alle vorübergehenden gesundheitlichen Erfolge sind nur Scheinerfolge. Verzichten

Sie wenigstens beim Teil-Fasten mit Basischer Kost auf Milchprodukte, und Sie werden sehen, um wie viel Sie sich besser fühlen, wie viel besser Sie entsäuern und entgiften.

Genießen Sie Ihre Mahlzeiten

Es dürfte eine Selbstverständlichkeit sein, dass Sie sich Ihre Mahlzeiten liebevoll und für das Auge nett anzusehen, anrichten und auf den Tisch bringen. Auch das Auge isst mit und kann sich daran erfreuen. Und Freude macht auch satt!

Gerne empfehle ich das „Ampel-Essen": etwas Grünes (den Salat), etwas Gelbes (die Kartoffel) und etwas Rotes (die Paprika). Da die roten Gemüse bei uns recht selten sind, darf es auch mal ein „Jamaika-Essen" sein: grün-gelb-schwarz. Dabei tauschen wir die Kartoffeln (gelb) mit den im Boden gewachsenen Schwarzwurzel oder Ähnlichem aus.

Überhaupt empfiehlt es sich, bei der Zubereitung auf das **Prinzip „Über-der-Erde-gewachsen" plus „Unter-der-Erde-gewachsen" plus Blattgrün** zu achten. Auf diese Weise sind Sie immer mit allen wichtigen Mineralstoffen und Vitaminen versorgt.

Wer einmal bei Freunden und Bekannten oder im Restaurant eingeladen ist und sich gerade in einer Phase des „Fastens mit Basischer Kost" befindet, - in Phase I und II ist das nicht zu empfehlen - sollte sich dennoch am Essen erfreuen. Es gibt in den meisten Restaurants irgendwelche Salate. Machen Sie sich bitte bei so einer Gelegenheit nicht ständig Gedanken darüber, ob das Angebotene auch biologisch einwandfrei ist, ob es Ihnen bekommt und ob Sie nicht doch lieber auf die Einladung hätte verzichten sollen. Nach dem Motto, man soll die Feste feiern, wie sie fallen, ist es besser, sich über den netten Abend in angenehmer Gesellschaft zu freuen und ihn zu genießen, als den ganzen Abend nur ängstlich in sich hinein zu horchen. Wenn es nicht öfter als höchstens einmal in zwei Wochen ist, schaffen Sie es auch, ohne große Schwierigkeiten zum „Teil-Fasten mit Basischer Kost“ zurück zu kehren. Wie ich bereits sagte, die Sonntage waren auch früher in der Fastenzeit vom strengen Fasten ausgenommen und Einladungen beim „Teil-Fasten“ ebenfalls!.

Sind die Einladungen häufiger, werden Sie merken, dass Sie Schwierigkeiten haben, wieder ins Säure-Basen-Gleichgewicht zu kommen. Sie werden wieder anfangen, hier und dort nach Ersatzbefriedigungen zu suchen, da zu schlecken, dort zu probieren, und der Hunger aus Basenmangel wird wieder Ihr Begleiter. Ziehen Sie die Notbremse, ziehen Sie die Konsequenzen.

Bei Bedarf essen nach der Hayschen Trennkost

Sollten Sie zu einem kalten/warmen Buffet eingeladen sein, empfehle ich Ihnen, die Speisen nach den Gesichtspunkten der Hayschen Trennkost auszusuchen. Die Haysche Trennkost beruhte ursprünglich auf den persönlichen Erfahrungen des amerikanischen Arztes Dr. Howard Hay, der an einer Schrumpfniere litt und diese Krankheit mit der Trennkost, mit der „Beachtung der chemischen Nahrungsgesetze“, wie er sagte, ausheilte. Später wandte er diese Kost mit großem Erfolg auch bei anderen Krankheiten seiner Patienten an. Seine Philosophie war es, **stark eiweißhaltige (Fisch/Fleisch) und stark kohlenhydrathaltige Lebensmittel(Brot/Kuchen) nicht bei einer Mahlzeit zu vermischen.** Gemüse, Salate und

Fette waren weitgehend als neutral eingestuft und konnten zu beiden gegessen werden.

Was hier so vereinfacht dargestellt ist, ist bei Hay ein wenig komplizierter. Dennoch brauchen Sie nur die Grundidee zu beachten. Ich konnte an Kindern oft beobachten, dass sie sich instinktiv ähnlich verhalten. Mal schaufeln sie Nudeln mit Tomatensoße in sich hinein, mal darf es auch Wurst ohne Brot sein. Bezogen auf ein Essen am Buffet möchte ich Ihnen empfehlen, sich am Anfang zu entscheiden für oder gegen das tierische Eiweiß in Form von Fisch, Fleisch oder Käse. Dazu passt jede Menge Salat oder Gemüse, aber eben kein süßer Nachtisch! Oder Sie wählen die kohlenhydratreiche Form mit Kartoffeln, Gemüse oder auch Mehlspeisen, süßem Obst und ähnlichem.

Den Vorteil so einer Trennung sehe ich darin, dass die Bauchspeicheldrüse entlastet wird, weil sie nicht für alle Lebensmittelbausteine gleichzeitig Verdauungsenzyme herstellen muss, was stoffwechselgeschädigten oder verdauungsgestörten Menschen Vorteile bringt. Viele Menschen haben Einwände gegen diese Art der Ernährung, vor allem deswegen, weil es kaum ein Lebensmittel gibt, das nur aus Eiweiß oder nur aus Kohlenhydraten besteht, aber es geht wohl auch mehr um die Trennung von Tiereiweiß und schnell verwertbaren Kohlenhydraten.

Trennen wie bei der „Koscheren Kost“

Eine weitere Variante der Trennung von Lebensmitteln bei einer Einladung – oder für manche vielleicht später überhaupt – ist die Trennung von Lebensmitteln, wie sie im Speisegesetz der Juden, im Kaschrut, vorgegeben ist. In der jüdischen Küche werden nicht nur bei der Nahrungsaufnahme, sondern auch bei der Zubereitung, ja selbst bei der Reinigung der verwendeten Geräte oder Handtücher die beiden Bereiche „Milch“ und „Fleisch“ total getrennt. Ausgehend von einem Spruch aus dem Buch Exodus (23,19), in dem es heißt „Koche nicht ein Zicklein in der Milch seiner Mutter“, werden die beiden Bereiche „milchig = chalawi und fleischig= bessari strikt auseinander gehalten, für uns und sicher auch für „moderne“ Juden manchmal nicht ganz nachvollziehbar. Dazu kommt der völlige Verzicht auf Schweinefleisch wie in vielen anderen Kulturen. Siehe dazu auch das überaus lesenswerte Büchlein von Reckeweg „Schweinefleisch und Gesundheit“.

Zwischen dem Verzehr von „koscherem= erlaubtem, reinem“ Fleisch und der Nahrungsaufnahme von Milchprodukten (besonders Hartkäse) muss nach jüdischen Gesetzen ein längerer Zwischenraum liegen.

Das würde für ein Essen am Büffet in der Praxis bedeuten, dass Sie zwar Fisch, der Flossen und Schuppen hat und als neutral eingestuft wird, Eier und „alles, was aus dem Boden wächst“, essen dürfen, aber auf keinen Fall Milch- und Fleisch-Produkte gleichzeitig, auch nichts aus Milchfetten und Fleischfetten. Also auch kein Steak mit Sahnesoße!

Ich glaube, dass in der strikten Ablehnung von Schweinefleisch sowie dem Fleisch von anderen, nicht paarhufigen Tieren und in der rigiden Vorschrift einen gewissen Abstand zwischen der Nahrungsaufnahme von Fleisch und Milch gute Gründe liegen. Probieren Sie doch mal aus, wie Sie sich damit fühlen. Mir fällt bei Berichten aus Israel immer auf, wie schlank orthodoxe Juden sind.

4. Essen nach der Blutgruppendiät

Der **Naturheilmediziner Dr. Peter D´Adamo** hat, basierend auf den Beobachtungen, Forschungen und Erkenntnissen seines Vaters, über viele Jahre bei Personen der verschiedenen Blutgruppen die **Zusammenhänge zwischen den Ernährungsgewohnheiten** der einzelnen und den möglicherweise daraus resultierenden **Krankheiten** im Zusammenhang mit den verschiedenen **Blutgruppen** erforscht.

Dr. James D´Adamo, der Vater, hatte als Arzt bei seinen Patienten beobachtet, dass manche Personen auf bestimmte Diäten gut ansprachen, manche wiederum überhaupt keine Reaktionen auf eine Ernährungsumstellung zeigten. Für ihn war klar, dass das Blut als grundlegende Nahrungs- und Transportquelle des Organismus dafür verantwortlich war. Deshalb bestimmte er die Blutgruppe seiner Patienten und beobachtete die unterschiedliche Reaktion auf unterschiedliche Diäten und legte die Grundlage zu einer „Blutgruppendiät“, die von seinem Sohn weiter entwickelt wurde.

Auch mir leuchtet es ein, wenn verschiedene Blutgruppen untereinander nicht kompatibel sind, d.h. eine Vermischung von Blut verschiedener Blutgruppen bei Unverträglichkeit sogar tödlich sein kann, es logisch ist, wenn im Blut gelöste Nahrungsbausteine ebenfalls zu Unverträglichkeitsreaktionen führen können. Hatte ich mich doch auch schon oft gefragt, wie es beispielsweise zu **Nahrungsmittelunverträglichkeiten** und **Allergien** auf bestimmte Lebensmittel kommen kann. Von Milch und Weizen war dies seit langem bekannt, aber mit der Zeit tauchten immer mehr allergisierende Lebensmittel auf, siehe die 12 genannten allergisierenden Hauptnahrungsmittel auf Seite 157.

Unverträglichkeitsreaktionen

Wo und wie kann es nun nach der Blutgruppendiät zu Unverträglichkeitsreaktionen kommen? Ich möchte jetzt keine Zusammenfassung des Buches von D´Adamo liefern, es wäre gut, Sie würden es sich selber erarbeiten. Für jeden Leser leicht verständlich ist das unter Mitarbeit von Catherine Whitney herausgekommene **„4 Blutgruppen - Das Kochbuch für ein gesundes Leben“**. Ich möchte Ihnen hier nur kurz erklären, was für D´Adamo eine Unverträglichkeit ist.

Als man noch nichts über Blutgruppen wusste, war es ein Vabanquespiel, wenn ein Kranker Blut eines anderen Menschen übertragen bekam. Es konnte gut gehen und helfen, oder es konnte tödlich verlaufen. Woran lag das? Wenn man Blut zentrifugiert, so trennt es sich in zwei Schichten:
die 1. Schicht, etwa 55 % der Flüssigkeit, wird Plasma genannt. Es besteht zu über 90 % aus Wasser und zu etwa 7 % aus gelösten Substanzen wie den Eiweißstoffen Albumin und Globulin, dem Fibrinogen, den Nährstoffen Glucose, Aminosäuren, Fettsäuren, den Abfallprodukten Harnstoff, Milchsäure, Kohlendioxid, den Spurenelementen, Vitaminen, Hormonen, den positiv geladenen Elektrolyten wie Calcium, Magnesium, Kalium, Natrium und den negativ geladenen Elektrolyten wie Sulfat, Phosphor, Bikarbonat, Chlorid.

Die 2. Schicht sind die verschiedenen Blutzellen (korpuskuläre Bestandteile) wie den Erythrozyten, den Leukozyten und den Thrombozyten. Diese machen 45 % aus und werden auch als Hämatokrit bezeichnet. Dieser Wert spielt bei der Diagnostik nach Wendt, der Frage, ob wir eiweißüberernährt sind, eine große Rolle. Siehe Kapitel „Die Eiweiß-Speicherung“.

Die roten Blutkörperchen, die Erythrozyten, tragen ein besonderes Molekularmuster auf ihrer Zellmembran, ihrer äußeren Begrenzung. Eines davon ist das so genannte Agglutinogen, ein Antigen, das für die Immunabwehr von besonderer Bedeutung ist, aber auch für eine Verklumpung verantwortlich sein kann.

Die Verträglichkeit der verschiedenen Blutgruppen untereinander

Menschliche Erythrozyten können die Antigene A, B, AB tragen oder kein Antigen wie beispielsweise die Blutgruppe 0. Diese Antigene richten sich nicht gegen die eigene Blutgruppe, weshalb die Blutgruppe A Blut der Blutgruppe A erhalten kann. Es enthält aber Anti-B-Agglutin, weshalb es sofort mit dem Blut der Blutgruppe B oder AB verklumpen würde.

Genauso verhält es sich mit dem Blut der Blutgruppe B, das nur B verträgt, nicht A und auch nicht AB. Die Blutgruppe 0 ist ein Universalspender, sie führt zu keinerlei Verklumpungen mit anderen Blutgruppen, verträgt aber selbst nur Blut der Gruppe 0.

Der Wiener Forscher Karl Landsteiner erhielt für die Entdeckung der Blutgruppen 1930 den Nobelpreis. Die Verträglichkeit der Blutgruppen untereinander ist äußerst wichtig u.a. bei Transfusionen, Transplantationen und in der Schwangerschaft.

Lebensmittel besitzen blutgruppen-ähnliche Lektine

D´Adamo stellte nun fest bzw. griff die Erkenntnis wieder auf, dass gewisse Stoffe in Lebensmitteln eine ähnliche agglutinierende, verklumpende Wirkung haben können wie die Agglutinine der roten Blutkörperchen bzw. des Plasmas der einzelnen Blutgruppen. Seiner Meinung nach würden diese blutgruppenspezifisch gefährlichen Lektine nicht nur die Verdauungsorgane angreifen, sondern ganze Organsysteme wie beispielsweise Nieren, Leber, Gehirn, Magen. Die Folge sei, dass die Blutzellen in dieser Region agglutinieren.

D´Adamo führt aus, dass die Gefährlichkeit der Unverträglichkeit bei manchen Lebensmitteln darin liege, dass sie eine ganz enge Verwandtschaft besitzen zu den äußerst gefährlichen Agglutinine der schädlichen Blutgruppe. So hat beispielsweise die **Kuhmilch der Blutgruppe B ähnliche Eigenschaften** und ist somit für Menschen mit der Blutgruppe A, die das Blut der Blutgruppe B nicht vertragen, unverträglich. Wie viele Menschen haben bereits in der Kindheit eine Aversion gegen Milch und müssen sie dennoch trinken. Ich habe die Blutgruppe A und mag Milch bis heute nicht, wusste aber nicht, dass andere Vollmilchprodukte wie Eis oder Kuhmilchkäse für mich auch schädlich sind. Andere Milcharten wie Ziegenmilch scheinen für die A-Gruppe zumindest verträglich.

Was die Kuhmilch für die Blutgruppe A ist, ist der Weizen, bzw. das Klebereiweiß Gluten für die Blutgruppe 0 oder das Hühnereiweiß für die Blutgruppen B und AB. Diese Stoffe werden als Lektine bezeichnet.

Laut Pschyrembel, dem klinischen Wörterbuch, sind unter Lektinen „vor allem aus Pflanzen isolierte (Glyko-)Proteine" gemeint, „die spezifisch mit bestimmten Kohlenhydratstrukturen (Glykoproteinen, Polysaccharidresten) reagieren (sie binden und quervernetzen) und dadurch z.B.

verschiedene Zellen (Erythrozyten, Tumorzellen, bestimmte Bakterien und Hefen) agglutinieren bzw. präzipitieren."

Anscheinend sind diese Stoffe der medizinischen Wissenschaft schon lange bekannt. D´Adamo berichtet im wissenschaftlich gehaltenen Teil des Kochbuches, das 2 Jahre nach dem Strategiebuch erschien, dass viele, die sein 1. Buch gelesen hatten, ihn gefragt haben, warum die Lektine so wenig bekannt seien und sie nie davon gehört hätten.
Auch mir geht es so, obwohl ich mich jetzt **schon 20 Jahre** mit Ernährung befasse. Laut D´Adamo sollen Hunderte von wissenschaftlichen Abhandlungen zu den Lektinen vorliegen, nur passen sie wohl nicht in unsere offizielle Lehrmeinung der modernen Ernährungslehre!

Laut D´Adamo besitzt unser Körper gegen 95 % der Lektine eine gute Immunreaktion und wird damit fertig. Dennoch bleiben 5 %, die mehr oder weniger gefährlich für uns sein können. Entweder rufen sie **Unverträglichkeitsreaktionen** hervor oder wirken **allergisierend** und rufen lokale **Entzündungen** hervor beispielsweise im Verdauungstrakt.

Neben den **Verdauungsorganen** scheinen die **Nerven** besonders empfindlich auf unverträgliche Lektine zu reagieren. (Schizophrenie, Hyperaktivität!).

Unverträglichkeitsnachweis mit dem „Indikan-Test"

Wissenschaftlich nachweisbar sei laut D´Adamo eine Unverträglichkeit mit dem so genannten „Indikan-Test", den die Labors noch vor Jahren in ihren Programmen hatten, aufgrund der geringen Nachfrage aber gestrichen hätten. Man müsste den Test also bei direkt Ärzten und Heilpraktikern durchführen lassen.

Ich möchte Ihnen eine ganz einfache Möglichkeit empfehlen, wie Sie mit ihrem **persönlichen „Indikan-Test“** eine mögliche Lebensmittelverträglichkeit testen können. Der labortechnische Indikan-Test testet die im Darm entstandenen Fäulnisbakterien. Wenn Eiweiß nur unzureichend von Leber und Dünndarm verwertet werden konnten, werden giftige Substanzen, so genannte Indole produziert, die im Kot ausgeschieden werden. **Das riecht man!!** Wenn Sie also einen stinkenden Kot absetzen, spricht alles dafür, dass im Darm ein Fäulnisklima herrscht, was auf eine Unverträglichkeit der verspeisten Lebensmittel hinweist.

Verträglichkeit der Lebensmittel

D´Adamo teilt die Lebensmittel für die einzelnen Blutgruppen in 3 Kategorien ein: „sehr bekömmlich - neutral - zu vermeiden“. Die zu vermeidenden Nahrungsmittel sollen „im Organismus wie Gift wirken“.

Allerdings ist dies bei ihm nicht immer eine Klassifizierung aufgrund von Lektin-Unverträglichkeiten, sondern der Naturheilmediziner hat - ähnlich wie sein Vater - entdeckt, dass bestimmte Krankheiten bei bestimmten Blutgruppen gehäuft vorkommen, weshalb er die zu vermeidenden Lebensmittel **auch auf die Vorsorge** vor diesen Krankheiten ausgedehnt hat. Insofern kommen **weitaus mehr Lebensmittel** zusammen, die es „zu vermeiden“ gilt. Darunter fallen auch bestimmte Obst- und Gemüsesorten. Da Obst und Gemüse den Schwerpunkte des Teil-Fastens mit Basischer Kost bilden und Gesundheit fördern und Krankheiten vermeiden sollen, werde ich seine diesbezüglichen Empfehlungen im folgenden so ausführlich darstellen. Es spielt keine Rolle, ob der Grund der Unverträglichkeit zu suchen ist in den Lektinen oder einer gewissen blutgruppenspezifischen Disposition wie Anlage zu geringer Magensäureproduktion. **Vermeiden Sie einfach das für Ihre Blutgruppe unverträgliche Lebensmittel und schauen Sie, ob es ihnen damit besser geht.**

Einige Obst- und Gemüsesorten bezeichnet D´Adamo als **„sehr bekömmlich", sie sollen „im Organismus wie Arznei wirken".** Die neutralen, die D´Adamo als „Nahrungsmittel im Sinne von ´Essen´ ohne spezifische arzneiliche oder toxische Effekte auf den Organismus" bezeichnet, habe ich weggelassen. Wichtig ist meiner Ansicht nach zu wissen, was uns bekommt und was wir vermeiden sollten.

Liste der „sehr bekömmlichen" oder „zu vermeidenden" Lebensmittel nach D´Adamo

Im Folgenden finden Sie eine Auflistung der Lebensmittel, die beim Teil-Fasten mit Basischer Kost wichtig sind, bzw. gegessen werden dürfen. Falls Sie sich den Ansichten von D´Adamo anschließen, und das würde ich Ihnen zumindest in der Zeit des Teil-Fastens empfehlen, dann essen Sie nichts, was er unter der Rubrik „zu vermeiden" anführt. Wenn es stimmt, was er schreibt, dass gerade diese Lebensmittel wie Gift wirken, wenn sie auch nur zu geringen Unverträglichkeiten führen, so sollten wir in der Zeit des Teil-Fastens im eigenen Interesse darauf verzichten. Da ich weiß, dass Sie nach dem Teil-Fasten mit Basischer Kost auch wieder säureüberschüssiges Eiweiß essen werden, möchte ich die Empfehlungen dazu von D´Adamo jeweils am Schluss der einzelnen Blutgruppen hinzufügen, habe sie aber nicht katalogisiert, sondern nur allgemein gehalten.

Basische Kost und Blutgruppe 0

Obst **sehr bekömmlich**
Dörrpflaumen
Feigen frisch + getrocknet
Pflaumen

zu vermeiden
Brombeeren, Erdbeeren, Honigmelonen
Kantalupmelone, Kochbanane, Kokosnuss
Lychees, Mandarine, Orangen, Rhabarber

Von diesen Früchten sind es eigentlich nur die Brombeeren, die unverträgliche Lektine haben sollen, die anderen Früchte sind aus anderen Gründen auf der Verbotsliste.

Gemüse **sehr bekömmlich**
Algen, Artischocken, Brokkoli, Chicorée
Grünkohl, Kürbis, Kohlrabe, Knoblauch
Löwenzahn, Mangold, Meerrettich, Okra
rote Paprika, Pastinaken, Porree, Petersilie
Romanasalat, Rüben, Spinat, Süßkartoffeln
Topinambur,, Zwiebeln, rot + weiß

zu vermeiden
Alfalfasprossen, Auberginen, **Avocados**
Blumenkohl, Champignons, Chinakohl
Feldsalat, **Kartoffeln,** schwarze Oliven

Rosenkohl, Rotkohl, Senfkohlblätter
Shiitakepilze, Weißkohl

Auch hier gilt wieder, dass nicht alle genannten Gemüsesorten aufgrund der Lektine auf dieser Liste stehen.

Lektinunverträglich sind die Nachtschattengewächse Auberginen und Kartoffeln (arthritisfördernd), **während die Tomaten, ebenfalls ein Nachtschattengewächs, von der Blutgruppe 0 als einziger (!) vertragen werden**. Wenn Personen der Blutgruppe 0 zu Diabetes oder Übergewicht neigen, sollten sie auch auf **Mais** verzichten.

Fette	**sehr bekömmlich** Leinsamenöl, Olivenöl
	zu vermeiden Distelöl, Erdnussöl, Maiskeimöl
Nüsse + Samen	**sehr bekömmlich** Kürbiskerne, Walnüsse
	zu vermeiden Cashew-, Erd-, Paranüsse, Pistazien Mohnsamen, Erdnussmus
Bohnen + Hülsenfrucht	**sehr bekömmlich** Azuki- Augen-, Azuki- und Pintobohnen
	zu vermeiden Berglinsen, rote + grüne Linsen, Kidneybohnen

Kräutertees	**sehr bekömmlich** Bockshornklee, Hagebutten, Hopfen, Ingwer Lindenblüten, Löwenzahn, Maulbeere Pfefferminze, Petersilie, Rotulmenrinde Sarsaparilla, Vogelmiere	**zu vermeiden** Alfalfa, Aloe, Enzian, Erdbeerblätter Gelbwurz Große Klette, Hirtentäschel Huflattich Johanniskraut, Maisgriffel Krauser Ampfer Rhabarber, Rotklee Sennesblätter, Sonnenhut (Echinacea)
Kräuter + Gewürze	**sehr bekömmlich** Carob, Cayennepfeffer, Curry, Kurkuma Kombualgen, Petersilie, Rotalge	**zu vermeiden** Apfelessig, Balsamico-Essig, Kapern Maissirup Maisstärke, Muskat, Pfeffer, Weinessig Vanille, Zimt
Diverse Getränke	**sehr bekömmlich** Mineralwasser	**zu vermeiden** Bohnenkaffee, auch entkoffeiniert, Cola Limonaden, schwarzer Tee, Spirituosen

Einige weitere Empfehlungen beziehen sich auch auf die starke Magensaftproduktion der Fleischesser der Blutgruppe 0 und die mögliche Magenempfindlichkeit. So sind u.a. die Empfehlungen zu verstehen, die folgenden Nahrungsmittel zu **meiden oder nur wenig davon zu essen:**

Apfelmost, Apfelsaft, Kohlsaft, Orangensaft, Mixed Pickels, Mayonnaise, Tomatenketchup.

Die Menschen mit der Blutgruppe 0 sollen tierisches Eiweiß noch am besten vertragen, weil sie von Jägern abstammen und ihr Magen viel Magensäure produziere. Wenn D´Adamo so etwas schreibt, so meint er nicht das fettreiche, mit Hormonen und Antibiotika - oder sogar BSE- belastete Fleisch, wie es weitgehend angeboten wird, sondern Fleisch aus ökologischer Tierhaltung.

Ebenso seien Fisch und Meerestiere zuträglich. Aber alles nur in kleinen Portionen von bis zu 180 g.

Milch stellt für die 0-Gruppe keine gute Alternative dar und auch das Getreide steht auf der unbedingten Verbotsliste. Lediglich das Essener Brot, bei dem durch den Keimungsprozess der Körner das Gluten-Eiweiß und damit das Lektin abgebaut wurde, ist empfehlenswert.

Basische Kost und Blutgruppe A

Obst — **sehr bekömmlich**
Ananas, Aprikosen, Blaubeeren, Brombeeren
Pflaumen frisch + getrocknet
Feigen frisch + getrocknet
Grapefruits, Kirschen, Preiselbeeren
Rosinen, Zitronen

zu vermeiden
Bananen, Honigmelonen, Kantalupmelone
Kochbananen, Mangos Kokosnuss, Mandarine
Orangen, Papayas, Rhabarber

Die hochbasische Banane empfiehlt D´Adamo bei der A-Gruppe durch Aprikosen, Feigen und bestimmte (?) Melonen zu ersetzen. Melonen sollen Schimmelstoffe haben (ich konnte nicht in Erfahrung bringen, was damit gemeint ist), allen voran die Honigmelone und die Kantalupmelone, weniger die Wassermelone. Die **Orangen** werden wegen ihrer **magenreizenden Wirkung** nicht empfohlen, allerdings sollen Zitronen und Grapefruit gut bekömmlich sein. Das morgendliche Glas Wasser mit Zitrone soll der A-Gruppe wegen ihrer **trägen Verdauung** sehr gut tun. Ob das auch für die Zähne gilt, sei dahin gestellt.

Gemüse — **sehr bekömmlich**
Alfalfasprossen, Artischocken, Brokkoli
Chicorée, Winterendivie Grünkohl, Okra
Kohlrabi, Kohlrübe Löwenzahn, Mangold
Meerrettich, Möhren, Okra, Pastinaken, Porree
Romanasalat, Rüben, Spinat, Kürbis
Tempeh, Tofu, Topinambur, Zwiebeln

	zu vermeiden Auberginen, Champignons, Chili, alle Paprika schw. Oliven, China/Weißkohl, **Kartoffeln** Rotkohl, Shiitakepilze, Süßkartoffeln, Tomaten Yamswurzel
Fette	**sehr bekömmlich** Leinsamenöl, Olivenöl **zu vermeiden** Distel-, Erdnuss-, Maiskeim-, Sesamöl

Bei den Fetten sind die Lektine von Maiskeim- und Färberdistelöl schädlich. Aber auch die bekömmlichen Fette sollten nur in Maßen verzehrt werden, 1 EL pro Mahlzeit, nicht mehr!

Nüsse + Samen	**sehr bekömmlich** Erdnuss, -butter, Kürbiskerne **zu vermeiden** Cashewnüsse Paranüsse, Pistazien

Die ganze **Erdnuss**, am besten mit Häutchen, nicht mit Schale, ist nicht nur als Eiweißquelle sehr gut, sondern auch, weil sie für die A-Gruppe ein **krebsbekämpfendes Lektin** enthält.

Bohnen + Hülsenfrucht	**sehr bekömmlich** Aduke-, Azuki-, Augenbohnen Berglinsen, grüne + rote Linsen, Pintobohnen schwarze +grüne Bohnen, rote Sojabohnen **zu vermeiden** Kichererbsen, Kidney-, Lima-, rote Bohnen

Kräutertee	**sehr bekömmlich** Alfalfa, Aloe, Baldrian, Ginseng, Grüner Tee Bockshornklee, Große Klette, Hagebutten Ingwer, Johanniskraut, Kamille, Mariendistel Rotulmenrinde, Sonnenhut, Weißdorn
	zu vermeiden Katzenminze, Maisgriffel, Rhabarber, Rotklee
Kräuter + Gewürze	**sehr bekömmlich** Gerstenmalz, Ingwer, Knoblauch Melasse, Miso, Sojasoße, Tamari
	zu vermeiden Apfelessig, Balsamico-Essig, Chilis Gelatine, Kapern, alle Pfeffer Alle Weinessige, Wintergrünöl?

An Säften ist zu vermeiden der Orangen- und Papayasaft sowie der Tomatensaft. Da Tomatenketchup und Mayonnaise nicht erlaubt sind, darf bei Salatsoßen nur Senf neben Zitrone und Sojasoße verwendet werden.

Diverse Getränke	**sehr bekömmlich** Bohnenkaffee, auch entkoffeiniert Grüner Tee, Rotwein, Quellwasser
	zu vermeiden Bier, Cola, Limonade, Diät-, schw. Tee Mineralwasser, Tafelwasser, Spirituosen

Für Menschen der Blutgruppe A, den Bauern und Vegetariern, **ist das Fleisch,** das die 0 Gruppe verträgt, **eher Gift. Es wird**

als Fett gespeichert, da der Verdauungsprozess viel langsamer verläuft aufgrund der geringen Magensäureproduktion. Kräuter wie Ingwer und Rotulme steigern die Magensaftproduktion.

Auch Milchprodukte sind nicht zu empfehlen, da sie für die A-Gruppe schwer verdaulich sind und Insulinreaktionen hervorrufen (Diabetes oder Fettleibigkeit). Vollmilch darf höchstens in fermentierter Form als Joghurt oder Kefir und auch dann nur in kleinen Portionen gegessen werden. Ebenso sind Kidney- und Limabohnen zu vermeiden, da sie den Stoffwechsel hemmen.

Für Menschen mit der Blutgruppe A sei **Soja die beste Alternative** und ganz selten mal auch ein Hühnchen- oder Putenteil als Zugabe.
An Fischen sollen weißfleischige wie Heilbutt, Seehecht, Seezunge und Flunder gemieden werden, dagegen seien Kabeljau, Karpfen, Lachs, Lachsforelle, Makrele, Sardinen oder Seeteufel sehr zu empfehlen, auch wegen der gesunden Fischöle. Aber nur etwa 180 g pro Mahlzeit!
Schalentiere sind weniger empfehlenswert, dagegen Weinbergschnecken geradezu Medizin, besonders als Prophylaxe von Brustkrebs.

Bei den Getreiden seien Amaranth, Buchweizen, vor allem die Kascha, und Reismehl gute alternativen bei einer eventuellen Weizenunverträglichkeit, die sich in Schleimhautreaktionen und häufigen Infektionen äußern soll. Auf jeden Fall muss auf vollwertiges Getreide, Vollkorn, geachtet werden.

Die Keimlinge von Weizenkörnern sollen bei A-Typen säurebildend wirken, ich kann das bisher nicht bestätigen.

Basische Kost und Blutgruppe B

Obst	**sehr bekömmlich** Ananas, Bananen, Papayas Pflaumen, Preiselbeeren, Weintrauben
	zu vermeiden Granatäpfel, Kaktusfeigen, Sternfrucht Kokosnüsse, Persimonen (Kaki), Rhabarber
Gemüse	**sehr bekömmlich** Auberginen, Blumenkohl, Brokkoli, Chili Chinakohl, Grünkohl, Möhren, Pastinaken Rosenkohl, alle Paprika, rote Rüben, Rotkohl Senfkohlblätter, Shiitakepilze, Süßkartoffeln Weißkohl, Yamswurzel, grünes Blattgemüse
	zu vermeiden Artischocken, **Avocados,** Feldsalat, Kürbis Mungobohnensprossen, Oliven schwarz + grün Radieschen, Rettich, -sprossen, Tempeh, Tofu Tomaten, Topinambur
Fette	**sehr bekömmlich** Olivenöl
	zu vermeiden Distel-, Erdnuss-, Maiskeim-, Rapsöl Sesam-, Sonnenblumenöl
Nüsse + Samen	**sehr bekömmlich** **keine !!**

	zu vermeiden Cashew-, Erd-, Haselnüsse, Erdnussbutter Kürbiskerne, Mohnsamen, Pinienkerne Pistazien, Sesamsamen, - paste (Tahini) Sonnenblumenkerne, -mus
Bohnen + Hülsenfrucht	**sehr bekömmlich** Kidneybohnen, Limabohnen, rote Sojabohnen
	zu vermeiden Aduke-, Azuki-, Augenbohnen, Berglinsen grüne + rote Linsen, Kichererbsen, Pintobohnen schwarze Bohnen
Kräutertee	**sehr bekömmlich** Ginseng, Hagebutten, Ingwer, Himbeerblatt Petersilie, Pfefferminze, Salbei, Süßholz
	zu vermeiden Aloe, Bockshornklee, Enzian, Gelbwurz Helmkraut, Hirtentäschel, Hopfen, Huflattich Königskerze, Lindenblüten, Maisgriffel Rhabarber, Rotklee, Sennesblätter
Kräuter + Gewürze	**sehr bekömmlich** Cayennepfeffer, Curry, Ingwer Meerrettich, Petersilie
	zu vermeiden Gelatine, Gerstenmalz, Maissirup, -stärke Mandelöl, Nelkenpfeffer, Pfeffer schwarz Pfeffer weiß, Tapioka, Zimt

Diverse Getränke — **sehr bekömmlich**
grüner Tee

zu vermeiden
Cola, Limonade, Diätlimonade, Tafelwasser
Mineralwasser, Spirituosen

Für Menschen der Blutgruppe B sind die hellen Fische zu empfehlen ebenso wie der Kabeljau, aber Vorsicht vor Schalentieren und ev. Lachs, über dessen Bekömmlichkeit die Forschungen noch nicht abgeschlossen seien. Während Hammel, Lamm, Wild und Kaninchen gut vertragen werden, ist **Vorsicht vor Hühnerfleisch, besonders Hühnerbrust** geboten. Ob hiermit die Unverträglichkeit von Grippeimpfungen bei einem bestimmten Personenkreis zusammenhängt, weiß ich nicht, könnte aber nahe liegen, da der Impfstoff teilweise über Hühnereiweiß gewonnen wird. Es gibt aber auch **eiweißfreie Grippeimpfungen**.

Basische Kost und Blutgruppe AB

Obst — **sehr bekömmlich**
Ananas, Feigen frisch + getrocknet, Grapefruits
Kirschen, Kiwis, Pflaumen, Weintrauben
Preisel-, Stachelbeeren, Zitronen

zu vermeiden
Bananen, Granatäpfel, Guaven, Sternfrucht,
Mangos, Kaktusfeigen, Kokosnüsse, Orangen
Kaki, Dattelpflaumen, Rhabarber

Gemüse	**sehr bekömmlich** Alfalfasprossen, Auberginen, Blumenkohl Brokkoli, Grünkohl, Knoblauch, Löwenzahn Pastinaken, rote Rüben, Senfkohlblätter Stangensellerie, Süßkartoffeln, Tempeh, Tofu Yamswurzel
	zu vermeiden Artischocken, **Avocados**, Feldsalat, Chilischoten Mungobohnensprossen, schw. Oliven, Rettich Radieschen, alle Paprika, Shiitakepilze Topinambur
Fette	**sehr bekömmlich** Olivenöl
	zu vermeiden Distel-, Maiskeim-, Sesam-, Sonnenblumenöl
Nüsse + Samen	**sehr bekömmlich** Erdnuss, - butter, Esskastanien, Walnüsse
	zu vermeiden Haselnüsse, Kürbiskerne, Mohnsamen Sesampaste, - samen Sonnenblumenkerne, Sonnenblumenmus
Bohnen Hülsenfrucht	**sehr bekömmlich** Grüne Linsen, Pintobohnen rote Sojabohnen

zu vermeiden
Aduke-, Azuki-, Augenbohnen, Kidneybohnen
Kichererbsen, Limabohnen

Kräutertee

sehr bekömmlich
Alfalfa. Echinacea, Erdbeerblätter, Ginseng
Große Klette, Grüner Tee, Ingwer
Hagebutten, Kamille, Süßholz, Weißdorn

zu vermeiden
Aloe, Bockshornklee, Enzian, Huflattich
Helmkraut, Hirtentäschel, Hopfen
Königskerze, Lindenblüten, Maisgriffel
Rhabarber, Rotklee
Sennesblätter

Kräuter + Gewürze

sehr bekömmlich
Curry, Knoblauch, Meerrettich
Miso (Sojapaste), Petersilie

zu vermeiden
Anis, alle Essige, alle Pfeffer, Gelatine
Gerstenmalz, Kapern, Maissirup, -stärke
Mandelöl, Piment, Tapioka

Diverse Getränke

sehr bekömmlich
Bohnenkaffee, auch entkoffeiniert
Grüner Tee

zu vermeiden
Cola, Limonaden, Diätlimonade,
Schwarzer Tee, Spirituosen

Menschen der Blutgruppe AB, also der Mischung von A und B sollten weißfleischige Fische und Schalentiere meiden und sich eher an Tofu oder Hammel, Kaninchen, Lamm oder Pute halten. **Alle anderen Fleischsorten sind zu vermeiden, vor allem Hühnerfleisch wie bei der B Gruppe!**

Zusammenfassend lässt sich sagen: Besonders für die Menschen mit der Blutgruppe A, und das sind 45 % der Weltbevölkerung, - in unseren Breitengraden dürfte die prozentuale Verteilung sogar noch höher sein - ist das Teil-Fasten mit Basischer Kost und die Basische Kost als Dauerernährung sehr empfehlenswert.
Allerdings ist auf die **Verträglichkeit der Kartoffel** zu achten, da sie nach D´Adamo sowohl für 0 als auch für A unverträglich sein soll. Ich empfehle die Kartoffel, um Menschen erst einmal mit der basischen Kost vertraut zu machen. Die Kartoffel ist hochbasisch und hilft am Anfang sehr, besonders auch den Personen, die etwas Warmes zum Essen brauchen. Wenn man sich aber an die Basische Kost gewöhnt hat, lässt sich der Anteil an Kartoffeln reduzieren und später kann man ganz darauf verzichten. In Portugal ist man der Ansicht, Kartoffeln machen müde, und bevorzugt deswegen häufig Reis. Vielleicht ist auch die Müdigkeitsreaktion ein Hinweis auf die mögliche Unverträglichkeit.

Die Avocado ist für die A-Gruppe neutral, so dass Sie diese Frucht - nach Möglichkeit aus biologischem Anbau - weiterhin einbeziehen können. In einer Zeit, da es immer gefährlicher wird, Fleisch zu essen, außer von Biohöfen, werden wohl immer mehr Menschen, egal welcher Blutgruppe sie angehören, sich immer stärker einer vegetarischorientierten bzw. basischen Ernährungsweise zuwenden.

Zusammenfassung

Essen Sie beim Teil-Fasten von einer Frucht, einem Gemüse, bis Sie merken, Ihr Organismus benötigt nicht mehr davon, Sie sind satt.
Es gibt beim Teil-Fasten keine Mengen- und keine Kalorienbeschränkung.
Das „Erweiterte“ und das “Längere Teil-Fasten“ lassen sich mühelos über lange Zeit durchführen.
Viele Menschen haben ständig Hunger, weil sie das Falsche essen und einen Basenmangel haben.
Sind Sie von Giften/Ablagerungen befreit, sind Ihre Basendepots wieder aufgefüllt, merken Sie, dass Sie viel weniger essen, nicht weil Ihnen die Frischkost zu den Ohren rauskommt, sondern weil Sie Ihren Bedarf an den Vitalstoffen gedeckt haben.
Ihr Organismus kann sich wieder wesentlicheren Aufgaben widmen, als ständig Hunger als Anreiz für Basennachschub signalisieren zu müssen.
Die Natur schenkt uns eine Fülle von basischen Lebensmitteln.
Basische Lebensmittel sind reich an Antioxidantien.
Kaufen Sie Obst und Gemüse vorwiegend aus heimischem, möglichst biologischem Anbau!
Vermeiden Sie bestrahlte, genmanipulierte Nahrungsmittel!
Essen Sie nach dem „Ampelprinzip“!
Beachten Sie die Empfehlung: „Unter-der-Erde-gewachsen“ - „Über-der-Erde-gewachsen“ – Blattgrün!
Beachten Sie die Ratschläge der Blutgruppendiät!
Essen Sie bei Einladungen nach der Hayschen Trennkost!
Verwechseln Sie Hunger nicht mit Durst!

5. Das Trinken

Ein ganz wichtiger Punkt beim Teil-Fasten mit Basischer Kost ist das Trinken. Auch hierbei gilt: es kommt nicht nur darauf an, wie viel wir trinken, sondern auch, was wir trinken. Ich persönlich halte nichts von Empfehlungen, täglich 4 bis 5 Liter bei Fastenkuren zu trinken, da dies auch von der persönlichen Nierenkapazität abhängt. Wie Galina Schatalova in ihrem Buch „Wir fressen uns zu Tode" auf Seite 159 schreibt, benötigt unser Organismus am meisten Wasser zur Verstoffwechselung von tierischem Eiweiß und der Ausleitung seiner Zerfallsprodukte: 42 g Wasser auf 1 Gramm Eiweiß. Da das Teil-Fasten mit Basischer Kost darauf ausgerichtet ist, auf tierisches Eiweiß zu verzichten und viele wasserhaltige Obst- oder Gemüsefrüchte zu essen, werden wir relativ wenig Durst verspüren.

Deswegen empfehle ich **grundsätzlich etwa 20 Minuten vor einer Mahlzeit den Magen mit 1 bis 2 Gläsern Wasser oder einem Tee durchzuspülen,** während des Essens nicht zu trinken, damit die unverdünnten Verdauungssäfte besser wirken können und nach dem Essen eine Trinkpause von 30 Minuten einzuhalten.

Da aber mögliche Gifte und Schlacken, die sich vielleicht seit Jahren in unserem Körper festgesetzt haben, beim Teil-Fasten gelöst werden, ist ein **ausreichendes Trinken während dieser Zeit wiederum sehr wichtig**. Dennoch meine ich, dürften zwei Liter ausreichen: **ein Liter schlackenlösender Kräutertee und etwa ein Liter Wasser**. Wer das Bedürfnis hat, mehr zu trinken, der möge es tun. Wer es nicht schafft, zusätzlich zu trinken, braucht meiner Ansicht nach keine Sorgen zu haben, dass es zu wenig sein könnte.

Wasser

Unser Körper besteht bei der Geburt zu etwa70 bis 80 Prozent aus Wasser, was leider, je älter wir werden und je verschlackter wir sind, immer mehr abnimmt. Wenn wir einige Wochen ohne feste Nahrung auskommen können, so ist die Zeit, die wir ohne zu trinken überleben, auf wenige Tage beschränkt. Daran können wir sehen, wie wichtig das Trinken ist.

Quellwasser

Die große Frage bleibt, was sollen wir trinken? Das Natürlichste wäre ein reines **Quellwasser**. In manchen Gegenden Deutschlands – und auch im Ausland – kann man tatsächlich Wasser an extra dafür gefassten Quellen schöpfen. Ich weiß, wie ich schon vor fast 20 Jahren mit 5 l Wasserflaschen – ehemaligen Weinflaschen – ausgerüstet, einige Kilometer ins Land gefahren bin, um Wasser an einer bestimmten Quelle zu holen. **Dieses Wasser hielt sich wochenlang frisch,** die Quelle wurde von der Gemeinde kontrolliert, und die Reinheit des Wassers durch entsprechende Analysen überwacht.

Auch hier in Portugal nehmen wir diese Fahrten auf uns und holen uns im Monchique-Gebirge reines Quellwasser. So ein Wasser muss nicht erst von Zusätzen befreit werden, es steht dem Organismus sofort als Transportmittel, zum Ausleiten, zum Entgiften zur Verfügung. Seit einiger Zeit verwirble ich das benötigte Wasser vor dem Trinken mit dem **„Dejaval“-Verwirbler**, wobei es nochmals energetisiert und bekömmlicher wird. Im Internet finden Sie weitere Informationen darüber, selbst Dr. Masuru Emoto soll den Verwirbler befürworten.

Mineralwasser

Wenn Sie zu **Mineralwässern** greifen, so vermeiden Sie ein Wasser, dem Kohlensäure künstlich zugesetzt wurde. Es gibt natürlich auch Mineralwässer, welche bereits aus dem unterirdischen Wasservorkommen ihre Kohlensäure mitbringen. Die Kohlensäure ist wie der Name sagt, eine Säure, die mühsam den Organismus wieder verlassen muss: entweder als Rülpser, was manchen vielleicht angenehm ist, oder als Blähung, was für die Umstehenden weniger angenehm sein kann.
Jede Säure benötigt zur Neutralisierung Basen, d.h. wir vergeuden bei Wässern mit Kohlensäure wertvolle basische Mineralstoffe. Ich lehne deswegen die Heimgeräte zur Herstellung von eigenem Sprudelwasser aus Leitungswasser ab, bei denen man sich mit Hilfe von Patronen sein sprudelndes Mineralwasser selber zubereitet. Die Kohlensäure wird im allgemeinen zugegeben, weil sie bakterienhemmend wirkt, was aber nicht immer eine Qualitätsverbesserung sein muss.

Haben Sie sich auch schon über den Zusatz **„enteisent"** gewundert? Enteist kennen wir: vom Eis befreit. So ist analog enteisent vom Eisen befreit. Häufig macht sich ein zu starker Eisengehalt im Wasser als brauner Niederschlag bemerkbar und beeinträchtigt den Geschmack. Das wird so vermieden.

Stilles Wasser

Unter einem „Stillen Wasser" versteht man ein Mineralwasser, dessen Kohlensäuregehalt äußerst gering ist oder überhaupt keine Kohlensäure hat. Der Verkauf der stillen Wasser ist in den letzten Jahren immer mehr gestiegen. Achten Sie beim Kauf von Wasser auf ein qualitativ hochwertiges Wasser. Die

Wasserflaschen hier in Portugal haben eine Besonderheit. Auf den Aufklebern ist die Mineralstoffanalyse vermerkt sowie der pH-Wert angegeben. Reines Wasser ist neutral, d.h. es hat bei einer bestimmten Temperatur einen pH-Wert von 7. In den meisten Quellwassern sind verschiedene Mineralstoffe gelöst und verändern den pH-Wert
Häufig wird die Ansicht vertreten, dass nur ein pH unter 7, eine größere Bakterienfreiheit garantiere, da sich Bakterien in saurem Wasser nicht gut halten können. Leider gibt es immer wieder Meldungen über mit Keimen verunreinigte stille Wasser. Eine Verunreinigung passiert aber meist beim Abfüllen.
Wenn wir auf Reisen Wasser kaufen müssen, bevorzugen wir ein hochbasisches Wasser mit einem pH von über 7. Achten Sie in Zukunft stärker auf die Deklarierung der Inhaltsstoffe bei gekauftem Wasser, wobei ein Tafelwasser nicht mehr als ein abgepacktes Trinkwasser ist.
Häufig wird vor einem hohen **Natriumgehalt** gewarnt. Das ist nur zum Teil richtig, denn man darf es nicht isoliert betrachten. Das Natrium Na kann sich mit Chlorid Cl zu Natriumchlorid, **NaCl,** unserem Kochsalz verbinden, dann schmeckt das Wasser salzig. Oder es kann eine Verbindung mit Hydrogencarbonat HCO^3eingehen und bildet Natriumhydrogencarbonat **$NaHCO^2$.** Das kennen wir vom Kochsalzkreislauf. Das ist basisch, hilft beim Entsäuern und schmeckt weitgehend neutral. Vermieden werden sollte ein zu hoher Sulfatgehalt beim Wasser.

Im Zusammenhang mit Forschungen über eine lange Lebenserwartung hat man festgestellt, dass auf der japanischen Korallenriff-Insel Okinawa ein Wasser getrunken wird, das einen bestimmten Mineralstoffgehalt hat. Calcium und Magnesium kommen dort natürlicher Weise im Verhältnis 2:1

im Trinkwasser vor. Seitdem blüht in Europa der Markt mit Produkten, die aus diesem speziellen Korallenriffsand gewonnen werden. Auch in Deutschland gibt es ein Mineralwasser, das ein ähnliches Calcium-Magnesium Verhältnis aufweist, das Rosbacher Mineralwasser aus dem Taunus www.rosbacher.de.

Es ist die Frage, in wieweit unser Organismus Mineralstoffe aus dem Wasser verwerten kann. Offensichtlich scheint es aber der Fall zu sein, wie die vielen staatlich anerkannten Heilwässer zeigen.

Sehr begrüßenswert ist eine Initiative des Verbandes Deutscher Mineralbrunnen in Zusammenarbeit mit Ernährungswissenschaftlern der Universität Bonn, bei der untersucht wurde, wie sich das **Trinken von Mineralwasser während des Unterrichts** auf das Verhalten der Schüler auswirkt. Es zeigte sich eine große **Konzentrations- und Leistungssteigerung** und bestätigte die Annahme, dass ein Wassermangel vielerlei Beschwerden auslösen kann, u.a. auch Konzentrationsmangel.

Es wäre wünschenswert, wenn sich alle Schulen diesem Beispiel anschließen könnten und das Trinken von gesundem Wasser im Unterricht zuließen. Ich war selbst lange Jahre Lehrerin an einer Realschule in Baden-Württemberg, kenne also den Schulbetrieb und kann mir vorstellen, wie schwierig es sein wird, an allen Schulen das allgemeine Trinkverbot während des Unterrichts aufzuheben und in einen vernünftigen Zugang zum Wassertrinken zum Wohle der Gesundheit unserer Kinder umzuwandeln.

Leitungswasser

Wenn man ein Wasser nur nach dem pH-Wert beurteilt, so ist auch das Leitungswasser in unseren Städten und Dörfern von den Wasserwerken konstant auf einen basischen pH eingestellt. Trotzdem ist das Trinken von Leitungswasser nicht immer zu empfehlen. **Der basische pH im Leitungswasser ist deswegen notwendig, weil ein saures Wasser die Leitungen angreifen und rosten ließe**.

Leider entstammt das Leitungswasser in vielen Großstädten eher einem Chemielabor als frischen Quellen. Es hat mancherorts mehrfach den menschlichen Kreislauf durchlaufen, ist gechlort, damit keine Bakterien und Viren mehr aufzuspüren sind – dafür manchmal Restbestände von Antibaby-Pillen – und kann wegen des starken Chlorgeruchs kaum noch zum Tee-Kochen verwendet werden. Auch wenn die Wasserwerke sicherstellen, dass die Grenzwerte der staatlichen Trinkwasserverordnung eingehalten werden, heißt dies noch nicht, dass Leitungswasser ein bekömmliches, gesundes Wasser geworden ist. Nicht jeder Stadt geht es so gut wie Regensburg, die auf eigene städtische Quellen zurückgreifen kann.

Wasseraufbereitungsanlagen für den Hausgebrauch sind teuer in der Anschaffung und oft auch teuer im weiteren Unterhalt. Auf einem Heilpraktiker-Kongress habe ich das **Aquion Aktiv-Wasser-System** kennengelernt, das eine Alternative für städtische Haushalte sein kann, an gesundes Wasser zum täglichen Trinkgenuss zu kommen. Es spaltet das Leitungswasser in ein basisches Wasser zum Trinken und ein saures Wasser, das zum Putzen im Haushalt Verwendung findet.

„Ayurveda-Wasser"

Eine besondere Art, Wasser zu trinken, ist das **„Ayurveda-Wasser"**, wie ich es nenne. Dieses Rezept stammt aus der fernöstlichen Heilslehre, dem Ayurveda. Nehmen Sie ungechlortes Wasser und lassen Sie es etwa 15 Minuten köcheln. Dabei bildet sich am Topf ein Belag aus Mineralien, die ausgekocht werden. Mich erinnert das immer an die alten **Wasserschiffchen** in den früheren Holz-/Kohleofen, bei denen sich mit der Zeit ein Kalkbelag bildete. Dort brodelte den ganzen Tag über das Wasser und wurde zu allem Möglichen verwendet.
Dem Ayurveda-Wasser wird nachgesagt, dass es durch das längere Köcheln seine Moleküle verändert und damit befähigt wird, **Gifte aus unserem Organismus auszuleiten**. Sie können sich das Wasser in eine Thermoskanne füllen und davon den ganzen Tag über trinken. Offensichtlich genügen kleine Schlucke, um dem Körper einen Reiz zur Ausscheidung zu setzen und alte Ablagerungen zu lösen. Probieren Sie es aus!

Sehr kontrovers diskutiert wurde die Empfehlung aus Amerika, **destilliertes Wasser** zu trinken. Auch hierbei handelt es sich um ein Wasser, das völlig frei von Mineralstoffen ist. Ich muss aber sagen, ich selbst habe einige Bedenken, destilliertes Wasser zu trinken, das Ayurveda-Wasser kann ich Ihnen aber jeder Zeit empfehlen.

Wenn es Ihnen schwer fällt, reines Wasser zum Ausleiten möglicher Ablagerungen zu trinken, so geben Sie ein Stückchen Zitrone oder ein Stückchen Ingwer dazu. Auch eine Prise „Himalayasalz" im Wasser kann für manche einen Anreiz geben, mehr natürliches Wasser im Laufe des Tages zu trinken.

Kaffee und Schwarz-Tee

Wenn Sie als Kaffee- oder Tee-Trinker ganz ehrlich zu sich sind, werden Sie eingestehen, dass beide Getränke zu einem gewissen **Suchtverhalten** führen können, d.h. Sie brauchen es immer wieder, oft ohne dass es Ihnen bewusst wird. Viele Personen, die das Teil-Fasten ausprobieren, sagen mir am Anfang immer „ohne meinen Kaffee am Morgen/Nachmittag kann ich nicht leben!“ Wenn wir bedenken, wie oft manche Menschen im Laufe des Tages zu Kaffee greifen, bei Müdigkeit, in Gesellschaft, aus Langeweile, so mag eine solche Ansicht verständlich sein. Ich kann Ihnen aber versichern, wenn Sie sich gereinigt und entgiftet haben, benötigen Sie diese Aufputschmittel nicht mehr.

Manche sind der Auffassung, ohne Kaffeegenuss am Morgen, keine Verdauung zu haben. Das ist möglich, denn oft will der Körper das, was schädlich ist, möglichst schnell wieder entfernen. Es kann auch sein, dass allein durch die Wärme die Darmbewegung angeregt wurde. Ich möchte Ihnen Mut machen.

Viele, die es nie für möglich gehalten hatten, jemals auf den gewohnten Kaffee verzichten zu können, haben es nicht nur während des Teil-Fastens geschafft, sondern auch hinterher. Wenn Sie sich immer wieder vor Augen halten, wie **schädlich säureüberschüssige Getränke sind** (Vitaminverlust, Mineralstoffverlust, Resorptionsstörungen von Mineralstoffen), dann gelingt es Ihnen hoffentlich, auch in Zukunft dauerhaft darauf zu verzichten. Nur sollten Sie besondere Vorsicht bei Stress-Situationen walten lassen, welche zum erneuten Kaffeetrinken verleiten.

Es kann vorkommen, dass Sie auf den Verzicht von Kaffee anfangs mit **Kopfschmerzen reagieren, eine typische Entgiftungsreaktion.** Wenn dann die Tasse Kaffee als „Schmerzmittel“ hilft, ist es oft äußerst schwierig einzusehen, dass es besser wäre darauf zu verzichten. Hier hilft nur ein langsames „Ausschleichen“, ein langsames Reduzieren der täglichen Dosis.

Grüner / Weißer Tee

Es wird oft gefragt, warum denn der Grüne Tee beim Teil-Fasten im Gegensatz zum Schwarz-Tee erlaubt sei. Im Grund können beide Teesorten von der gleichen Teepflanze stammen, einmal ist er jedoch fermentiert wie der Schwarz-Tee, einmal nicht. Was heißt das? Wenn Tee geerntet, zerpflückt und an der Luft zum Trocknen ausgebreitet wird, oxidiert er, er verfärbt sich. Dabei werden auch Inhaltsstoffe verändert. Beim grünen Tee wird dieser Prozess nach Möglichkeit verhindert, um die wertvollen Inhaltsstoffe zu erhalten. Deswegen wird der Tee gleich nach der Ernte mit Dampf oder Hitze behandelt. Trotz der Temperatureinwirkung bleiben einige Vitamine, u.a. A, B, B2 und B12 erhalten sowie wichtige Mineralstoffe und die besonderen Polyphenole, denen eine Krebs verhütende Wirkung nachgesagt wird. Grüner Tee enthält weniger Teein, das Koffein der Teesorten, als der Schwarze Tee.

Die Zubereitung des Grünen Tees sollte nur mit einem guten, nicht gechlorten Wasser erfolgen und erfordert einige Übung. Es wird empfohlen, das Wasser nach dem Aufkochen auf etwa **70 Grad abkühlen** zu lassen, die Blätter kurz zu überbrühen, nach einer Minute **den ersten Aufguss abzugießen** und erst dann das erforderliche heiße Wasser aufzufüllen. Wie lange sie den Tee ziehen lassen, bleibt Ihnen überlasen. Mögen Sie ihn anregend, dann genügt eine kurze Zeit, geht es Ihnen mehr um die übrigen Inhaltsstoffe, die länger brauchen, um sich aus den Blättern zu lösen, können Sie auch bis zu 8 Minuten ziehen lassen. Allerdings wird er dann immer herber.

Sie können im Laufe des Tages **dieselben Teeblätter mehrfach verwenden**. In China ist dies durchaus üblich, nicht nur aus Sparsamkeit. Sollte Ihnen ein zweiter Aufguss nicht mehr schmecken, lassen Sie ihn erkalten und geben ihn den Pflanzen oder verwenden ihn zur Gesichtsreinigung. Grüner Tee kann vielseitig eingesetzt werden.

Neu ist der **„Weiße Grüne Tee“.** Das ist eine Besonderheit, bei der nur die silbrig-schimmernden Knospen und die ersten beiden Blätter der Teepflanze äußerst schonend geerntet und verarbeitet werden. Ein ersten Abguss erübrigt sich dabei.

Kräuter-Tees

Es gibt eine Menge Kräuter, welche die Ausscheidung über Niere, Lunge und Darm unterstützen und basisch sind. Allgemein bekannt sind Brennnessel-, Fenchel- Kamille-, Lindenblüten-, Pfefferminze-, Zitronenmelisse- Zitronengras- oder Kräuterteemischungen. **Säurebildend sollen Früchte- und Hagebuttentee wirken.**

Im Grund können wir auch aus Gewürzkräutern einen gesunden, die Ausscheidung fördernden Tee zubereiten, so aus Dill, Hafer, Liebstöckel, Petersilie, allem, was grün ist und schmeckt. Je trockener die Teesubstanz, desto höher sollten die Temperaturen sein. Beim Aufbrühen von grünen Gartenkräutern nehme ich meist – wie beim Grünen Tee – nur etwa 70 Grad heißes Wasser.

Seit einiger Zeit sind auch bei uns auf dem Markt Kräutertees aus Substanzen, die nicht bei uns heimisch sind wie Lapacho, Pu Erh, Mate oder Rhoibusch. Oft erweisen sich jedoch die damit gegebenen Gesundheitsversprechen als haltlos. Bleiben Sie beim Teil-Fasten bei heimischen Teesorten und als Ausnahme beim Grünen, bzw. Weißen Tee.

In Portugal habe ich einen Tee aus ungespritzten **Zitronen- oder Orangenschalen** kennen gelernt. Das gibt einen köstlichen Tee. Da wir bei dieser Fastenart auch den Zitronensaft bei der Salatsoße verwenden, ergibt dies eine doppelte Ausnutzung der biologischen basischen Frucht. Die Orangen sind, wenn sie reif sind, ebenfalls bei vielen willkommen.

Nach der chinesischen Organuhr ist die Zeit zwischen 15 und 17 Uhr die „Hochzeit" der Blase und die Zeit zwischen 17 und 19 Uhr die „Hochzeit" der Niere. Vielleicht haben die Engländer nicht nur den Tee aus China in Europa eingeführt, sondern auch die tea-time, eine sinnvolle kleine Auszeit am Ende eines arbeitsreichen Tages.

Stellen Sie sich bei der Arbeit immer eine Flasche mit Wasser parat, besonders bei der Arbeit am PC. Gut ist es, besonders beim Teil-Fasten, morgens schon die Mindestmenge an Getränken vorzubereiten, damit man abends sicher ist, das Minimum von 2 Litern getrunken zu haben. Wenn die Wasserflaschen in Sichtweite stehen, wird das Trinken nicht vergessen, und wenn wir zum Trinken extra vom Arbeitsplatz aufstehen müssen, ist es noch besser. Dann bewegen wir uns wieder mal, und Muskeln, Lymphe und Kreislauf werden angeregt.

Obst- und Gemüsesäfte

Natürlich sind auch frisch gepresste Obst – und Gemüsesäfte basisch. Von daher müsste man meinen, sie seien sehr zu empfehlen. Das stimmt nur zum Teil. Bei einer Fastenkur, bei der keinerlei feste Nahrung gegessen werden darf, sind frisch gepresste Säfte sicher eine gute Sache, damit der Fastende nicht zu stark übersäuert, also eine gute Prophylaxe gegen eine Fastenazidose. Beim Teil-Fasten mit Basischer Kost haben wir durch die erlaubten Lebensmittel eine ausreichende Zufuhr an basischen Mineralstoffen, so dass keine Notwendigkeit besteht, Obst und Gemüse ihrer Faserstoffe zu berauben. Bleibt doch beispielsweise in den Faserstoffen der Orangen weitaus mehr Vitamin C übrig als im ausgepressten Saft.

Außerdem müssen wir bedenken, dass ein **Saft ein hochkonzentriertes Lebensmittel** ist, d.h. wenn wir beispielsweise einen halben Liter Möhrensaft trinken, der aus mehr als einem Kilo Möhren gewonnen wurde, so führen wir uns in Wirklichkeit die Vitalstoffe all dieser entsafteten vielen Möhren zu. Das ist ein **Nährstoffschub**, der nicht von allen vertragen wird. Deswegen gilt für das Trinken von Obst- und Gemüsesäften: sie sollten **grundsätzlich verdünnt** werden.

Eine Ausnahme bildet die Empfehlung, bei schwerwiegenden Krankheiten, vor allem bei Krebsleiden ein **Saftfasten** durchzuführen. Beim Saftfasten sind die unverdünnten Obst- und Gemüsesäften sowohl die einzige Nahrung als auch ein hochwirksames Heilmittel. Mit der Säfte-Therapie haben der österreichische Heilpraktiker Rudolf Breuß (1899 – 1990) wie auch Dr. Max Gerson (1881 – 1959) vielen Patienten geholfen.

Wenn Sie abgepackte, nicht frisch gepresste Säfte kaufen, bedenken Sie, dass durch den Fabrikationsprozess, das Abfüllen in Flaschen, das lange Aufbewahren, durch das Abstoppen vom weiteren Oxidieren usw. die Säfte leiden und nicht mehr den Anforderungen an gesunde Lebensmitteln genügen.

Zusammenfassung

Trinken ist lebensnotwendig.
Trinken Sie beim Teil-Fasten mit Basischer Kost ausreichend, beim „Strengeren“ mehr, sonst etwa 2 Liter!
Beim Teil-Fasten dürfen Sie nur basische Getränke, reines Quellwasser oder „Ayurveda –Wasser“ trinken.
Beim Teil-Fasten sollte während der Mahlzeiten auf die zusätzliche Gabe von Getränken verzichtet werden, um die Verdauung nicht zu stören.
In China wird (deswegen?) die Suppe häufig hinterher gegessen, nicht vorweg wie in Deutschland.
Vermeiden Sie Kaffee und Schwarz-Tee, Mineralwasser mit viel Kohlensäure und säureüberschüssige Früchtetees!.
Leitungswasser ist nicht in allen Städten zu empfehlen.
Lernen Sie, den Eigengeschmack der Getränke zu schätzen, dann benötigen Sie - auch später - keine „Geschmacksverstärker“ wie Zucker, Honig oder Süßstoff!
Wenn Ihnen Wasser zu fade schmeckt, geben Sie natürliche Hilfsmittel wie Ingwer, Zitrone, Vanille oder Zimt dazu.
Achten Sie beim gekauften Wasser auf den pH-Wert und weitere Inhaltsstoffe.
Obst- und Gemüsesäfte sollten einem Saftfasten vorbehalten bleiben.
Genießen Sie nachmittags die gesunde, erholsame tea-time.

IV. DIE KÖRPERLICHE REINIGUNG

1. Darmpflege

Bei fast allen Fastenkuren wird empfohlen, anfangs und meist auch an den Folgetagen für eine **Stuhlentleerung** zu sorgen. Da die beim Fasten meist nicht von alleine geht, werden die verschiedensten Hilfsmittel für die „Endreinigung“, den täglichen Stuhlgang, empfohlen: Einläufe, Abführmittel, Passage-Salze, Bitter- oder Glaubersalz oder Ähnliches.

Täglicher Stuhlgang heißt nicht immer Darmgesundheit

Viele Leute sagen, sie hätten eine gute Verdauung und meinen damit, dass sie täglich Stuhlgang haben. Was sie dabei meistens nicht beachten, ist die **Verweildauer** der aufgenommenen Nahrung im Körper. Wie ich im Kapitel über den Darm geschrieben habe, lässt sich die Verweildauer am besten mit dem **„Rote-Bete-Test“** nachweisen. Es kann durchaus sein, dass Sie täglich Stuhlgang haben, die Rote Bete aber erst nach drei Tagen den Körper wieder verlässt. Das bedeutet: Ihr Darm ist nicht gesund, Ihre Verdauungskraft ist geschwächt.

Es kann auch sein, dass Sie nicht nur einmal, sondern **mehrfach am Tag** eine Stuhlentleerung haben. Auch das kann durchaus gesund und normal sein, wie wir beim Babystuhl gesehen haben. Es kann aber auch sein, dass dieser Stuhl zu dünnflüssig, durchfallartig, schaumig ist, so dass auch her nicht von einer Darmgesundheit gesprochen werden kann. Wie wir sehen, reicht also der tägliche Stuhlgang allein nicht aus zur Beurteilung der Darmgesundheit.

Wenn Ihr Test mit Rote Bete gezeigt hat, dass die Passage nur einen Tag benötigt, ist eine zusätzliche Unterstützung, eine zusätzliche Reizung nichtunbedingt angebracht. Wer allerdings das Gefühl hat, das Teil-Fasten mit einem äußerlichen und innerlichen Zeichen in Form einer gründlichen Darmentleerung zu beginnen, der kann zur künstlichen Entleerung greifen. Sehr zu empfehlen ist sie auf jeden Fall, wenn jemand zur Verstopfung neigt, deutlich erkennbar am „Schafskot", weniger gut ersichtlich an einer verzögerten Darmpassage.

Künstliche Darmentleerung

Bis vor einigen Jahren war es üblich, zur künstlichen Darmentleerung das **Bittersalz** (Magnesiumsulfat) zu empfehlen. Dazu löst man am Abend vorher einen gestrichenen Teelöffel Bittersalz in wenig Wasser auf. Am nächsten Morgen füllt man mit etwa 200 ml warmem Wasser auf, rührt gut um und trinkt in kleinen Schlucken. Da ich immer wieder davon spreche, wie wichtig unser Instinkt ist, muss ich hierzu allerdings sagen: wenn Sie einen ausgesprochenen Widerwillen gegen dieses Getränk haben, versuchen Sie es lieber mit **Glaubersalz** (Natriumsulfat) oder einem anderen Abführmittel wie dem **F.X.Mayr-Passage-Salz**, das mit Erfolg bei den Mayr-Kuren eingesetzt wird.

Es kann passieren, dass die einmalige Gabe eines Abführmittels nicht die gewünschte Wirkung zeigt. Dann wiederholen Sie den Vorgang am nächsten Tag. Häufig haben Fleischesser bei einer Umstellung auf Pflanzenkost Schwierigkeiten, eine geregelte Verdauung zu erreichen. Ausgesprochene Brotliebhaber, deren Därme die starke Reizwirkung der faserreichen Kost gewohnt sind, können beim Teil-Fasten ebenfalls Schwierigkeiten mit der täglichen

Stuhlentleerung bekommen. Haben Sie Geduld; auch der Darm benötigt seine Zeit zur Umstellung.

Der große Einlauf mit dem Irrigator

In Fastenkliniken wird normalerweise alle zwei Tage ein Einlauf gemacht. **Früher war der Einlauf ein Allheilmittel** und wurde besonders bei Fieber als erstes Mittel eingesetzt. In vielen Haushalten konnte man die dafür notwendige Gerätschaft finden. Heutzutage können wir nicht mehr so recht damit umgehen, weshalb auch **„Einmaleinläufe"** in Apotheken angeboten werden. Haben Sie aber vor, öfter einen Einlauf zu machen, dann besorgen Sie sich in der Apotheke einen **Irrigator**, ein Einlaufgerät. Wird dieses Gerät von mehreren Personen im gleichen Haushalt benutzt, so sollte jeder sein eigenes Darmrohr aus Gummi haben.

Das **Prinzip des Einlaufs** besteht darin, eine bestimmte Menge warmen Wassers (bis zu einem Liter), dem einige Tropfen Kamillosan-Lösung, Kamillentee oder Salz (Meine Base) zugefügt sind, in den Enddarm einzubringen und mindestens 5 Minuten einwirken zu lassen.
Hängen Sie das Gefäß möglich hoch auf (am Türrahmen, an der Dusche), der Absperrhahn sollte geschlossen und im Schlauch keine Luft sein.
Bereiten Sie – möglichst in Toilettennähe – ein großes Tuch auf dem Boden, knien Sie darauf im Vierfüßlerstand und führen Sie den Endschlauch in den Darm. Eine fettreiche Salbe kann das Einführen erleichtern.
Öffnen Sie den Absperrhahn und lassen Sie die warme Flüssigkeit möglichst weit in den Darm fließen. Bleiben Sie dabei entspannt und atmen Sie tief, besonders in den Bauch, damit sich das Wasser gut verteilen kann. Wenn nicht der

ganze Liter in den Darm passt, ist das nicht schlimm, vielleicht ist nicht genügend Platz dafür.
Wer sich nicht zutraut, dies alleine auszuführen, sollte sich nicht scheuen, eine Person seines Vertrauens um Hilfe zu bitten. Bei einiger Übung ist es allerdings nicht schwer, einen Einlauf selber zu machen.
Sie unterstützen den Reinigungsvorgang, indem Sie sich, nachdem das Wasser im Darm ist, jeweils eine Minute auf die linke Seite, dann auf den Rücken, dann auf die rechte Seite legen. Auf jeden Fall sollten Sie sich für die Prozedur ausreichend Zeit lassen, sich auch nach der folgenden Darmentleerung ein wenig ausruhen und ausreichend trinken.

Der kleine Einlauf

Leichter geht der „kleine Einlauf" mit Hilfe eines **Klistierballons**, der allerdings nicht ganz so viel Flüssigkeit in den Enddarm bringt und von daher nicht ganz dieselbe Wirkung hat. Dazu gibt es in den Apotheken Klistier-**Gummibälle** in verschiedenen Größen von 50 bis 500 ml zu kaufen. (Im Internet auch, wer sich scheut, so etwas persönlich einzukaufen).Die Bälle bestehen aus einem Weichgummimaterial und haben die Form einer Birne. An der Öffnung wird eine Kanüle aufgesteckt, welche mit einem kleinen Gummischlauch verlängerbar ist. Da man so ein Gerät auch für eine Vaginaldusche einsetzen kann, empfiehlt es sich, farblich unterschiedliche Kanülen zu kaufen, um diese für den jeweiligen Einsatz besser unterscheiden zu können. Aus Hygienegründen sollten Kanülen und Bälle, wenn sie für Darm und Vagina eingesetzt werden, nach dem Gebrauch nicht nur ausgespült, sondern auch ausgekocht werden. **Für die Reise gibt es spezielle Klistiergeräte**, welche ähnlich einer kleinen Wärmflasche weniger Platz benötigen als ein Ballon. Gerade auf Reisen kann es passieren, dass die sonst gute Verdauung aus den verschiedensten Gründen versagt.

Die Durchführung des kleinen Einlaufes ist denkbar einfach: auch hierbei füllen wir das Gerät mit einer warmen Flüssigkeit wie beim Irrigator. Wenn Sie ein gutes Verhältnis zu Ihren eigenen Ausscheidungen haben, können Sie auch Ihren eigenen Urin für den Einlauf nehmen. Die meisten Menschen haben aufgrund ihrer Erziehung ein gestörtes Verhältnis zum Eigenurin. Dabei ist dieser noch vor wenigen Augenblicken in ihren Adern geflossen. **Urin ist von den Nieren gefiltertes Blut!**

Durch Druck auf den Gummiball erzeugen Sie ein Vakuum und können nun die vorbereitete Flüssigkeit durch die Kanüle in den Ball aufsaugen. Ein halber Teelöffel Natron, Natriumhydrogencarbonat, „Meine Base“ oder ähnliche Basenmittel in einem halben Liter Wasser aufgelöst, eignen sich gut für eine basische Darmspülung.

Die Technik ist die gleiche wie beim großen Einlauf. Da wir weniger Flüssigkeit einführen, lässt sich diese auch länger im Darm behalten. Sie können versuchen, durch gymnastische Übungen das Wasser gut zu verteilen und den Darm gut durchzuspülen, beispielsweise indem Sie die Beine anziehen oder die Bauchdecke auf und ab schnellen lassen, um die Wirkung zu verstärken. Auch hierbei gilt, die Flüssigkeit möglichst lange im Darm zu belassen. Nehmen Sie sich Zeit und verlassen Sie nicht den Raum, denn die Wirkung kann explosionsartig eintreten. Überhaupt sollten wir uns für einen Gang zur Toilette immer ausreichend Zeit lassen, denn unser Darm ist sehr stressanfällig und empfindsam, wie man manchmal auf Reisen erleben kann.

Früher habe ich mich nicht für die künstliche Darmentleerung ausgesprochen. Ich vertrat die Ansicht, dass dies ein unphysiologischer Eingriff in die Natur sei. Denn Jesus hat bei seinem 40tägigen Fasten in der Wüste sicher auch keinen Einlauf gemacht. Mit der Zeit musste ich aber einsehen, dass die Darmgesundheit ständig abnimmt, was sicher auch mit den zunehmenden Umweltgiften zusammen hängt.
Es könnte auch damit zusammen hängen, dass wir zu viele Essfehler machen, uns zu wenig bewegen, dadurch ständig verstopft sind und ohne eine Zuhilfenahme von Einläufen oder Abführmitteln überhaupt keine regelmäßige Verdauung mehr erzielen.
Wenn wir glauben, mit einer zweitägigen Gewaltentleerung sei das Problem gelöst, haben wir uns geirrt. Unser Bemühen auf lange Sicht muss sein, den Darm **ohne Hilfsmittel** zu reinigen, auf die natürliche, physiologische Weise von oben nach unten. Das bedeutet, wir müssen uns bemühen, mit unserer Ernährung die Darmschleimhaut wieder so aufzubauen, dass sie ihre Aufgabe erfüllt: Nährstoffe passieren lässt, unverdauliche Nahrungsbestandteile und Giftstoffe hinausbefördert. Das gelingt nur bei einer **gesunden Darmschleimhaut**. Solange sie krank ist, was wohl häufig der Fall zu sein scheint, ist der gesamte Stoffwechsel gestört.

Unterstützung der natürlichen Darmfunktion

Viele Menschen haben ganz regelmäßig morgens eine **natürliche Darmentleerung**, was auch der chinesischen Organuhr entspricht, welche die „Hochzeit" für den Darm zwischen 5 und 7 Uhr sieht. Manchen genügt als Reiz ein Glas kaltes Wasser auf nüchternen Magen, manche fügen dem Wasser einen Teelöffel Sole aus aufgelöstem Himalayasalz zu. Manchen mag das Kauen von **Casssia** helfen. Diese Frucht des

Cassia-Baumes, auch Manna genannt, ist leider nur selten in Deutschland zu kaufen, höchstens über den Versandhandel zu beziehen. Die röhrenartigen Stangen lassen sich mit einem Nussknacker öffnen. Innen befinden sich dünne Plättchen, die von einem süßen Fruchtmark überzogen sind, das abgelutscht wird. Da es Sennoside enthält, wirkt es leicht abführend.

Bauchatmung

Eine gesunde Darmfunktion ist meiner Ansicht nach nicht vom Füllungszustand abhängig, sondern von anderen Kriterien wie Durchblutung und Sensibilisierung. Deswegen empfehle ich bei Stuhlgangsproblemen – und das ist nicht nur beschränkt auf die Fastenzeit – eine gezielte **Bauchatmung**. Wir Europäer atmen vorwiegend in den oberen Brustbereich. Seitdem viele Menschen mit dem fernöstlichen Yoga vertraut sind, wird auch die Bauchatmung bei uns immer mehr bekannt.

Die gezielte Bauchatmung regt die Durchblutung der inneren Organe an und damit auch die **Darmperistaltik**, die Darmbewegung. Die folgende Übung eignet sich besonders gut, wenn man morgens noch im Bett liegt, gerade den Übergang vom Schlaf zum Wachsein genießt und nicht gleich aufzustehen braucht. Legen Sie die Arme neben Ihren Körper und die beiden Handflächen breit und locker auf den Bauch. Atmen Sie tief durch die Nase ein und ganz bewusst in den unteren Bauchraum. Sie werden merken, wie sich der Bauch nach vorne wölbt. Wissenschaftlich gesehen zieht sich das Zwerchfell, eine dünne Muskelplatte zwischen Bauch- und Brustraum, beim Einatmen zusammen, vergrößert den Brustraum und drückt auf die Bauchorgane. Diese wiederum weichen dem Druck aus, schieben die Bauchwand nach vorne, und der Bauch wölbt sich.

Sie können gedanklich den Strom des einfließenden Blutes bewusst verfolgen: begleiten Sie die roten Blutkörperchen, die sich in den Lungen mit Sauerstoff voll beladen haben, auf ihrem Weg durch die Lungenvene zum Herzen und dann durch die Brust- und Bauch-Aorta in die kleineren Arterien und Arteriolen bis zu Kapillaren. Mit Ihrer bewussten Atmung können Sie die roten Blutkörperchen gedanklich jedes innere Organ liebevoll umspülen lassen: die Leber, den Magen, die Milz, die Bauchspeicheldrüse, den Dünn- und den Dickdarm. Mit der bewussten tiefen Bauchatmung unterstützen Sie die schwierige Aufgabe der Entgiftung und Regeneration.

Bewusstes, langes Ausatmen

Wenn Sie beim Einatmen bis 4 zählen, dann die Luft genauso lange anhalten und sich bemühen, beim Ausatmen bedeutend mehr Zeit zu verwenden (bis 8 zählen?), ist dies gleichzeitig eine gute Übung zur Entsäuerung. Während das Einatmen säurebildend wirkt, fördert das Ausatmen die Entsäuerung, das bewusste lange Ausatmen ganz besonders. Pressen Sie beim Ausatmen die Bauchdecke fest gegen die inneren Organe, holen Sie die Bauchdecke in Gedanken bis zur Wirbelsäule, so als wollten Sie auch noch das letzte bisschen Luft hinausbefördern.

Sie werden mit der Zeit ganz von allein in einer wellenförmigen Art atmen. Sie atmen zuerst in den Bauchraum, holen dann die Luft über das Zwerchfell in die unteren Lungen und führen sie dann bis in die Lungenspitzen zu den Schlüsselbeinen hoch. Der Körper gibt und geht von alleine nach, während sich der Bauchraum einzieht und die Luft den Brustraum weitet. Sie merken, wie Sie am Schluss nur noch auf den Schultern liegen.

Mit der Zeit werden Sie beim Atmen das Bedürfnis haben, sich noch mehr zu weiten und in die **„Fischstellung“** kommen. Das ist eine Übung aus dem Yoga, bei der unteres Becken und Scheitel auf der Unterlage ruhen, der Oberkörper sich aber nach oben wölbt. Wenn Sie jetzt noch die Hände auf der Brust in Gebetshaltung bringen, ähnelt dies einer „Fischflosse“, daher der Name. Diese Übung fördert nicht nur die Durchblutung und Entsäuerung, sondern strafft auch den Rücken und das Kreuz.

Sanfte Massagen

Die **Bauchmassage** wie im Folgenden beschrieben geht auf meine Lehrerin Dr. Renate Collier zurück. Sie vertrat die Auffassung, ganz im Gegensatz zu ihren Kollegen, dass nicht nur ausgebildete Mayr-Ärzte die Bäuche massieren könnten und dürften, sondern jeder einzelne von uns. Ziel ist es, die Peristaltik, die Vorwärtsbewegung des Darmes durch Druck von innen – vom Darminhalt – oder/und durch Druck von außen, dem Zwerchfell oder der massierenden Hand anzuregen. Das geht am besten schon morgens im Bett.

Wie ich bei der Bauchatmung beschrieben habe, liegen die Oberarme neben dem Körper und die Handflächen breitflächig auf dem Bauch. Die Hände unterstützen nur die Bewegung des Zwerchfelles bei der Atmung, sie heben und senken sich und fördern auf diese Weise mit leichtem Druck auf die Bauchdecke die Durchblutung. Dieser Druck darf nur ganz leicht sein, der **Reiz darf nur ganz sacht** ausgeübt werden, sonst zieht sich der empfindliche Darm wie eine Schnecke zusammen und ist nicht mehr ansprechbar. Und sie sollten mit ihm sprechen!

Wie verläuft Ihr Dickdarm? Wie ist sein Füllungszustand? Wo können Sie etwas ertasten? Fühlt sich der Darm hart, weich, verkotet oder verspannt an? Ist er abwehrend, hart oder nachgebend? Rollt er unter Ihren Fingern zur Seite? Wenn Sie ertastet haben, wie sein Lauf ist, dann können Sie ihm auch gezielt Hilfen geben. Streichen Sie liebevoll in Richtung Darmverlauf und regen Sie ihn zur Arbeit an: zur Weiterbeförderung des Darminhaltes.

Eine **Dickdarmmassage** folgt dem natürlichen Lauf des Darmes und beginnt rechts unten beim Blinddarm. Von da geht es mit dem aufsteigenden Dickdarm in Richtung Leber zur ersten Flexur. Da auf dieser Seite der Darminhalt noch nicht so stark eingedickt ist, lässt sich der Verlauf des an der Rückwand der Bauchhöhle angewachsenen Darmes nicht immer leicht tasten. Besser geht es auf der linken Seite, der Milzseite. Auch hier ist der absteigende Dickdarm mit der Bauchhöhle eng verbunden, meist gut tastbar, kaum verschiebbar.

Schwierig wird es eigentlich nur beim **Querkolon**, dem mittleren Teil des Darmes, der von einer Flexur zur anderen reicht. Wie ich bei der Anatomie des Darmes ausführte, passiert es, dass dieser frei schwebende Teil deformiert ist und beim Stehen weit nach unten hängt und drückt. Im Liegen können wir ihn unterhalb des Bauchnabels meist wie eine gefüllte Hängematte ertasten. Bei einer Bauchmassage sollten wir dieser anatomisch veränderten Form unbedingt Rechnung tragen.
Besondere Vorsicht ist auch geboten bei den **Flexuren**, an den Stellen, an denen der Querdarm in den auf- bzw. absteigenden Darm übergeht. Hängt der Querdarm in der Mitte zu stark durch, führt dies zwangsläufig zu Verengungen an den höchsten Punkten, dort, wo wir als Kinder häufig beim

schnellen Laufen **Seitenstiche** verspürten. Ist das ein frühes Symptom für einen degenerierten Darm, eine Folge der schlechten Darmdurchblutung bei schlaffem Dickdarm?

Mit der Zeit kann ein stärkerer Druck auf den Bauchraum beim Massieren ausgeübt werden. Dann sollte aber der Bauch von einer Seite mit einer Hand abgestützt werden, damit der Querdarm sich nicht zu stark verschiebt. Müssen bestimmte Darmabschnitte besonders bearbeitet werden, gilt: **Je geringer der Reiz, desto stärker die Wirkung!**

Äußerst wirkungsvoll kann eine Darmmassage sein, wenn wir zusätzlich eine **Wärmflasche** verwenden. Die Wärme regt nicht nur den Lymphfluss an - und unser Darm ist der größte Lymphbereich - sondern wir können mit der Flasche auf dem Bauch eine leichte **Wellenbewegung** erzeugen, die sich im Darm fortsetzt. Auch wenn Sie die „Antwort" Ihres Darmes, ein Gurgeln, ein Gluckern, anfangs nicht immer wahrnehmen, werden Sie merken, dass **Wärme und Bewegung** ihm gut tun.

Am Schluss einer jeden Massage wird der Bauchraum großflächig mit beiden Händen abgestrichen. Auch wenn nach einer mindestens 10 minütigen Darmmassage nicht sofort eine sichtbare Reaktion eintritt, hat sie doch eine – unsichtbare - Wirkung auf den venösen Blutkreislauf, den Pfortader-Kreislauf und die Leber.

Weitere Hilfen für Bauch und Darm

Eine beliebte Yogaübung ist das **„Blatt".** Sie gehen in den Vierfüßlerstand, setzen den Po dann auf den Fersen ab, beugen den Oberkörper nach vorne, so dass die Stirn den Boden berührt, die Arme rechts und links neben den Unterschenkel liegen und der Schultergürtel ganz entspannt ist. Die Augen sind geschlossen. Sie schauen in den Körper. Die Wirbelsäule und die Flanken weiten sich, die Atmung vertieft sich. In dieser „eingerollten“ Stellung sollten Sie möglichst lang verweilen und dabei möglichst tief und langsam atmen. Manchmal kann es entspannender sein, die Arme hinten zu falten und auf dem verlängerten Rücken abzulegen. Diese Übung ist durch die **Dehnung der Kreuzbeingegend** nicht nur vorteilhaft für Wirbelsäule und Bauch, sondern fördert auch die **Gehirndurchblutung** und macht Sie frisch für den Tag.

Muskeldruck

Eine weitere verdauungsfördernde Atmungsvariante lässt sich besser im Stehen durchführen. Sie stellen sich mit gespreizten Beinen auf, beugen den Oberkörper nach vorne, dass er mit den Beinen etwa einen rechten Winkel bildet, legen die Hände auf die Oberschenkel und atmen tief ein und aus. In der Atempause nach dem Ausatmen bewegen Sie ganz schnell die Bauchmuskeln vor und zurück. Mit jedem **Vor- und Zurückschnellen der Bauchdecke** wird noch mehr Luft aus den Lungen gepresst und Ihr Körper wird Sie von alleine zum Aufhören und Weiteratmen zwingen.

Enervieren des Parasympathikus

Im Stehen (oder beim Sitzen auf der Toilette) lässt sich auch diese Übung gut durchführen: Sie legen beide Hände in die Taille, dir Daumen sind nach vorne gerichtet, die übrigen Finger spielen am unteren Rücken längs der Wirbelsäule auf der Haut, nehmen Kontakt mit den Beckenknochen auf, **massieren** diese und streichen mit leichtem Druck von der Wirbelsäule über den Beckenkamm nach vorne zum

Bauchraum aus. Sehr wirkungsvoll ist das Massieren der Steißbeinknochen am untersten Ende der Wirbelsäule.
Sie müssen sich vergegenwärtigen, dass zwischen den Wirbeln ganz viele Nerven austreten. Im untersten Wirbelsäulenbereich sind dies vor allem Nerven, die zum Parasympathikus, dem Entspannungsnerv gehören. Dieser sorgt dafür, dass wir entspannen und loslassen können. Zum Loslassen gehört auch, sich von seinem Darminhalt zu trennen.
Am Anfang der Wirbelsäule, oben am Haupt, liegen ebenfalls wichtige Nerven, die zum Parasympathikus gehören. Wenn Sie also den Kopf drehen, kreisen, nach vorne und hinten bewegen, lockern Sie auch diesen Bereich, was sich auf das allgemeine Wohlbefinden positiv auswirkt.

Anregung der Sinne

Neben den Massagen und allen durchblutungsfördernden Maßnahmen ist es der Geruchssinn oder besser gesagt, das ganze Nervensystem, das sich positiv, manchmal leider auch negativ, auf die Leistung des Darmes auswirkt. Wenn wir eine Speise sehen, die wir mögen, so kann uns schon bei der Vorfreude auf sie „das Wasser im Munde zusammenlaufen“. Das bedeutet, dass allein der **Augenreiz**, manchmal schon die gedankliche Vorstellung genügen, die **Verdauungssäfte zu aktivieren**. Im Munde verspüren wir es, im weiteren Verlauf des Verdauungstraktes kaum.

Von den **Pawlowschen Tierversuchen** ist bekannt, dass auch die Magensaftsekretion auf bestimmte äußere Reize reagiert. Jedes Mal, wenn der russische Wissenschaftler Iwan Petrovitsch Pawlow seinen Hunden Futter hinstellte, beobachtete er (Tierfreunde mögen die Versuche verzeihen) wie bereits beim Anblick des Futters die Magensaftsekretion einsetzte, ohne dass etwas von dem Futter den Magen erreicht hatte. Pawlow erweiterte seinen Versuch, indem er kurz vor dem Füttern eine Glocke erklingen ließ. Später erklang nur noch die Glocke und Speichel und Magensaft begannen in Erwartung des Fressens zu fließen. Ich könnte mir vorstellen, dass wir – ohne es zu bemerken – ähnlich reagieren, manche auf das Mittagsläuten, manche bei einer TV-Werbung.

Ölspülen

Als letzte Empfehlung für eine Verbesserung der Darmtätigkeit möchte ich das Ölspülen anführen. Das ist eine **Therapiemethode**, die über die **Ukraine** in den Westen gelangte. Ich praktiziere das Ölspülen immer wieder mit Unterbrechungen, und zwar folgendermaßen: morgens nach dem Aufstehen reinige ich meine Zähne, den Mund und die Zunge (ganz wichtig!) nur mit Wasser und einer Zahnbürste. Für die abendliche Säuberung verwende ich eine andere Zahnbürste.

Dann nehme ich etwa einen Teelöffel **erstklassiges Sonnenblumenöl** in den Mund (eigentlich sollte man mehr nehmen, aber dann bekomme ich einen Brechreiz) und spüle, schlürfe, sauge das Öl so lange im Mund hin und her, bis aus der anfänglich gelben Flüssigkeit durch die Einwirkung des basischen Speichels eine milchig weiße geworden ist.
Diese spucke ich auf ein Papiertuch und entsorge sie mit dem allgemeinen Abfall. Auf keinen Fall darf davon etwas runtergeschluckt werden. Dann spüle ich den Mund mit warmem Wasser gründlich aus. Entgegen anderen Empfehlungen greife ich nicht mehr zur Zahnbürste, denn dann könnte es sein, dass ich einen Teil der Gifte in der Bürste habe und ständig dem Körper wieder zuführe, was ich nicht will.

Laut Aussage des russischen Wissenschaftlers **Dr. Fedor Karach**, der dieses Rezept vor vielen Jahren bei einem Kongress vorstellte, haben sich aus dem gesamten Organismus Gifte über die Schleimhaut nach oben in die Flüssigkeit gearbeitet, weshalb sie auch nicht geschluckt werden darf und eigentlich zum Sondermüll gehört.

Diesem Ölspülen, Öl schlürfen werden einige **Heilswirkungen** zugeschrieben. Es soll helfen bei Ekzemen, Magengeschwüren, Arthrose, Herz- und Nierenbeschwerden, Zahnweh, Kopfschmerzen, Bronchitis, Thrombosen, Darmerkrankungen. Ich kann nicht beweisen, welche und ob das Ölspülen in meinem Organismus Heilwirkungen erzielt hat. Aber mein Zahnfleisch wurde stabiler, und die vom Grüntee leider verfärbten Zähne wurden weißer. Das ist deutlich sichtbar.

In der Zeitschrift „Naturarzt“ gab es vor Jahren eine Leseranfrage, ob denn durch das ungesättigte, säurehaltige Öl nicht der Zahnschmelz angegriffen werde. Aus eigner Erfahrung kann ich nur sagen, dass kommt auf Ihren Speichel, bzw. die Basen-Kapazität Ihrer Speicheldrüsen an. Siehe Kapitel „Saurer Speichel“! Wenn Ihr Speichel nur selten basisch ist, könnte möglicherweise der Zahnschmelz angegriffen werden. Allerdings wird beim Ölschlürfen ja geradezu Speichel erzeugt.

Mir fällt auf, dass ich an manchen Tagen, bei nur geringem basischem Speichelfluss, sehr viel mehr Zeit für das Ölspülen brauche als sonst, bis alles dünnflüssig ist. Mit einem basischen Speichel, der von sich aus leichter fließt, geht der Vorgang viel schneller.

Zusammenfassung

Täglicher Stuhlgang ist nicht immer ein Zeichen von Darmgesundheit.
Der „Rote Bete-Test" gibt Auskunft über die Passagezeit.
Bei der Umstellung auf Pflanzenkost muss man Geduld mit seinem Darm haben.
Die künstliche Darmentleerung darf nicht zur Regel werden.
Nur eine gesunde Darmschleimhaut wird ihren Aufgaben gerecht.
Die Darmschleimhaut kann nur gesunden, wenn wir uns gesund ernähren.
Bauchübungen, bewusstes Atmen, Ölspülen, Teil-Fasten sind unterstützende Maßnahmen bei Darmschädigungen.
Bei Bauchmassagen gilt: je geringer der Reiz, desto stärker die Wirkung.
Auch die parasymphatischen Nervenstränge lassen sich durch Massagen anregen und fördern die Darmentleerung.
Wenn das Bedürfnis nach Stuhlentleerung unterdrückt wird, sind Verstopfungen vorprogrammiert.
Ausreichendes Trinken von Wasser verhindert eine zu starke Eindickung des Darminhaltes und beugt ebenfalls Verstopfung vor.
Input und Output der Nahrung benötigen ausreichend Zeit und sollten von Hetze und Stress verschont bleiben.

2. Die Körperpflege

Ein sehr wichtiger Bereich bei allen Entgiftungs- und Entsäuerungsmaßnahmen ist die unterstützende körperliche Pflege und Reinigung. Beim Ölspülen, bei der Darmpflege haben wir versucht, die Schleimhäute des Verdauungstraktes zu reinigen, zu aktivieren. Aber auch die Schleimhäute der anderen Organe wie Lungen, Bronchien, die Schleimhäute des Nasen-Rachenraumes, die Augen, die Ohren, die Zunge, die Vagina können auf das Teil-Fasten mit verstärkten Ausscheidungen reagieren: Husten, Schnupfen, tränende Augen, verklebte Augenlider, vermehrtes Ohrenschmalz, belegte Zunge, vermehrter Ausfluss, all das können Reaktionen sein.
Manche Personen erschrecken darüber und meinen, sie werden vom Teil-Fasten krank. Im Gegenteil, der Körper wehrt sich endlich wieder mal gegen all das, was seit Jahren irgendwo abgeschoben, verkapselt, der körpereigenen Gesundheitspolizei nicht zugänglich war und jetzt endlich aktiviert und hinaus befördert werden kann.

Ein gesunder Schlafplatz ist wichtig

Hoffentlich achten Sie in Ihrem Schlafzimmer darauf, dass Sie im Schlaf auch wirklich entspannen können. Schließlich verbringen Sie rund ein Drittel Ihres Lebens im Bett. Gerade beim Schlafen können wir optimal entsäuern, entgiften, entschlacken. Wenn Müdigkeit das erste Zeichen von Übersäuerung ist, ist Schlaf das erste Mittel, gegenzusteuern. Dazu gehört, dass Sie wirklich ruhig schlafen, Bei Kindern kann man beobachten, dass sie nachts gerne auf Wanderschaft gehen. Wahrscheinlich reagiert ihr empfindliches Nervensystem noch auf Einwirkungen, deren wir uns meistens nicht bewusst werden. Von Wasseradern ist die Wirkung erwiesen, bei anderen geopathischen Störzonen nicht immer.

Kaum jemand bezweifelt, dass elektrische Geräte wie Fernseher, Telefon, rotleuchtende Uhrenradios, Computer im Schlafzimmer nichts verloren haben. Ist Ihnen bekannt, dass es leider tragbare Telefone gibt, **deren Basisstation selbst noch durch dicke Wände ihre für unsere Zellen schädlichen Impulse schickt?** Kaufen Sie keine Geräte, welche diese Technik haben: DECT. An weniger schädlicher Technik wird geforscht und gearbeitet. Bisher werden gepulste Mikrowellen verwendet, welche in den biologischen Lebensprozess eingreifen. Es gibt aber auch tragbare Telefone, welche mit der „veralteten", **gesünderen CT Technik** auskommen.
Zu beachten gilt weiterhin, dass auch von Heizkörpern aus Stahl ein Mindestabstand von einem Meter eingehalten werden sollte.

Achten Sie bei der Wahl Ihres Bettes auf ein gesundes Bettklima. Da wir beim Schlafen viel Feuchtigkeit abgeben, müssen Bettdecke, Matratze, Bettwäsche und dergleichen diese auch aufnehmen können und dürfen nicht aus künstlichen Materialien bestehen. Beim Entsäuern kann es vorkommen, dass Sie nachts vermehrt schwitzen. Viele Frauen kennen das aus den Wechseljahren, wobei auch dies nur ein Zeichen für vermehrte Säureausscheidung und die „Verbrennung" der Säuren ist.

Über das Atmen, das bewusste, tiefe Atmen sprach ich schon. Noch im Bett kann man sich recken und strecken, dehnen und räkeln. Ich hoffe, Sie schlafen bei geöffnetem Fenster, so dass Sie gleich eine gehörige Portion Sauerstoff in die Lungen bekommen. Wenn Sie dann noch beim Ausatmen besonders

darauf achten, länger aus- als einzuatmen, um damit nächtliche Reste von Säureschlacken über die Lunge zu eliminieren, haben Sie schon gute Vorarbeit für einen gelungenen Start in den Tag geleistet.
Ich nehme mir immer noch die Zeit, einige gymnastische Übungen im Bett zu machen. Bei Hildegard von Bingen hatte ich gelesen, dass man die Beine abwechselnd im 90 Grad-Winkel nach oben strecken sollte. Damit käme der Kreislauf in Schwung. Da ich früher stark unter zu niedrigem Blutdruck gelitten habe, wurde mir diese Beinübung vor dem Aufstehen zur Gewohnheit.
Eine andere liebgewordene Übung habe ich in mein „Bettprogramm" aufgenommen. Noch auf dem Rücken liegend, werden die Beine aufgestellt, der linke Fuß wird auf den rechten Oberschenkel gelegt und dann mit leichtem Druck auf das linke Knie die Hüfte, das Hüftgelenk geweitet, die Bänder gedehnt und die Lymphknoten gereinigt. Dann wird gewechselt. Seien Sie erfinderisch, spüren Sie Ihre eigenen Schwachstellen auf und lassen Sie sich Ihre eigenen Übungen einfallen.

Die Entgiftung über die Haut

Den chinesischen Spruch habe ich bereits zitiert, wiederhole ihn aber gern: was die Niere nicht schafft, muss der Darm machen, was der Darm nicht schafft, muss die Lunge machen, was die Lunge nicht schafft, muss die Haut machen. Unsere Haut ist ein wichtiges Entgiftungsorgan, und wir sollten alles daran setzen, diese Entgiftungsfunktion zu unterstützen.

Ein altbekanntes Mittel ist die **Bürstenmassage**. Besser als mit einer Bürste geht es meiner Ansicht nach mit einem Massagehandschuh. Auch hier bevorzuge ich ein natürliches

Material wie Loohfa (Lufa). Das ist das getrocknete Stützgewebe der orientalischen Gurke. Sie finden es häufig auch im Einsatz in der Küche oder im Bad als Scheuerhilfe. Damit können wir die Blutzirkulation anregen und Hautschüppchen entfernen. Dabei ist immer in Richtung Herzen zu bürsten/massieren. Beginnen Sie mit dem rechten Bein, unten, außen und „bürsten“ Sie bis in die Taille hoch. Dann kommt das rechte Bein von innen an die Reihe, dann das linke, außen, innen. Ebenso verfahren Sie mit den Armen. Vergessen Sie beim Bürsten/Massieren nicht die Bauchdecke und die Nierengegend.

Früher war es noch mehr üblich, sich mit **„100 Bürstenstrichen täglich“** die Haare gut durchzufetten, da durch das Bürsten die Talgdrüsen auf der Kopfhaut angeregt werden. Heute vermeidet man lieber die Nachfettung der Haare, obwohl es ein gutes körpereigenes Pflegmittel ist. Ich verwendete vor einigen Jahren eine **„ionisierende Haarbürste“.** Diese veränderte beim Bürsten den umgebenden Luftstrom in für uns mit positiven, eigentlich negativ geladenen Luft-Ionen. Negativ geladene Luft-Ionen sind, wie wir aus der nach einem Gewitter gereinigten Luft oder der Luft am Meer und im Gebirge wissen, für die Menschen sehr positiv. Leider hat man festgestellt, dass diese **Technik noch nicht ausgereift** genug ist, offensichtlich auch nicht bei den größeren Luftreinigern mit Ionen-Technik im Haushalt (ARD-Ratgeber „Technik“ 25.03.2006).

Anschließend an die verschiedenen Bürstenmassagen geht es unter die Dusche. Manche bevorzugen es, sich vor dem Duschen noch mit Salz einzureiben. Da aber das Salz beim Duschen wieder abgewaschen wird, ist es sicher sinnvoller, sich nach dem Duschen einzureiben und das Salz auf der Haut trocknen zu lassen. Besser einwirken kann das Salz, wenn wir es zuvor mit einem guten Oliven- oder Sonnenblumenöl mischen. Wer eine sehr „saure“ Haut hat, wer einen „Säuresch(m)utzmantel“ mit einem pH unter 6 hat, der kann mit Juckreiz auf solche Einreibungen reagieren und meinen, sie seien schädlich. Dem ist aber nicht so. Der Juckreiz entsteht, weil der Unterschied zwischen dem kranken Haut-pH und dem Salz zu hoch ist. Immerhin ist eine Haut mit pH 6 doch 500-mal saurer als das Salz mit pH 8,5 , so dass es zu Hautirritationen kommen muss. Empfehlenswert ist u.a. das basische Duschgel bei www.basic-world.de

Salzhosen halte ich für eine sehr wirkungsvolle Hautpflege, besonders für die Oberschenkeln. Damit meine ich in Salzwasser ausgewrungene Radlerhosen aus Baumwolle. Sie können natürlich auch Leggins nehmen, dann haben Sie auch die Knie und Unterschenkel miteinbezogen. Nehmen Sie auf einen halben Liter heißes Wasser einen Teelöffel basisches Badesalz (Meine Base®, Natron und dergleichen), drücken Sie die Hosen darin aus/ein, dass alles Wasser von den Hosen aufgesogen wird, und ziehen sich die Hosen an so heiß, wie Sie es vertragen - kalt werden sie von alleine. Darüber sollten Sie eine Folie wickeln, damit alles möglichst lange warm und die Sitzfläche trocken bleibt.

Ich habe solche Hosen manchmal beim Arbeiten am PC getragen, weil ich den Eindruck hatte, die PC-Arbeit macht mich sauer und zieht mir Energie ab. Sie können solche Salzhosen stundenlang tragen, bis sie Ihnen zu kalt werden. Sie werden erstaunt sein, wie gut Sie sich hinterher fühlen und welche Wirkung das Salz auf zellulite-gefährdete Oberschenkel hat! Ähnlich wirken über Nacht getragene **„Salzstrümpfe“.**

Derartige **„Salz-Kleidung"** können Sie überall dort anziehen, wo Sie meinen, einen Säureaustausch, ein Entschlacken über die Haut nötig zu haben. Das können Salzsocken sein, das kann ein Salz-Unterhemd sein, das können die von Peter Jentschura angebotenen Salzstrümpfe für Beine oder Arme sein, im Grunde genommen eignen sich alle Kleidungsstücke, die Sie direkt auf der Haut tragen. Wichtig ist, dass Sie über den nassen Sachen aus Naturfasern etwas Trockenes aus Baumwolle oder Wolle tragen und darüber noch einmal etwas Wärmendes. Eine Wärmflasche kann den wärmenden Effekt lange hinausziehen. Das Gleiche gilt auch für Wickel.

Entgiftung mit Hilfe von Wickeln

Renate Collier pflegte bei Azidose 4. Grades, wenn der Körper wie in einem Panzer lebte und beim Massieren keine Möglichkeit bestand, irgendwie in die Haut zu kommen oder eine Hautfalte fassen zu können, den Ganzkörperwickel anzuwenden. Für so einen umfangreichen Wickel benötigen Sie die Hilfe von lieben Menschen, denn Sie werden wie eine Mumie in mehrere Tücher gepackt und mit einer warmen Decke für mindestens 30 Minuten „eingesperrt". Sie sollten aber nicht vollständig allein gelassen werden, zumindest sollte jemand in Rufweite erreichbar sein.

Wichtig ist, dass kalte Wickel auf heiße Haut kommen (z.B. Salzwickel bei Fieber) und heiße Wickel auf kalte Haut aufgebracht werden. Meine Kinder bekamen, als sie klein waren, bei hohem Fieber immer kalte Wadenwickel mit einfachem Wasser. Was ich damals noch nicht wusste, ist die „entsäuernde" Wirkung der Salzwickel.

Der Leberwickel

Ein Wickel besonderer Art, der sowohl der Entgiftung wie auch der „Hautpflege“ dient, ist der Leberwickel. Wenn Sie die Entgiftung, die Entsäuerung ernst nehmen, gönnen Sie sich, so oft es geht, diese „Auszeit“. Wenn Sie also die Zeit finden, sich nach dem Essen hinzulegen, so genießen Sie es sich. Nach der Mahlzeit haben alle Organe, die an der Verdauung beteiligt sind, Intensiv-Arbeit zu leisten, auch die Leber. Sie ist unser zentrales Entgiftungsorgan und meldet sich praktisch nie mit Schmerzen. Erst durch bestimmte Symptome merken wir, dass sie geschädigt ist.

Es gibt zwei Arten von Leberwickeln**: entweder den kalten oder den feucht-heißen.** Vinzens Prießnitz, ein Heilpraktiker des 19. Jahrhunderts, empfiehlt, ein Leintuch zu einem Drittel in kaltes Wasser (er wusste noch nichts vom Salzwasser!) zu tauchen und es dann in drei Schichten so zusammen zu legen, dass die feuchte, kalte Seite direkt auf die Haut in der rechten Taillenseite gelegt wird und die rechten unteren Rippenbögen bedeckt. Darüber kommt ein Wollschal, dann ein weiteres Tuch um den gesamten Bauch.

Ich selbst bevorzuge die feucht-heiße Variante. Dabei hilft mir ein Waschlappen, der mit heißem Wasser überbrüht und dann mit Hilfe eines Kochlöffels ausgedrückt wird. Den Lappen lege ich, so heiß ich es vertragen kann, auf die rechte Taillenseite, das Lebergebiet, darüber kommt ein Gästehandtuch, darüber eine Wärmflasche, damit es nicht zu schnell auskühlt und obendrauf ein großes Handtuch (oder das Nachthemd) um den Bauch, damit nichts verrutscht. Sobald ich spüre, dass der Lappen zu kalt wird, rubbele ich die Haut ab und lege den Lappen beiseite. Ein Leberwickel ist ein wunderbares

Einschlafmittel am Abend für alle, die vielleicht Schwierigkeiten beim Einschlafen haben.

In den meisten Kurkliniken gehört der mittägliche Leberwickel zum Programm, dort oft unterstützt durch ein Heublumensäckchen. Das wirkt wohltuend und entspannend. Ein elektrisches Heizkissen sollten Sie nicht verwenden, das bringt nur trockene Wärme

Sich warm halten

Es kann Ihnen passieren, dass Sie beim Teil-Fasten anfangs stark frieren. Das ist „normal", das heißt, es geht anderen auch so, und deutet auf die Intensität der Entgiftung hin. Da sich jetzt vermehrt Schlacken und Säuren lösen, wird der Organismus damit überspült, und es kann zu ganz unterschiedlichen Reaktionen kommen, so auch zu einem Zusammenziehen der Blutgefäße, besonders in den Extremitäten. Halten Sie sich tagsüber notfalls mit einer Wärmflasche warm. Mit kalten Füßen können wir nicht einschlafen, weshalb ein Fußbad oder ein Wannenbad am Abend nicht nur der Gesundheit, sondern auch der Entspannung dient.

Das Fußbad

Die Füße sind unsere Hilfsnieren, alles, was wir über unsere Füße ausleiten können, brauchen die Nieren schon nicht in die Wege zu leiten. Deshalb schwitzen beispielsweise viele junge Menschen extrem an den Füßen, oft zum Leidwesen ihrer nächsten Umgebung. Beim Schwitzen werden Säuren verbrannt, ähnlich bei den Hitzewallungen in den Wechseljahren unter denen viele Frauen – übrigens zunehmend auch Männer – zu leiden haben. Wir unterstützen den Entsäuerungsprozess mit basischen Fußbädern.

Für ein **basisches Fußbad** benötigen Sie ausreichend Wasser, ein Basenmittel und eine große Schüssel oder einen Eimer. Ihre Füße sollten bequem darin Platz finden. Die Temperatur sollte gut körperwarm sein und die Dauer mindestens eine Stunde betragen. Sehr gut eignen sich dazu meiner Ansicht nach die Fußbadewannen, welche gleichzeitig massieren, sofern man es nicht bevorzugt, hin und wieder sich selbst an den Füßen zu massieren oder zu bürsten und damit den Händen ebenfalls ein Basenbad zugute kommen zu lassen.
Seit neuestem sind spezielle Fußbadewannen auf dem Markt, welche mit Hilfe von Elektrolyse das Wasser aufspalten, was die Entsäuerung über die Haut durch Ionisierung unterstützen soll. Eine Braunfärbung des Wassers soll den Entgiftungsgrad zeigen. Nur wird das Wasser auch braun, wenn keine Füße im Wasser stehen. Die Wirkung ist meiner Ansicht nach fraglich.

Das Wechselbad

Sie können derartige Fußbader auch als **Wechselbäder** nehmen. Dann stellen Sie sich einen Eimer mit kaltem Wasser neben ihr warmes Fußbad und tauchen nach 5 Minuten im warmen Wasser die Füße für 10 Sekunden ins kalte Wasser. Dies ist besonders bei Menschen zu empfehlen, die geschwollene Füße haben, die unter Krampfadern oder Durchblutungsstörungen leiden.
Die Ursache der kalten Füße ist eine gestörte Mikrozirkulation, ein Frühsymptom der Übersäuerung. Es gibt aber auch weitere Säurezeichen an den Füßen, weitere **Frühsymptome** in Form von Schwielen und verstärkter Hornhaut, eingewachsenen und

gerillten Nägeln, Krallenzehen und Gichtknoten, Überbein bis hin zum Nagel- und Fußpilz.
Vielleicht wird Ihnen das basische Fußbad zu einer liebgewordenen Entspannungsmaßnahme am Abend. Sie können es neben dem Fernsehen oder auch beim Lesen durchführen, selbst beim Arbeiten am PC macht es Freude und zeigt seine positive Wirkung.

Das Wannenbad

Das schönste Entspannungsbad aber ist ein Vollbad in der Badewanne. Diese Freude sollten Sie sich mindestens einmal in der Woche gönnen. Der pH-Wert des Bades sollte bei 8,5 liegen, absinken wird er von ganz alleine. Schon früher wurden Basen-Wannenbäder bei Fiebernden empfohlen. Die durften aber nicht länger als 30 Minuten dauern.
Wenn Sie gesund sind, können die Bäder so lange dauern, wie Sie sich wohlfühlen: eine Stunde, zwei Stunden. Peter Jentschura berichtet von Personen, die sich bis zu neun Stunden in der Badewanne aufgehalten haben und dabei wunderbar entsäuert haben. Denn das ist neben der Entspannung das Wichtigste.

Wir entsäuern durch die Haut aufgrund der Osmose. Wenn unser Badewasser 8,5 pH hat und unsere Hautzellen bedeutend weniger, dann gelingt es dem Wasser, die Säuren aus der Haut zu lösen, weil Säuren und Basen die Tendenz haben, sich gegenseitig zu neutralisieren.

Ein Massieren, ein Bürsten der Haut während des Bades kann die Aufnahmebereitschaft der Haut und ihre Entgiftungsfunktion noch weiter unterstützen. Auch wenn Sie jeden Tag baden, werden Sie anfangs immer einen dunklen

Rand an der Badewanne beobachten: ein Zeichen der Entgiftung durch und über die Haut!

Es ist erstaunlich, wie sehr wir Menschen alle ein Bedürfnis nach Wasseranwendungen haben, was die zunehmende Zahl an Schwimmbädern zeigt (Falls sie nicht in Zukunft aufgrund der Finanznot der Gemeinden wieder geschlossen werden müssen!). Dennoch, ob Dauerbrause, Duschbad, Thermalbad, Sauna, Swimming-pool oder Urlaub am Meer, uns alle zieht es immer wieder dorthin, wo wir offensichtlich herkommen: ins Wasser. Als Embryo sind wir im basischen Fruchtwasser groß geworden, als Erwachsener benötigen wir ebenfalls das basische Wasser, um uns wohl zu fühlen.

Kleine Basenbäder

Weitere **kleine „Basenbäder“** für **Rachen, Nase, Mund** können Spülungen mit basischem Wasser sein, die nicht nur bei drohenden Erkältungszeichen angebracht sind. Dazu benötigen Sie ein Glas mit warmem Wasser, in dem ein halber Teelöffel von einem Basenmittel aufgelöst wird. Es kann auch eine verdünnte Solelösung von Himalaja- oder Meersalz sein, das Sie zum Reinigen der Schleimhäute, zum Gurgeln, zum Spülen verwenden. Für die Nasenspülung werden manchmal spezielle „Nasenkännchen“ empfohlen: die Neti-Kännchen, die es in bestimmten Läden oder per Internet zu kaufen gibt. Mit einiger Übung können Sie zum Nasenspülen aber jedes beliebige Glas verwenden.

Sehr wirksam sind diese kleinen Basenbäder **für die Augen**. Dazu sollten Sie aber eigene Augenbadewännchen verwenden. Unterstützen Sie dieses Basenbad mit einer **Augengymnastik:** 10 mal führen Sie Ihre Augen rechts, links, rechts, links, hin und her, dann 10 mal in die Diagonale nach rechts oben, links unten, dann führen wir die im Wasser geöffneten Augen in großen Kreisen bis an die Sehgrenze, 10 mal in die eine Richtung, dann 10 mal in die andere Richtung. Den Abschluss bildet die liegende Achte nach oben, in Gegenrichtung und dann in die Horizontale und auch da in die Gegenrichtung.

Diese Augengymnastik, auch ohne basisches Wasser, können Sie tagsüber nicht oft genug wiederholen, vor allem, wenn Sie am Computer arbeiten. Meist lässt sich die Wirkung noch erhöhen, indem wir dann, da wir am Computer kein lauwarmes Wasser haben, das beim Augenbad die Elastizität der Augenmuskeln fördert, vorher die Augen **palmieren**. Dazu reiben wir die Handflächen gegeneinander, bis sie gut durchblutet und warm sind und legen sie anschließend auf die geschlossenen oder auch geöffneten Augenlider. Wenn Sie das Glück haben, anschließend an die Augengymnastik mit geschlossenen Augenlidern gegen die Sonne schauen zu können, werden Sie bemerken, wie wunderbar orange-rot durchblutet der Augenhintergrund geworden ist.

Zusammenfassung

Ein gesunder Schlafplatz, frei von Elektrosmog und Störungen, ist die erste Voraussetzung für einen entsäuernden und entgiftenden Schlaf.
Atmung und nicht zu stressige Bewegung fördern die Entsäuerung über die Lunge.
Bürstenmassagen, Wickel und Bäder aller Art regen die Entsäuerung über die Haut an.
Greifen Sie zu basischen Badezusätzen, um die Entsäuerung zu unterstützen!
Augengymnastik hilft bei PC-Arbeit.

3. Massagen fördern die Entsäuerung

Eine große Unterstützung bei der Entsäuerung sind Massagen. Es war das große Verdienst von Renate Collier, dass sie nicht nur die Bauchselbstmassage, sondern eine besondere therapeutische Rücken- und Kopfmassage, ja sogar Selbstmassagen bei Übersäuerung „erfunden“ hat. Von der Bauchselbstmassage haben wir schon ausführlich gehört, die Kopf- und Rückenmassage sollte nur durch eine darin ausgebildete Person vorgenommen werden. Aber die Selbstmassagen können Sie lernen. Ich habe diese Masagen aufgrund eigener Erfahrungen ein wenig abgewandelt.

Deswegen möchte ich Ihnen empfehlen, vor der Massage einen Basentrunk zu nehmen. Für die Massage selbst stellen Sie sich ein Schälchen mit Basenwasser bereit, in dem beispielsweise eine Tablette Natron aufgelöst ist. Mit dem Wasser werden die zu massierenden Körperteile vor der Massage eingerieben. Also, wenn Sie den Oberschenkel massieren wollen, dann kurz vorher diesen mit Basenwasser anfeuchten, damit Basen beim Massieren von außen über die Haut zugeführt werden.

Ohne dass Sie jetzt bis ins einzelne jeden Griff auswendig lernen und sich stur danach richten müssen, möchte ich wesentliche Grundeinsichten vorausschicken, nach denen Sie massieren sollten:

Massieren Sie immer entlang des Lymphabflusses!
Massieren Sie immer in Richtung zu den Lymphknoten!

Dazu ist es notwendig, den Lauf dieses feinen Systemgeflechtes zu kennen.

Auf dem Gebiet der Lymphologie hat das Ehepaar Astrid und Dr. phil. Emil Vodder Pionierarbeit geleistet. Später entwickelte sich vor allem im Schwarzwald um Dr. Földi parallel zu seiner Klinik eine Schule, in der gezielt die „Manuelle Lymphdrainage“ unterrichtet wurde. Über einige medizinische Aspekte habe ich bereits im Kapitel „Lymphe“ geschrieben. Die Sammelpunkte der Lymphbahnen, in die wir bei der Selbstmassage hinein massieren müssen, gehen aus der schematischen Darstellung der Lymphbahnen nach Dr. Vodder in der Darstellung hervor, die meinen vorherigen Buch entnommen und auf dem Extrablatt zu diesem Buch zu finden ist. Ich möchte Ihnen empfehlen, sie anfangs beim Massieren neben sich zu legen, um sich den Lauf der Lymphbahnen besser einzuprägen.

Als allgemeine Hilfe können Sie sich merken: **Die Lymphe von Händen und Füßen will in die Achseln massiert werden. Die Lymphe der Rückseite des Unterschenkels und der Unterseite des Fußes fließt in die Kniekehle und die Lymphe an der Oberseite des gesamten Beines, vom Großen Zeh bis zum Beckenkamm in die Leistenbeuge**. Bedenken Sie, dass sich die Wirbelsäule und analog die vordere Körpermitte wie eine Wasserscheide verhält, das heißt, Sie müssen immer von der Mitte zur Seite in die Lymphsammelstellen massieren. Wenn Sie das nicht beachten, kann dies zu Schmerzen führen.

Machen Sie zuerst den Lymphabfluss und die Lymphknoten frei, damit diese den Nachschub, die Lymphe aufnehmen und entgiften können. Wenn wir die Lymphe aktivieren, aber das Klärwerk, die Lymphknoten verstopft sind, kommt es zum Stau, und die Massage schmerzt. Deswegen ist es wichtig, erst die Lymphknoten freizubekommen, damit sie dem Ansturm gewachsen sind. Bei der Massage bringen wir die träge Lymphflüssigkeit zum Fließen. Im Gegensatz zum Blut, das 1 bis 2 Mal in einer Minute durch unseren Körper strömt, benötigt die Lymphe etwa 24 Stunden für diesen Weg. Da kommt es also nicht auf Schnelligkeit an, alles darf ganz behutsam vor sich gehen.

Bei der **Beinmassage** beginnen wir mit der Schmetterlingsübung: Sie setzen sich auf den Boden, ziehen die Beine ganz nahe an den Körper, legen die Fußsohlen aneinander, halten die Zehen mit den Händen umschlungen und wippen nun mit den Knien, Ihren „Schmetterlingsflügeln", auf und ab. Da wir diese Übung zur Entlastung der Lymphknoten in den Leistenbeugen immer wieder zwischendurch machen müssen, beobachten Sie, wie es Ihnen von Mal zu Mal besser damit geht, wie Sie sich immer freier fühlen so, als wollten Sie bald wie ein pumpender Schmetterling vom Boden abheben.

Die Oberschenkelmassage

Wir massieren jedes Bein für sich und beginnen mit einem breitflächigen, den gesamten Oberschenkel umspannenden Griff, der vom Knie zur Leistenbeuge streicht. Im Grunde genommen ist es egal, mit welchen Griffen Sie anschließend stärker ins Gewebe eingreifen, um die Lymphe in Richtung Herzen zum Fließen anzuregen. Ich empfehle den „Donau-Wellen-Griff".

In Süddeutschland wird mit Vorliebe ein Kuchen gebacken, der aus zwei farblich unterschiedlichen Teigen besteht, einem hellen und einem mit Kakao gefärbten dunklen. Der Kunst der Hausfrau ist es überlassen, die zwei Kuchenteige unterschiedlich dick auf dem Blech aufzubringen, so dass der Eindruck von hellen und dunklen Wellen entsteht: den **Donauwellen**. Dieses Bild kommt mir immer beim Haut-Wechselgriff in den Sinn, wenn mal mit der rechten Hand, mal mit der linken abwechseln die Haut am Oberschenkel hochgezogen und kräftig vom Knie bis zur Leistenbeuge durchgewalkt wird. So arbeiten Sie sich in schmalen Längsabschnitten rund um den Oberschenkel, Streifen für Streifen und vergessen Sie die Unterseite nicht!

Die Pobacke können Sie gleich mit massieren, denn auch hier verläuft der Lymphabfluss über den Beckenkamm in die Leistenbeuge. Viele Menschen sind der Ansicht, dass ihre prallen Oberschenkel reine Muskelmasse sind. Dem ist leider nicht so. Die Haut der Frauen an den Oberschenkeln ist oft gelotisch, das heißt, das Bindegewebe ist mit dem Unterhautbindegewebe gelierartig verquollen, dass es sich nicht hochziehen lässt und der Griff äußerst schwierig, wenn nicht sogar schmerzhaft ist. Hier hilft anfangs meist nur der Einsatz von Schröpfgläsern oder Salzhosen, damit dieses schlecht durchblutete Gewebe überhaupt angeregt wird.

Am Schluss der Oberschenkelmassage streichen wir wie am Anfang mit drei oder vier breitflächigen Griffen von den Knien zu den Leistenbeugen aus, machen die **Schmetterlingsübung**, legen uns entspannt auf den Rücken und horchen in uns hinein.

Die Kniemassage

Als nächstes ist das Knie an der Reihe, die Ober- und die Innenseite. Bei den meisten Männern und bei dünnen Frauen gibt das Knie überhaupt keinen Anlass zum Massieren. Auch Renate Collier hatte es nicht vorgesehen. Da ich aber leider zu den Personen gehöre, die an der Innenseite der Knie eine teigige Verdickung aufweisen, habe ich die Kniemassage sehr früh in meine Massage - Empfehlungen aufgenommen. An der Innenseite unserer Knie laufen einige Lymphbahnen gebündelt zusammen, und gleichzeitig haben wir hier eine Bündelung von Meridianen. Wenn wir hier jetzt vorsichtig massieren, gibt es einen besonderen Reiz auf unseren gesamten Organismus. Vielleicht fällt Ihnen wie mir auf, dass sich hier die Haut nach einigen Massagen anfühlt wie ein mit Luftblasen gefülltes Plastikfutter, das zum Verpacken genommen wird. Vorher, im gelotischen Zustand, war es ganz starr und prall.

Seien Sie bei der Massage am Knie sehr vorsichtig mit den Griffen. Vermeiden Sie, die Unterseite des Knies in die Massage mit einzubeziehen, denn hier haben wir es mit einem Lymphknotensystem zu tun, in das die Lymphbahnen aus dem unteren Fuß- und Beinbereich zusammenlaufen. Da dürfen wir nicht grob massieren, sondern nur zart drüberstreichen, um den Abfluss anzuregen.

Ich meine, es ist sehr wichtig, sich auch mit den Knien zu beschäftigen. Diese Kniemassage trägt zur gesteigerten Durchblutung bei und damit zur besseren Ernährung dieses sensiblen und bei vielen störanfälligen Körperteils. Wie viel Kreuzbandoperationen könnten vermieden werden, wenn die Bänder entsäuert, wieder elastisch und nicht mehr so störanfällig wären.

Den Abschluss der Kniemassage bilden großflächige Streichelgriffe von Knie und Oberschenkel zur Leistenbeuge, die Schmetterlingsübung sowie das Ausruhen und In-Sich-Hinein-Horchen. Wie fühlen Sie sich jetzt?

Die Unterschenkelmassage

Als nächstes ist der Unterschenkel an der Reihe. Hier erfolgt – analog zum Oberschenkel – ein breitflächiges Ausstreichen von den Fesseln zum nächsten Sammelgefäß: die Kniekehle. Dann bearbeiten wir den Unterschenkel mit dem gleichen Donauwellen-Wechselgriff. Wir greifen in die Haut, ziehen sie hoch und kneten, massieren, drücken mit leichten Wellenbewegungen die Lymphe, die Säure zum Lymphknotengebiet in der Kniekehle. Das kann schmerzhaft sein, weil sich am Unterschenkel die Haut nicht so gut abziehen lässt, bzw. weil das Gewebe stärker übersäuert sein kann.

Erinnern Sie sich noch: Schmerzen bedeuten Säureablagerung, und Säuren können sich nicht nur im Unterhautbindegewebe, sondern auch an Sehnen ablagern (zum Beispiel beim Tennisellenbogen). Dennoch möchte ich Sie ermutigen, diese Griffe bis zur Schmerzgrenze auszuführen. Sie sollten dabei aber nicht den Helden spielen und meinen, es sei besonders tapfer, Schmerzen zu ertragen. Es muss auch noch Freude bereiten, sich zu massieren oder massiert zu werden. Übereilen Sie nichts. Wenn mit der Zeit – durch Ernährung, Entspannung, viel Schlaf, Massagen und andere Hilfsmittel - die Säuren abgebaut sind, lassen die Schmerzen auch nach. Eine Massage, bei der Sie sich wohl fühlen, bei der auch Ihre Seele zum Schwingen kommt, ist sicher sinnvoller als eine übertriebene Entsäuerungsmaßnahme.

Auch diese Massage schließen wir wieder mit großflächigen Streichgriffen von den Fesseln zum Knie, vom Knie zu den Leistenbeugen im Oberschenkel, mit der Schmetterlingsübung und mit dem Ausruhen ab. Wie geht es Ihnen jetzt?

Die Fußmassage

Meist werden unsere Füße zu wenig beachtet und ihre Gesundheit zu selten geschätzt. Tag für Tag, bei Hitze und Kälte, bei Frust und Lust, tagaus, tagein tragen sie uns, unser Gewicht und finden doch oft so wenig Anerkennung. Mit der Zeit haben sich Deformationen, Druckstellen, Verhornungen, Hühneraugen und sonstige sicht- und spürbare Zeichen eingestellt. Aber sie verrichten ihre Arbeit ohne zu klagen.

Ich möchte nochmals zwei Dinge ins Gedächtnis rufen: einmal sind die **Füße und Hände End-/Anfangspunkte von verschiedenen Meridianen**, den im Chinesischen gebräuchlichen Körperenergiebahnen. Zum anderen **sind die Füße** (analog auch die Hände!) **nach der Lehre der Fußreflexzonenmassage eine Abbildung unseres Körpers im Kleinen**. Ich selbst habe die Ausbildung der Fußreflexzonenmassage bei Hanne Marquardt gelernt und für mich ist diese Sichtweise sehr einsichtig.

Stellen Sie Ihre Füße nebeneinander und schauen Sie darauf. Sie schauen sozusagen in einen Spiegel.
Die Zehen kennzeichnen den Kopfbereich, der Mittelfuß den Brustbereich, die Fußwurzelknochen und die Ferse den Beckenbereich.
Die Nahstelle in der Mitte beider Füße vom Großen Zeh über den Knöchel zur Ferse stellt die Wirbelsäule dar.
Aus der Sichtweise der Person, die Ihnen eine Fußmassage angedeihen lässt und die nun die Unterseite Ihrer Füße sieht, stellen sich – man könnte sagen - die inneren Organe wie bei einem Foto aus dem Inneren Ihres Körpers dar.

Diese grobe Erklärung mag genügen, denn mir geht es jetzt darum, dass Sie Ihren Fuß mit allen möglichen Übungen besser durchbluten, beweglicher machen, die Säuren zum Abfließen bringen und somit zur Fuß- und Organgesundheit beitragen.

Kreisen Sie mit den Fußgrundgelenk in alle Richtungen: rechts, links, nach oben und unten. Machen Sie Übungen mit den Zehen: krallen, strecken, kreisen, spreizen. Versuchen Sie mal, nur den Vorderfuß zu bewegen: nach oben, nach unten, links, rechts, kreisend. Sie werden erstaunt sein, wie unbeweglich dieser Bereich ist. Wenn Sie da an die kleinen Kinder denken, was die noch alles mit ihren Füßen anstellen können! Kein Wunder, dass sich bei uns Harnsäurekristalle mit Vorliebe im Großen Zeh absetzen und Ablagerungen die Fußgelenke versteifen.

Renate Collier hatte für die Fußmassage besonders **verschiedene Massagegriffe** parat. Wir beginnen wieder mit dem breitflächigen Ausstreichen des ganzen Fußes von den Zehen bis zu den Knöcheln. Dann nehmen wir die geschlossene Faust und streichen an der Unterseite des Fußes fest von den Zehenspitzen zur Ferse. Als nächstes versuchen wir, eine Hautfalte am kleinen Zeh außen zu packen und diese in Richtung Ferse zu massieren, ähnlich dem Wellengriff. Ebenso verfahren wir am Großen Zeh. Oft wird diese Übung nicht gelingen, da das Gewebe zu fest, zu starr, zu sehr übersäuert ist. Geben Sie nicht auf! Mit zunehmender Entsäuerung bessert sich dieser Zustand.
Als nächstes packen Sie einen Zeh und drehen das betreffende Grundgelenk, einmal im Uhrzeigersinn, einmal entgegen, um die kleinen Gelenke beweglicher zu machen. Ein Zeh nach dem anderen.

Danach versuchen Sie, die einzelnen Zehengrundgelenke gegeneinander zu verschieben. Legen Sie dazu den rechten Daumen von oben auf das Grundgelenk des ersten Zehs, den linken Daumen auf den zweiten Zeh, die übrigen Finger liegen unten auf der Fußsohle. Jetzt versuchen sie, die Gelenke gegen einander zu verschieben, beginnend vom großen Zeh bis zum kleinen. Meist ist die Beweglichkeit beim kleinen Zeh am größten und nimmt ab, je weiter wir nach innen zum Großen Zeh kommen. Hier gibt es viel zu tun!

Weiterhin empfiehlt Renate Collier noch den **Hammergriff und den Knacksgriff**. Beim ersteren fassen beide Hände seitlich mit allen Fingern den Fußballen und drücken diesen nach oben, während beide Daumen die Zehengrundgelenke von der Mitte zur Seite massieren.

Beim Knacksgriff fixiert der Mittelfinger einer Hand das Grundgelenk einer Zehe, während der Daumen der gleichen Hand die betreffende Zehe nach unten drückt. Dabei entsteht meist ein Knackgeräusch, woher auch der Name kommt. Dieses Geräusch spricht noch für eine gewisse Beweglichkeit dieser Zehe. Häufig ist das Gelenk derart ungelenk, verkalkt, dass die Beweglichkeit innerhalb dieses Gelenkes nicht mehr gegeben ist und die Massage nur schmerzt.

Der einzige Griff, der entgegen der Lymphbahnrichtung ausgeführt wird, ist eine Massage der Haut zwischen den Zehen, das Ausstreichen der Schwimmhäute. Sie werden häufig feststellen, dass gerade diese Massage anfangs ziemlich schmerzhaft ist, nicht weil sie entgegen dem Lymphstrom durchgeführt wird, sondern weil die Lymphbahnen verstopft sind. Diesen Griff können Sie auch bereits in der Fußmitte beginnen lassen und mit leichtem Druck zwischen den Sehnen hin zu den Zehenzwischenräumen arbeiten.

Auch wenn Sie sich nicht genau an diese Vorgaben halten, kneten, walken, massieren, streicheln Sie Ihre Füße, sie werden Ihnen dankbar sein. Sehr gut ist so eine Massage nach einem basischen Fußbad! Am Schluss unserer Bein/Fußmassage streichen wir unseren Fuß wieder aus, von den Zehen bis zur Ferse, von den Knöcheln bis zur Kniekehle, von den Knien bis zur Leistenbeuge, dann noch einmal von ganz vorne bei den Zehen bis nach oben zu den Leistenbeugen (tut ungemein gut!). Es folgt die Schmetterlingsübung und das Entspannen mit dem In-Sich-Hinein-Horchen.

Ich glaube, sie haben mit jedem Entspannen, mit jeder Selbstbeobachtung gemerkt, um wie viel leichter Ihr massiertes Bein wurde im Gegensatz zum unmassierten. Es wird Ihnen eine Freude sein, nach einer kurzen Ruhephase auch das zweite Bein auf dieselbe Art zu massieren.

Es ist bedauerlich, dass wir heutzutage kaum noch **Barfußlaufen**. Selbst die kleinen Kinderfüßchen werden viel zu früh in mehr oder weniger schöne Schuhe gesteckt. Dabei ist Barfußlaufen nicht nur eine gute Massage und Stimulation (es muss nicht gerade auf dem Kiesweg sein!), sondern wir können beim Barfußlaufen auch schlechte, gestaute Energien abfließen lassen.

Beobachten Sie einmal kleine Kinder, wenn sie wütend sind. Sie trampeln mit beiden Beinen auf dem Boden und auch manche Erwachsenen reagieren sich auf diese Weise ab, manchmal auch nur beim Hin- und Herlaufen im Zimmer oder beim Joggen im Freien. Schade nur, dass so wenige Menschen im Berufsalltag Gelegenheit zum Laufen finden.

Zusammenfassung:

Selbstmassagen sind bestens geeignet, ein Körpergefühl zu entwickeln und den Säureabfluss aus dem Gewebe anzuregen.
Diese Massagen können uns Aufschluss über unsere persönliche Gewebe-Azidose geben.
Füße und Hände sind Abbildungen unseres Gesamtorganismus.
Trinken Sie vor den Massagen ein basisches Getränk!
Feuchten Sie die zu massierenden Körperteile mit einem hochbasischen Wasser (pH > 8) an!
Massieren Sie immer herzwärts zu den Lymphknoten, bis auf die Schwimmhäute!
Ruhen Sie sich nach dem Massieren aus!

4. Unterstützende Maßnahmen

Schlafen

Im Zusammenhang mit den Symptomen der Übersäuerung, des Basenmangels, habe ich die Müdigkeit als erstes Symptom bezeichnet. Logischerweise ist das **Schlafen die erste Wahl**, die Wirkung des Teil-Fastens sinnvoll zu unterstützen und zu entsäuern. Schlafen Sie so oft und so lange es geht. Hören Sie nicht auf die Wissenschaftler, die Ihnen seit neuestem einreden, dass eine Schlafenszeit von über 8 Stunden nichts bringt, ja gerade zu schädlich sei. Ihr Körper wird Ihnen sagen, wie viel Schlaf Sie benötigen.

Wenn wir wie beim Teil-Fasten nur wenig oder leichter essen und demzufolge weniger Mühe für die Verdauungsarbeit aufwenden müssen, brauchen wir auch weniger Schlaf. Manchmal genügen nur 5 Stunden.

Es kann aber auch sein, dass Sie ein **Schlafdefizit** haben, ohne dass es Ihnen bewusst ist. Im Schlaf entsäuern wir. Wenn die Muskeltätigkeit auf ein Minimum herabgesetzt ist, können Niere und Lunge die Säuren am besten eliminieren. Wenn jetzt Säuren aus dem Gewebe aktiviert werden und über Lunge oder Niere, Haut oder Darm hinausbefördert werden können, dann kann es sein, dass uns das so mitnimmt, dass wir ruhebedürftiger sind und länger schlafen müssen.

Ob Sie besser vor Mitternacht schlafen gehen oder besser nachts arbeiten, dafür am Morgen schlafen, bis Sie von alleine wach werden, bleibt Ihnen überlassen. Schlimm ist es nur, wenn Sie zu den Schichtarbeitern gehören. **Ein ständiges Arbeiten gegen die innere Uhr scheint unser Organismus nicht zu verkraften.** Wussten Sie, dass die Zahl der Krankheiten, besonders der Nervenkrankheiten, erst mit der Erfindung der Glühbirne stark angestiegen sein soll? In meinen Kursen jedenfalls habe ich Personen, solange sie im Schichtdienst tätig sein mussten, nicht aus der Säure heraus bringen können.

Bewusstes Atmen

Über die Bedeutung der tiefen Atmung habe ich im Zusammenhang mit der Bauchmassage bereits geschrieben. **Ohne feste Nahrung können wir wochenlang leben, ohne zu trinken wenige Tage, aber ohne zu atmen nur wenige Minuten.** Daran erkennen Sie, wie wichtig die Atmung für unseren Organismus ist. Im Laufe eines Tages gibt es genügend Momente, sich der entsäuernden Wirkung der tiefen Atmung bewusst zu werden. Nicht jeder hat morgens die Zeit, sich bei ein paar Yogaübungen, die allesamt das bewusste Atmen fördern, Schwung und kreislaufanregenden Sauerstoff in die Lungen zu holen und schädliches, säureüberschüssiges Kohlendioxid abzugeben.

Im Yoga, einer philosophischen indischen Lehre, welche die Menschen vom Leid befreien will, wird viel Wert auf bestimmte Atem- und Entspannungsübungen gelegt. Vielleicht kennen Sie die folgende **Nasenatemübung**: Atmen Sie über das linke Nasenloch ein, halten Sie das andere mit dem Daumen zu und zählen Sie dabei auf 4. Dann verschließen Sie die linke Nasenseite mit dem Mittelfinger, halten mindestens ebenso lange die Luft an, öffnen die rechte Seite und atmen in Ruhe, ganz langsam, etwa auf 8 zählend wieder aus.

Wenn Sie am Morgen schöne Musik im Radio hören, so singen Sie mit! **Singen** fördert die Ausatmung, ohne dass Sie auf lästiges Zählen achten müssen. In meinen Kursen lasse ich gerne **„Vokale-Singen“.** Dabei werden die Vokale u-o-a-e-i bestimmten Körperzonen zugerechnet. Wir beginnen mit einem tiefen Einatmen, das Zwerchfell schiebt sich nach unten, der Bauchraum wölbt sich vor, wir legen die Hände auf den unteren Bauch und singen „UUUUU“. Je länger Sie die Luft ausströmen lassen können, desto besser für den Bauchraum. Dieser U-Atemzug wird noch zweimal wiederholt. Dann legen sich die Hände ein wenig höher, um den Bauchnabel und „atmen/singen das O“. Auch diese Übung wird zweimal wiederholt. Beim A-Singen lasse ich die Hände gerne ausbreiten, weil es jetzt um den Brustraum geht und da bietet sich die Weite an. Beim dreimaligen „E-Singen“ liegen die

Hände auf dem Kehlkopf, beim I auf dem Kopf. Wenn Sie beim Vokale-Singen in sich hineinhorchen, werden Sie bemerken, dass der jeweilige Körperteil wie ein Resonanzraum wirkt. Wenn ein Teil noch nicht sauber, rein ist, gehen Sie anschließend noch einmal gezielt dorthin, singen Sie Ihren speziellen Vokal zur Reinigung des ganzen Körpers!

Bewegung (Sonnengebet)

Eine wunderbare Möglichkeit, sich zu bewegen und durch den zügigen Ablauf von neun ganz einfachen Körperstellungen, die mit einer bestimmten Atemtechnik verbunden sind, auf schnelle Weise gezielt den ganzen Organismus zu beanspruchen und zu erfrischen, ist das „**Sonnengebet**", auch Sonnengruß genannt. Es werden alle Glieder, Muskeln, Bänder und Sehnen gestreckt, und die einfache Atemtechnik des langen und gezielten Luft-Anhaltens übt einen Druck auf Zwerchfell und innere Organe. Hierbei haben wir eine gelungene Verbindung von vertieftem Atmen und gezielter Bewegung, **das beste Herz-Kreislauftraining,** um in Schwung zu kommen.

1. Sie stehen aufrecht, dehnen den Körper von den Füßen bis zum Scheitel, halten die Handflächen in Gebetshaltung vor der Brust: ein Moment der Besinnung:
2. Sie atmen durch die Nase ein und strecken dabei die Hände in die Höhe, führen sie leicht nach hinten, der Kopf folgt der Bewegung, das Becken schiebt sich zum Ausgleich nach vorne.
3. Sie atmen durch den Mund aus, ziehen den Bauch ein und beugen sich dabei dicht am Körper hinunter, legen die Handflächen rechts und links neben die Füße, die

Beine bleiben nach Möglichkeit durchgestreckt und die Hände nach Möglichkeit für die nächsten Übungen an diesem Platz.

4. Sie atmen ein, schieben dabei das rechte Bein leicht nach hinten, die Zehen bleiben aufgestellt, Sie lassen sich auf dem linken Knie nieder, der Kopf ist nach vorne gerichtet.
5. Sie halten den Atem an, heben das Becken, strecken das linke Bein, stellen den linken Fuß neben den rechten, die Beine stehen nur noch auf den Zehenspitzen, die Augen blicken nach unten.
6. Sie atmen aus, führen dabei den Körper zum Boden, die Ellenbogen werden abgeknickt, Kopf, Oberkörper, Knie und Fußspitzen berühren den Boden, das Gesäß ist abgehoben, die Handflächen liegen in Schulterhöhe.
7. Sie atmen ein und richten dabei den Oberkörper auf (ähnlich wie eine Kobra), der Körper ab dem Hüftknochen bleibt am Boden, der Kopf liegt im Nacken, der Blick ist nach oben gerichtet.
8. Sie halten den Atem an, stellen die Füße auf, schieben das Gesäß nach oben, die Hände beleiben auf ihrem Platz, die Fersen bleiben nach Möglichkeit am Boden, der Körper bildet ein umgekehrtes V.
9. Sie halten weiter den Atem an, knien mit dem linken Bein nieder, das rechte Bein führen Sie angewinkelt zwischen die beiden Arme, die Handflächen bleiben nach Möglichkeit rechts und links am Boden.
10. Sie atmen aus, führen dabei auch das linke Bein ebenfalls zwischen die Arme, strecken die Beine, die Hände bleiben neben den Füßen, der Kopf ist möglichst nahe an den Knien.
11. Sie atmen ein, richten sich dabei auf, führen die Hände wie am Anfang über den Kopf und strecken sich lang.

12. Sie atmen aus und kommen in die Ausgangshaltung. Dann beginnt es von vorne.

Manchmal können Sie eine andere Reihenfolge für die Atmung lesen. Ich bevorzuge diese Variante, weil durch das Anhalten des Atems eine größere Wirkung auf Herz und Kreislauf erzielt wird. **Diese Abfolge sollte 4-6-mal hintereinander erfolgen, wechseln Sie lediglich mit der Reihenfolge der Beine**, erst wird bei Nr. 4 das rechte, beim zweiten Mal das linke Bein nach hinten geführt, dementsprechend ändert sich die weitere Ausführung. Dann folgt eine Pause.

Wenn Sie noch können, machen Sie eine weitere Sequenz. Ich schließe meistens mit einem **Kopfstand** ab, weil mir die Durchblutung des Kopfes bei meinem vielen Arbeiten am PC sehr wichtig ist.

Im Grund ist aber jede Art von Bewegung gut, die uns entsäuert, die Atmung und Durchblutung fördert, die Kreislauf und Lymphfluss anregt: Spazieren gehen, forsches Gehen, wandern, walken, Rad fahren, tanzen, schwimmen, Seil hüpfen, Gymnastik, Aquatraining, Trampolin springen, Skilanglauf, was Ihnen gerade Freude bereitet.

Es sollte **keine Sportart sein, die uns überfordert,** die uns in einen anaeroben Stoffwechsel treibt, bei dem in den Muskeln Milchsäure angehäuft wird, weil wir die anfallenden Säuren nicht schnell genug abatmen können. Wie viele traurige Beispiele von Sportlern gibt es, die beim Sport, beim Wettkampf einen Herzinfarkt, einen tödlichen Säureschub erlitten haben, was für viele unfassbar erscheint.

Hatha-Yoga

Diese bei uns sehr bekannte Art des Yoga ist eine Kombination von körperlichen Übungen, den so genannten **Asanas**, von Atemübungen, **Pranayama** genannt, und von **Shavasana**, der bewussten Entspannung. Leider wird der letzte Teil, die **Meditation**, oft weggelassen, obwohl sie dazu gehört.

Es gibt Studien, welche die **Wirksamkeit von Hatha-Yoga bei bestimmten Krankheiten nachweisen** und wenn man diese Krankheiten mit den in meinem Buch als „Basenmangel-Krankheiten" bezeichneten vergleicht, dann sind es vor allem **Krankheiten des 4. Stadiums** der Übersäuerung, des Basenmangels, auf die Yoga offensichtlich eine positive Wirkung hat. Das ist auch nahe liegend, da durch die bewusste Ausatmung, durch die Entspannung, durch das Finden der inneren Ruhe der Austausch von Kohlendioxid und Sauerstoff angeregt und Stress beseitigt werden kann. Wie viel Sie sich zutrauen dürfen/können, wird Ihnen Ihr Körper signalisieren. Lernen Sie wieder, auf ihn zu hören.

Zusammenfassung:

Schlafen Sie viel und ausreichend!
Atmen Sie hin und wieder bewusst und verstärken Sie mit einer tiefen Ausatmung die Entsäuerung!
Bewegen Sie sich ausreichend und regelmäßig, nutzen Sie jede Gelegenheit dazu, aber überanstrengen Sie sich nicht dabei!
Entspannen Sie sich bei Yoga, es entsäuert und bringt Sie in Harmonie.
Nehmen Sie das „Sonnengebet" in Ihr tägliches Trainingsprogramm!

5. Weitere Hilfen

Neben dem ausreichenden Trinken, dem gesunden Schlafen, der gezielten Bewegung, der Anregung des Lymphflusses durch Massagen, den entspannenden Bädern, können wir auch durch weitere Maßnahmen den Entgiftungs- und Gesundungsprozess anregen.

Basenmittel

Beim Teil-Fasten kann es vorkommen, dass viele bisher „schlafende" Säuren geweckt werden und nun den Organismus überschütten. Das bedeutet, es kommt zu Fastenreaktionen, die auch von anderen Fastenarten bekannt sind. Eine typische Fastenreaktion sind **Kopfschmerzen**. Sie können so stark werden, dass Sie am liebsten – gewohnheitsgemäß – zur Schmerztablette greifen. Wenn Sie sich aber darüber im Klaren sind, dass es keine Tabletten ohne Nebenwirkungen gibt, dass Schmerztabletten säureüberschüssig sind, einen Säureschub provozieren können und somit für die nächsten Schmerzen mitverantwortlich sind, dann sollten Sie sich das gut überlegen.

Kopfschmerzen kommen oft bei Menschen vor, die beim Fasten nicht nur Säuren, sondern auch Gifte abbauen, Gifte von Nikotin, Alkohol oder Kaffee. Das Absetzen dieser Genussmittel führt oft zu schmerzhaften Entzugserscheinungen. Da ist es manchmal besser, **die Dosis zu reduzieren und sich langsam aus dem Suchtmittel „raus zu schleichen".** Kopfschmerzen sind ein typischer Säureschmerz, je saurer das umliegende Gewebe, desto stärker der Schmerz.
Ich möchte Ihnen raten, bei Schmerzen erst einmal viel zu trinken. **Auch Wassermangel kann Schmerzen verursachen**,

wie Batmanghelidj in seinem Buch „Wasser die gesunde Lösung" schreibt, da der Körper den Wassermangel offensichtlich nicht als solchen wahrnimmt und nicht Durst, sondern Schmerz oder Krankheit signalisiert.

Länger anhaltende Schmerzen entstehen meist bei chronisch Kranken. Auch beim Teil-Fasten kann es passieren, dass die Betreffenden **noch einmal verschiedene Stadien der Krankheit durchlaufen, dies Mal in umgekehrter Reihenfolge**. Das heißt, Gelenkschmerzen, die bereits stumm waren, werden wieder akut. Wie in der Psychotherapie so gilt auch hier: geheilt werden kann nur, wenn alles wieder aufgedeckt wird, bis zum Anfang, als alles begann. Nur so ist echte Heilung möglich. Sollte Ihnen ein derartiger Prozess zu schnell gehen, wählen Sie eine behutsamere Stufe des Teil-Fastens.

Sie können aber auch, besonders, wenn die Schmerzen zu stark werden, zu einer Tablette greifen, keiner Schmerztablette im herkömmlichen Sinne, **sondern zu einer Basentablette**. Vielleicht sollten wir den Basenmitteln in Zukunft den Namen „Anti-Schmerzmittel" geben?
Ich habe es immer wieder erlebt, dass Personen, die bei mir ein Teil-Fasten durchgeführt haben und unter starken Kopfschmerzen litten, große Erfolge hatten mit Basenmitteln. Ob Sie sich Bullrich-Vital, Basica, Rebasit, Basentaps, Natron oder sonst eine Basentablette in den Mund legen, ist egal. **Der Weg vom Mundraum zu den Kopfgefäßen, die schmerzen, ist am kürzesten**. Wenn wir ein Basenmittel verdünnt in Wasser einnehmen, wird vom Gesamtorganismus meist alles Basische aufgeschluckt und die Kopfschmerzen bleiben. Wer sehr „sauer" ist, bei dem ist meist auch der Speichel sauer und die Tablette löst sich schnell im Mund auf. In einem basischen

Speichel braucht das länger. **Friedrich Sander** empfahl schon in der Mitte des letzten Jahrhunderts zur Unterstützung der Entsäuerung ein **Basenmittel**, das Sie sich auch heute noch in jeder Apotheke herstellen lassen können:
10 g Kalium bicarbonicum
100 g Natrium phosphoricum
100 g Calcium bicarbonicum
200 g Natrium bicarbonicum

Der Vorteil von Natrium bicarbonicum (auch Natron, Natriumbicarbonat, Natriumhydrogencarbonat genannt), ist, dass die Salzsäure im Magen gebunden wird, ohne körpereigene Basen zu verbrauchen. Sie wird als Kochsalz vom Organismus ausgeschieden. Auf dieser oder einer ähnlichen Rezeptur beruhen auch andere Basenmittel. In früheren Jahren wurden übrigens viel mehr Basenmittel in Küche und Haushalt verwendet, nachzulesen auf der Webseite von Kaiser Natron www.holste.de.

Es gibt aber auch **Basenmittel mit Zusätzen**, beispielsweise der Milchzucker bei verschiedenen Basica-Produkten. Der Milchzucker wird eingesetzt, da er verdauungsfördernd wirkt, kann aber bei Personen, die eine Laktoseintoleranz, eine Unverträglichkeit besitzen, zu Gärungen und Blähungen führen: www.basica.de .

Da die anorganischen Karbonate, die Salze der Kohlensäure, offensichtlich nicht ganz so gut vom Organismus vertragen werden und häufig zum Aufstoßen führen, ist eine neue Generation von Basenmitteln auf dem Markt: **die basischen Salze der Zitronensäure, die organischen Citrate**. Diese Mittel dürfen aber bei fortgeschrittener Niereninsuffizienz und bei Nierenversagen nicht verabreicht werden. Da alle diese

Basenmittel mit der Magensaftproduktion, der Salzsäure reagieren, bleibt die Frage, ob es sinnvoll ist, damit in die körpereigene Chemie einzugreifen. Schließlich hat die Magensäure die Aufgabe, das Eiweiß in der Nahrung zu zerlegen und das geht nur bei einem bestimmten Magen pH. Wenn dieser durch Basenmittel verändert wurde, hat das **Auswirkungen auf die Körperchemie**. Folglich sollte ein derartiges Basenmittel nicht gleichzeitig mit einer Mahlzeit eingenommen werden, meiner Ansicht nach schon gar nicht als Pulver über ein säureüberschüssiges Essen gestreut werden!

Das einzige Basenmittel, das zu einer Mahlzeit eingenommen werden kann, ist das **magensaft-resistente „bicaNorm“.** Es greift in den körpereigenen Basenmangel erst dort ein, wo es gebraucht wird: **im Dünndarm**. Dort werden auch die basischen Sekrete von Leber und Bauchspeichel freigesetzt, um den sauren Magenbrei zu neutralisieren. Insofern erscheint es mir physiologisch sinnvoll, zu den Mahlzeiten ein Basenmittel zu nehmen, dass nicht im Magen, sondern erst im Dünndarm wirkt. BicaNorm ist bisher nur in Apotheken erhältlich. Für die Nacht oder den Morgen bietet sich ein citrathaltiges Mittel an.

Meiner Meinung nach sollte es aber **nicht zur Gewohnheit werden**, anstelle einer basischen Ernährung und einer harmonischen Lebensweise als Ausgleich **ständig zur Basentablette zu greifen.** Ich habe durchaus Verständnis, wenn eine Entsäuerungsphase mit einem Basenmittel unterstützt, eine schmerzhafte Säureattacke damit abgeschwächt, ein feuchtfröhlicher Abend in seiner säureüberschüssigen Auswirkung prophylaktisch abgeschwächt wird. Aber wir sollten uns immer bewusst sein, dass es sich hierbei um ein Medikament handelt, das nicht für den Dauergebrauch vorgesehen ist.

Die Knoblauch-Kuren

Viele Personen essen keinen Knoblauch, weil sie sich vor den eventuellen **Ausdünstungen** fürchten. Aus eigener Erfahrung kann ich Ihnen sagen, je weniger Sie mit Giften belastet sind, desto weniger Ausdünstungen über die Haut haben Sie. Ein probates Mittel, Knoblauchgeruch zu vermeiden, soll der **Verzehr von Petersilie oder Milch** sein. Insgesamt sollte Ihnen aber der positive gesundheitliche Aspekt des Knoblauchs wichtiger als alles andere sein.

Das einzige, was Sie meiner Ansicht nach von Knoblauch abhalten könnte, ist seine **blutdrucksenkende Wirkung**. Wenn Sie also unter niedrigem Blutdruck „leiden", wenn es Ihnen beim Aufstehen schnell schwarz vor den Augen wird, dann sollten Sie bei einer entschlackenden Knoblauchkur eine sanfte Variante wählen wie im folgenden beschrieben.

200 g Knoblauch in Bio-Qualität werden geschält, gequetscht und mit 200 g Alkohol von mindestens 92 Prozent, besser 96 Prozent gut verschlossen im Glas 19 Tage lang kühl gestellt. Dann wird das Gemisch durch ein Leinentuch abgefiltert, und die Tinktur zwei bis drei Tage in dunklen Fläschchen stehen gelassen. Anschließend beginnt die „harte" Kur:
Beginnen Sie mit einem Tropfen morgens, steigern Sie auf zwei Tropfen mittags und drei Topfen abends. Am nächsten Tag folgen morgens vier, mittags fünf und abends sechs Tropfen. Der Effekt liegt in der Steigerung, bis Sie am Abend des fünften Tages bei 15 Tropfen angelangt sind. Dann geht es am nächsten in umgekehrter Reihenfolge weiter, diesmal von 15 abwärts. Am Abend des zehnten Tages sind Sie wieder auf 1 angelangt sind.

Wem diese Dosierung zu stark ist – und das mag bei Kreislauflabilen mit niedrigem Blutdruck der Fall sein - der kann es auch bei einer einmaligen Steigerung von einem Tropfen pro Tag belassen. Dann benötigen Sie aber für das Auf 15 und für das Ab 15 Tage, insgesamt also 30 Tage.

Ich habe diese Kur bei der Vorbereitung auf meine Heilpraktiker -Prüfung gleich dreimal hintereinander durchgeführt. Ich wollte einfach mein Gehirn von möglichen Ablagerungen in den Gefäßen befreien und die Lernfähigkeit steigern. Das ist mir auch gelungen. Aber, womit ich nicht gerechnet hatte, waren **massive Entgiftungserscheinungen**. Bei mir traten starke Schleimhautreaktionen auf, ich hatte Schnupfen wie bei einer starken Erkältung. Auch Schmerzen können im gesamten Kopf/Nackenbereich auftreten.

Wer Knoblauchsaft abstoßend findet, kann die sanfte Kur wählen und die Tropfen mit der gleichen Anzahl Tropfen von Zitronensaft oder mit Milch einnehmen. Die Ausdünstungen sind dann geringer als erwartet. Noch besser ist es natürlich, Ihr Partner, Ihre Partnerin, ihr Umfeld macht mit. Leider kann man kaum die Mitarbeiter in einem Großraumbüro gleichzeitig dazu animieren, so dass Sie auch zu der sanfteren Variante greifen können.

Während Sie bei dem vorgenannten Rezept nicht gut unterbrechen können, ist das folgende Rezept gut geeignet, auch mal einen Tag auszusetzen. Nehmen Sie 5 Naturzitronen in Bioqualität, denn wenn Sie entgiften wollen, muss die Ausgangssubstanz die allerbeste sein! Diese werden gewaschen, entkernt und in kleine Stückchen zerschnitten. Schälen Sie drei Knollen Bioknoblauch, das sind etwa 30 Zehen und zerkleinern diese zusammen mit den Zitronen im

Mixer mit einem Liter Wasser. Das Ganze wird aufgekocht, durch ein engmaschiges Sieb abgeseiht, in eine dunkle Flasche gefüllt und im Kühlschrank aufbewahrt. Ein Likörglas davon jeden Tag – am besten immer zur gleichen Zeit, damit man es nicht vergisst – hilft Gefäße zu reinigen und beugt vielen Krankheiten vor.

Saunieren

Es ist allgemein bekannt, dass durch das regelmäßige in die Sauna-Gehen, das Saunieren, die **Abwehrkräfte gestärkt** und die Anfälligkeit für Erkältungskrankheiten bedeutend herabgesetzt wird. Bei Fieber und drohenden Krankheiten sollte man aber lieber auf einen Saunabesuch verzichten, obwohl manche Sauna-Fans da wohl auch schon andere Erfahrungen gemacht haben. Sicher hat das Schwitzen eine entgiftende Funktion wie beim Fieber oder einem Fieberwickel, denn auch über die Haut können Giftstoffe ausgeleitet werden. Allerdings **kommt das passive Schwitzen in der Sauna nicht an die gute Wirkung der Entgiftung bei aktivem Schwitzen, hervorgerufen durch Sport oder einen Wickel heran.**

Ich möchte auf eine Gefahr beim Saunieren aufmerksam machen. Ich hatte früher selber eine Sauna im Haus, hatte aber den Eindruck, dass mich das **Saunieren übersäuert**.
Deswegen möchte ich folgende Empfehlung geben:
Wählen Sie keine zu hohen Temperaturen. Die modernen Bio-Saunas kommen mit 60 – 70 Grad aus im Gegensatz zu den herkömmlichen, die 80 bis 100 Grad oder mehr aufheizen. Trinken Sie vorher ein „Basengetränk" wie im Handel angeboten oder ein Mineralwasser mit 2:1 Quotienten, siehe Kapitel „Trinken".

Ein Mineralwasser, das Calcium und Magnesium im Verhältnis 2:1 liefert, ersetzt den durch das Schwitzen erzeugten Mineralstoffverlust am schnellsten. Man hat nämlich festgestellt, dass wir **beim Schwitzen ebenfalls Calcium und Magnesium im Verhältnis 2:1. verlieren**: bei einen Liter Schweiß sind das etwa 40 mg Kalzium und 20 mg Magnesium. Das Salz auf der Haut können wir schmecken, die anderen Mineralstoffverluste nicht. Sorgen sie für den notwendigen Mineralstoffausgleich.
Da bei einem Saunagang viel Wasser verloren geht– der Gang auf die Waage zeigt es – muss dieses Wasser dem Organismus wieder zugeführt werden, wenn wir nicht unter „Trockenschäden“ wie Verstopfung oder Unkonzentriert-Sein leiden wollen. **Auf keinen Fall sollten Sie mit alkoholischen Getränken den Wasserverlust ausgleichen**, besser vor und/oder nach dem Saunagang verdünnte Obst- oder Fruchtsäfte, einfaches Wasser oder Basengetränke trinken.

Körperliche Rhythmen

Unser Körper hat einen gewissen zeitlichen Rhythmus, bei dem er sich vorwiegend auf bestimmte Tätigkeiten konzentriert. So wurde beispielsweise bei den Chinesen eine Einteilung der Organmaximalzeiten in einer **„Organuhr“** festgelegt:
Drei bis fünf Uhr Lunge, fünf bis sieben Uhr Dickdarm (siehe Kapitel Darm), sieben bis neun Uhr Magen, neun bis elf Uhr Milz/Bauchspeicheldrüse, elf bis 13 Uhr Herz, 13 bis 15 Uhr Dünndarm, 15 bis 17 Uhr Blase, 17 bis 19 Uhr Nieren, 19 bis 21 Uhr Kreislauf/Sexualsystem, 21 bis 23 Uhr Dreifach-Erwärmer (eine Systemgruppe die Verdauungsorgane), 23 bis ein Uhr Gallenblase, ein bis 3 Uhr Leber.

Dieses sind die „Hochzeiten, die Maximalzeiten" der Organe. 12 Stunden später haben sie ihre „Minimalzeiten", d.h. da sind ihre Funktionen herabgesetzt. Das würde bedeuten, dass der Dickdarm morgens am besten arbeitet und deswegen innerhalb dieser Zeit die Stuhlentleerung erfolgen sollte. Der Magen sollte von sieben bis neun Uhr Nahrung aufnehmen, damit die Energie an die anderen Organe weitergeben werden kann. Der Magen ist aber nur bereit dazu, wenn er am Abend vorher nicht bis spät in die Nacht zu arbeiten hatte! Seine Minimalzeit liegt zwischen 19 und 21 Uhr, weshalb das Abendessen immer vor 18 Uhr eingenommen werden sollte oder besser ganz ausfallen sollte. Dinner Cancelling, ein Essens-Stopp nach 16 Uhr hat schon vielen Personen geholfen, Übergewicht abzubauen!

Die Organuhr kann aber auch wichtige Hinweise für Störungen eines bestimmten Organs geben. Wenn Kursteilnehmer mir berichten, dass sie regelmäßig nachts zwischen ein und drei Uhr wach werden, empfehle ich ihnen grundsätzlich, ihre Leberfunktion überprüfen zu lassen.

Es kann aber auch sein, dass manche Menschen bereits um 3 Uhr früh - wenn manche Jugendlichen erst nach Hause kommen! – hellwach sind, weil sie ausgeschlafen haben.

Unser Körperrhythmus wird auch von den schon mehrfach erwähnten zwei wichtigen Nervenpaaren geprägt**: dem Sympathikus und dem Parasympathikus**. Vereinfacht gesagt steht der Symphatikus für **Mobilisierung der Energie** und der Parasympathikus für das Gegenteil, **für die Entspannung**, Erholung. Bezogen auf die Organuhr besagt dies, dass von morgens um drei bis nachmittags um 15 Uhr der uns antreibende Sympathikus vorherrscht, und von 15 Uhr bis 3

Uhr morgens der Parasympathikus, der uns regenerieren lässt. Auf Säuren und Basen bezogen heißt dies. Die Zeit von 3 Uhr früh bis 15 Uhr steht für die **Säurefluten**, für Aktivität, die Zeit von 15 Uhr bis drei Uhr für die **Basenfluten**, für Passivität und Entspannung.

Nach 15 Uhr nimmt die Energie deutlich ab

Wir können diesen Rhythmus mit einer Sinuskurve vergleichen: morgens um drei Uhr beginnt sie bei Null, erreicht ihren Höhepunkt um 9 Uhr morgens, durchschreitet um 15 Uhr die Nulllinie und erreicht um 21 Uhr den absoluten Tiefpunkt. **Das wäre der geeignete Zeitpunkt schlafen zu gehen**. Achten Sie einmal darauf, wie oft Sie gerade zu dieser Zeit zu gähnen anfangen oder vielleicht sogar vor dem Fernsehapparat einschlafen. Dabei geben sich die Intendanten der Fernsehanstalten die größte Mühe, immer mehr interessante Sendungen auf immer spätere Zeiten zu legen!

Schon **Nostradamus** (1503 – 1566), der meist wegen seiner Prophetien, weniger wegen seiner **ärztlichen Kunst** bekannt ist, schrieb: “Denken Sie daran, wenn Sie nicht mehr zu den ganz jungen Menschen gehören sollten: es raubt dem Körper seine Kräfte in übergroßem Maße, wenn Sie besonders schwere Arbeiten nach drei Uhr nachmittags verrichten. Zwischen neun Uhr abends und drei Uhr morgens sollten Sie überhaupt nichts Anstrengendes tun, vor allem dann nicht, wenn Sie nicht gesund sind oder sich vorübergehend nicht wohlfühlen. Man muss nämlich seinen Rhythmus kennen: zwischen drei Uhr nachmittags und neun Uhr abends ist man am anfälligsten für negative Kräfte in der Umwelt. Zwischen neun Uhr abends und drei Uhr morgens sammeln und erneuern sich die Körperkräfte. In dieser Zeit bietet der Körper Angriffspunkte für die schädlichen Energien der Erde. Um neun Uhr morgens dagegen sind alle Geschöpfe, Menschen, Tiere, Pflanzen und Mineralien mit der Erde in bestmöglichem Einklang und besitzen deshalb die größte Kraft und die meiste Energie."

Leider gehöre ich selbst zu dem Personenkreis, dem man dies nicht oft genug vor Augen halten kann, da ich abends noch oft am PC sitze. Es gibt auch genügend wissenschaftliche Untersuchungen, welche die Richtigkeit der körperlichen Rhythmen bestätigen und beispielsweise **die erhöhten Gefahren beim Autofahren zwischen 14 und 15 Uhr und ganz besonders in der Nacht zwischen 2 und 3 Uhr** nachweisen. Ich bin davon überzeugt, wenn wir permanent gegen unseren Körperrhythmus verstoßen, werden wir nicht nur „sauer", sondern schaden massiv unserer Gesundheit.

Leider sind davon in hohem Maße die **Schichtarbeiter** betroffen, die diese Disharmonie zwar spüren, aber aus wirtschaftlichen Gründen meist nicht ändern können. Und leider ist unser Leben in vielen Bereichen vom ökonomischen Zwängen geleitet.

Wahl des richtigen Zeitpunktes

Seit Jahren verkauft sich das **Buch „Vom richtigen Zeitpunkt – Die Anwendung des Mondkalenders im täglichen Leben"** von Johanna Paungger und Thomas Poppe mit großem Erfolg und hat auch viele Nachahmer gefunden. Ein Leben nach den Gezeiten, ein Leben nach der Stellung des Mondes, ein Leben im Einklang mit kosmischen Gesetzen ist sicher für all die Menschen von großer Bedeutung, die noch spüren, dass wir ein kleiner Teil eines riesigen Universums sind und uns in ständigem Austausch, in einem Geben und Nehmen befinden.

Den Mondwechsel zu einem besonderen Tag, zu einem neuen Impuls, am besten zu einem Fastentag zu machen, ist sicher eine gute Idee. Man sagt, dass **ein Abnehmen in der Zeit des abnehmenden Mondes** leichter falle. Wenn Sie beim Teil-Fasten das Abnehmen in den Vordergrund stellen, so beginnen Sie am besten an Vollmond. Wenn Sie spüren, dass Sie unter einem großen Basenmangel leiden, wenn die Symptome der Übersäuerung groß sind, dann wählen Sie als Beginn des Teil-Fastens lieber die aufbauende Kraft des zunehmenden Mondes und den Neumond.

Der richtige Zeitpunkt, an dem wir ein Teil-Fasten in Angriff nehmen, ist sicher wichtig. Die Griechen nannten ihn **„Kairos"**, was bedeutet: **das richtige Maß oder die richtigen Zeitumstände, die sich zum Guten, aber auch zum Schlechten wenden können**. Wir haben es selber in der Hand, was wir aus unserem Leben, aus unserer Gesundheit machen, dessen sollten wir uns immer bewusst sein.

Der Zeitpunkt des Teil-Fastens ist individuell

Es ist nicht immer leicht, den **persönlich richtigen Zeitpunkt** zu wählen. Häufig haben wir die eine oder andere Ausrede wie diverse Einladungen, eine Reise, eine berufliche Verpflichtung, eine Operation, das ist nur allzu menschlich. Aber horchen Sie ernsthaft in sich hinein: signalisiert Ihnen Ihr Körper nicht schon lange, dass es so einfach nicht mehr weiter geht? Nicht nur, weil die Hosen spannen, die Haare ausgehen, die Nacht zum Tag wird und die Müdigkeit Sie auch am Tage überfällt?

Die weltweiten Religionen haben ihre eigenen Fastenzeiten für die körperlich-seelische-geistige Erneuerung vorgesehen. Relativ einfach ist es, in der **vorösterlichen Fastenzeit** zu beginnen, um einen neuen Anfang zu setzen. Die andere große christliche Fastenzeit vor Weihnachten ist in der heutigen Zeit viel schwerer einzuhalten, zu groß sind die vorweihnachtlichen Verlockungen, oder sollten Sie gerade deswegen fasten, teilfasten? Vielleicht wählen Sie auch einmal den Fastenbeginn **des muslimischen Ramadan**?

Die Azidose-Kur

Manchmal helfen auch Gruppentherapien, bei denen man nicht nur den notwendigen Anstoß für eine Lebensveränderung bekommt, sondern bei denen auch eine Einschränkung der bisherigen Eßgewohnheiten in Gemeinschaft mit anderen „Verbündeten" leichter praktizierbar ist. Es werden **in Deutschland** bereits Azidose-Kuren, Entsäuerungs-Kuren angeboten. Im Kapitel „Nützliche Adressen" finden Sie einige Adressen, wo Sie weitere Einzelheiten erfahren.

Wenn Sie aber **noch ein wenig weiter weg** wollen, mehr in den Süden, die Sonne, ans Meer, so kommen Sie zu mir in den **West-Algarve**, wo ich hoffe, mit Unterstützung von Sponsoren ein Center errichten zu können. Schauen Sie auf meine Webseite, ob es dabei Fortschritte gibt: www.azidosetherapie-online.de

Eine Azidose-Kur in Portugal

Noch kann ich nur Einzelpersonen aufnehmen, aber der Tagesablauf ist bei Gruppen- oder Einzeltherapien derselbe. Auch für ein ambulantes Teil-Fasten im häuslichen Bereich würde ich ihn so empfehlen. Bei einer „stationären" Kur kommen lediglich therapeutische Hilfen zum Einsatz wie Massagen, Schröpfen, gezielte Bewegungs- und Atemtherapie,

Bäder von innen und außen, Wickel und bei Bedarf Basenmittel.

Der Morgen beginnt mit einer intensiven Reinigung, zu der **alle von mir vorgeschlagenen Maßnahmen** gehören: Ölschlürfen, Zunge reinigen, kleine Basenbäder von Hals, Rachen, Nase und Augen. Ein kleines Basengetränk soll die Darmreinigung vorbereiten.

Es folgt der Basentee, bei dem **Blutdruck und das Verlaufsprotokoll (siehe Beiblatt) „kontrolliert"** sowie die Befindlichkeiten und Besonderheiten besprochen werden. Danach geht es zur **Gymnastik** und dem **Atmen** an der frischen Luft.

Der erste Hunger wird mit frischem reifem Obst gestillt, was die Ausscheidung unterstützen soll. Das ist im Süden leichter möglich als im kühlen Deutschland. Wer müde ist, ruht sich anschließend aus, macht seine Darmgymnastik, falls der Stuhlgang auf sich warten lässt, und trinkt sehr viel, um die Ausscheidung anzuregen. Wer will, treibt leichten Sport, ohne sich zu verausgaben.

Die einzige ausgiebige, sehr abwechslungsreiche Mahlzeit gibt es am frühen Mittag kurz nach 11 Uhr portugiesischer Zeit, da es durch die Zeitverschiebung in Deutschland bereits 12 Uhr ist und bei vielen der Magen knurrt.

Die Frischkost bereitet sich jeder nach seinem Geschmack zu. Bereit stehen neben den verschiedenen Salaten, Tomaten, Gurken, Radieschen, Zwiebeln, Knoblauch, grünen Kräutern, Gewürzen, Keimen und Sprossen, Kernen und Samen, alles an Gemüsen, was die Jahreszeit zu bieten hat und was roh gegessen werden kann. Nicht alles an einem Tag, aber nach Möglichkeit jeden Tag sehr abwechslungsreich.

Als Hauptgericht werden Pellkartoffeln mit einem gedünsteten Gemüse gereicht, dazu Avocados, Butter und diverse Erstpressöle. Jeder isst, wonach es ihm steht. Es gibt keine Mengen- oder Kalorienbeschränkung, nur ein Essen nach eigenem Instinkt, nach eigener Verantwortung.

Nach einem derartig umfangreichen Essen ist Schlafen und Ausruhen mit Leberwickel angesagt.

Der Nachmittag steht zur freien Verfügung. Eventuell sind therapeutische Maßnahmen wie Massagen oder Schröpfen geplant. Ansonsten heißt es unbedingt raus an die frische, salzhaltige Luft. Alle Arten von Bewegung, Walken, Tennis, Spazierengehen, Barfuß-Laufen am Strand, Wandern oder Rad fahren sind gut. Wer sich aber zu schwach dazu fühlt, wem sein Körper Ruhe und Entspannung signalisiert, der legt sich draußen an die frische Luft oder auch (im Winter) in die Sonne. Wer eine tea-time will, hat dazu Gelegenheit, wobei Getränke, vor allem Wasser, den ganzen Tag über ausreichend zur Verfügung stehen.

Das leichte Abendessen ist zwischen 17 und 18 Uhr. Es ist nicht unbedingt ein Resteessen, aber sollte vom Mittag Kartoffeln oder Gemüse übrig sein, so werden sie zur Grundlage der **abendlichen Gemüsesuppe** verwendet. Kürbis, Zucchini, Marone eigenen sich beispielsweise gut als Grundlage für eine sämige Suppe. Auf jeden Fall gibt es am Abend eine **„halbrohe"**, **„bissfeste"** Suppe, der viel unerhitztes Gemüse beigefügt ist. Wem die Suppe nicht reicht, und die Nacht kann lang werden, der kann zusätzlich ein oder zwei Reiswaffeln mit Butter essen.

Beim abendlichen gemeinsamen Treffen darf jeder ein individuelles Fußbad nehmen. Diese therapeutische Maßnahme kann bis zu zwei Stunden ausgedehnt werden, was sich bei einem Vortrag oder allgemeinem Tratschen gut aushalten lässt. Manchmal werden auch gemeinsame Beinmassagen oder Hatha-Yoga-Übungen zur Entspannung angeboten. Auf jeden Fall ist **um 22 Uhr Bettruhe**, weil dies eine gute Zeit ist, den Körper in die Erholungsphase zu entlassen.

Wenn Sie daran interessiert, so eine Kur an der Westküste des „Algharb“ in Portugal durchzuführen, so melden Sie sich. Vielleicht geht ja meinen Traum von einem Azidose-Center hier in Portugal noch in Erfüllung. Vielleicht **fühlen Sie sich als Mitstreiterin/Mitstreiter, als Sponsorin/Sponsor angesprochen und steigen in das Projekt ein**.

Wenig starre Regeln beim Teil-Fasten

Dem einen mag es gefallen, den anderen mag es irritieren, bei meiner Fastenart **relativ wenig starre Regeln** zu finden. Ich darf nochmals wiederholen: was für den einen gut, sinnvoll und nützlich ist, muss nicht unbedingt auf den anderen zutreffen. So wie wir alle unser ureigenes Gewissen haben, orientiert an Normen, Erziehung, Geboten, Regeln, Religion, Ausbildung oder sonstigem, so haben wir auch alle unseren ureigenen Instinkt. Und unser Instinkt sagt uns, was jetzt für unseren Körper, der sich von anderen Körpern, Organismen trotz aller Gleichheit der Gene in vielem unterscheidet, das Richtige ist. **Lernen Sie, Vertrauen zu haben, Vertrauen zu sich selbst.**

Natürlich erscheint es einfacher, die Verantwortung für Ihre Gesundheit - oder Krankheit – wie Ihren Chip beim Empfang in der Arztpraxis abzugeben. Aber glauben Sie mir, kein Arzt weiß so gut wie Ihr Körper, wie Sie selbst, was im Augenblick zur Wiederherstellung Ihres körperlich-seelisch-geistigen Wohlbefindens notwendig ist. Natürlich heißt das nicht, dass Sie bei einer Blinddarmentzündung, bei einem Knochenbruch, bei einer Herzattacke nicht zum Arzt gehen sollten. Aber: medicus curat, natura sanat, der Arzt hilft, kuriert, aber die Natur, Ihr Organismus, letztendlich Sie selbst heilen.

Zusammenfassung

Von neun Uhr morgens bis zwei Uhr nachmittags haben wir die größte Energie.
Zwischen 15 und 21 Uhr beginnt die Entspannung.
Zwischen 21 Uhr abends und drei Uhr morgens sammeln und erneuern wir die Körperkräfte und sollten uns vor schädlichen Einflüssen in Acht nehmen.
Die Zeit von drei Uhr früh bis 15 Uhr steht für „Säurefluten", die Zeit von 15 bis drei Uhr für „Basenfluten".
Der Zeitpunkt des Teil-Fastens ist individuell verschieden. Steht das Abnehmen im Vordergrund, sollte der abnehmende Mond zum Teil-Fasten gewählt werden, steht das Aufbauen der entleerten Basendepots im Vordergrund eignet sich der zunehmende Mond.
Das Teil-Fasten kennt wenig starre Regeln.
Wenn Sie Hilfen benötigen, machen Sie eine Azidose-Kur, in Deutschland oder Portugal.

V. DIE SEELISCHE REINIGUNG

Lassen Sie einen Fastentag ruhig ausklingen. Verzichten Sie bewusst nicht nur auf bestimmte Nahrungs- und Genussmittel, sondern auch auf die vielen alltäglich uns umgebenden Ablenkungen. Ein Spaziergang, ein Entspannen, ein Vor-sich-hin-träumen, ein In-sich-zurück-ziehen, ein Meditieren sind eher angebracht.

Wenn Sie einmal frustriert, enttäuscht, gereizt, verärgert sind, tun Sie sich was Gutes. Aber bitte nicht mit Essen! Diese bisherige Automatik „Müdigkeit – Aufputschen mit..“ oder „Verärgert sein – Frustessen“.. sollten Sie erkennen und in Zukunft vermeiden.

Wie eine Ablenkung aussehen kann, ist sicher individuell unterschiedlich. Es gibt viele Bücher über Feng Shui, der fernöstlichen Lehre von der harmonischen Gestaltung des eigenen Lebensumfeldes. Auch wenn vieles für uns schwer nachvollziehbar ist, so finde ich den Gedanken, **in jedem Zimmer einen Gegenstand zu haben, der unser Herz erfreut**, ausgezeichnet. Richten Sie im Laufe eines Tages und ganz besonders in Augenblicken, wo Sie sich schlecht fühlen, Ihr Augenmerk auf so einen Punkt der Freude. Sie glauben gar nicht, wie schnell sich Ihre Gesichtsmuskeln entspannen, wie sich Ihr Gesichtsausdruck erhellt, wie **Ihre Seele aufatmet**.

Anderen gelingt dies besser bei einem Spaziergang, beim Sport, beim Wandern, beim Anblick von Mutter Natur, beim Betasten eines Mineralsteines, beim Gedanken an den letzten Urlaub, beim Singen, beim Tanzen. Finden Sie Ihren Weg, hören Sie in sich hinein!

Die körperliche Reinigung bewirkt auch eine seelische

Wenn Ihre Seele friert, so sollten Sie darüber nachdenken, wo die Gründe dafür liegen. Ich bin keine ausgebildete Psychotherapeutin, weiß aber, dass in unserer Zeit die seelischen Störungen immer mehr zunehmen, was nicht ohne Auswirkungen auf das körperliche Wohlbefinden bleibt. Viele Krankheiten sind Ausdruck einer Disharmonie zwischen Körper, Seele und Geist. Beim Teil-Fasten können diese **Defizite stärker ins Bewusstsein** rücken, weil sie dafür empfänglicher werden. **Sie werden aber auch Lösungswege finden, wenn Sie offen für Ihre Intuition werden!**

Es kann aber auch sein, und die Zeichen mehren sich, dass äußere Umstände, falsche Ernährung, falsche medizinische Behandlung, zuviel Impfen im Vorschulalter, zu viel Stress körperliche Schädigungen bei Kindern und Jugendlichen erzeugt, was nicht ohne Auswirkungen auf die Psyche bleibt. **Und die Seele bleibt auf der Strecke und friert.**

Bei meiner Ausbildung zur Gesundheitsberaterin bei Dr. Bruker wurde uns ein Film gezeigt, welcher von der **negativen Wirkung des Zuckerkonsums auf unseren Organismus**, aber auch von den Auswirkungen **auf unsere Psyche** berichtete. Man konnte glauben, Zucker werde in Kürze als **Droge** eingestuft und sein Konsum drastisch eingeschränkt. Leider geschah nichts, aber mir blieb sehr gut in Erinnerung, wie ein Ablauf von Reizen und Gegenreizen aufgrund von hohem Zuckerkonsum dargestellt wurde, der mich gerade heute an manche Verhaltensweisen von Jugendlichen erinnert. Die Reize prallten an die Großhirnrinde und führten zu unüberlegten Gegenreizen ohne Einschaltung einer „moralischen – ethischen“ Instanz. Die Zunahme von psychischen und physischen Gewaltakten in unserer Zeit von Menschen, die auf andere sinnlos einschlagen, ohne groß nachzudenken, ist erschreckend und erschien hier im Film als logische Konsequenz verursacht durch übermäßigen Zuckerkonsum.

Ein anderes Beispiel habe ich von **Fritz Klammrodt, dem Verfasser des Buches „Unkonzentriert, aggressiv, überaktiv - Ein Problem der Erziehung oder der Ernährung?“**. Er schickte mir zwei Schriftproben eines 11jährigen Jungen. Die eine stammte vor und die andere nach einer dreiwöchigen diätetischen Behandlung. **Eine kaum zu glaubende Veränderung!** Die anfänglich krakelige Schrift eines offensichtlich psychisch-gestörten Kindes war nicht zu erkennen. Welch eine Veränderung nach drei Wochen! Kaum zu glauben, dass so etwas durch eine Ernährungsumstellung zu beheben ist!

Der Zusammenhang von phosphorreicher Nahrung und Hyperaktivität wird schon lange diskutiert. Dennoch **lehnt die Wissenschaft einen Zusammenhang zwischen Ernährung und Verhalten weitgehend ab.**

Für mich dagegen ist sie vordergründig sichtbar. Wenn wir bedenken, dass wir eine **Einheit von Körper – Seele - Geist** sind, so ist es nur nahe liegend, dass Veränderungen auf der körperlichen Ebene sich auch auf der geistigen und der seelischen abspielen, das eine greift in das andere, das eine hängt mit dem anderen zusammen. An mir selbst und anderen kann ich die Frühsymptome der Übersäuerung wie Aggressivität oder Gereiztheit nur zu gut bemerken und kann sie revidieren, indem ich ganz bewusst basisch esse und alles Säureüberschüssige vermeide.

Logischerweise wirkt eine Ernährungsumstellung auch auf den seelisch-geistigen Bereich. Nicht nur, dass durch eine verbesserte Durchblutung die geistigen Fähigkeiten aktiviert und Lang- und Kurzzeitgedächtnis in ihrer Kapazität verbessert werden, auch **die seelischen „Instinkte“ werden wieder** wach, wie Sie selber überprüfen können.

Signale der Seele aus dem Unterbewussten

Sie sollten in der Zeit des Fastens ganz besonders auf **Botschaften achten, die Ihre Seele aus dem Unterbewussten sendet**. Leider lässt uns die Hektik des Alltags zu selten Zeit, darauf zu achten. Aber die Stille der Nacht erleichtert dies. Manchmal ist Ruhe das Beste, was wir uns schenken können. Achten Sie auf dieses Signale.

Mit der körperlichen Reinigung kommt auch **eine schlummernde Sensibilität wieder zum Vorschein.** Sie werden nachts öfter träumen, beziehungsweise die **Träume** werden Ihnen wieder stärker ins Bewusstsein dringen. Dass Träume keine Schäume sind, das lehrt uns – im Gegensatz zum Volksmund – die Psychotherapie.

Ich möchte Ihnen empfehlen, ein **Traumtagebuch** zu führen, denn die Botschaften der Seele kommen nicht ohne Grund. Sollten Sie große Probleme haben, können sich durch die Beschäftigung mit Ihren Träumen Lösungsmöglichkeiten andeuten. Falls Sie sich morgens absolut nicht mehr daran erinnern können, legen Sie sich Schreibutensilien auf den Nachttisch. Wir haben unterschiedliche Schlafphasen und wenn wir uns vornehmen, bei Träumen aufzuwachen, gelingt das in vielen Fällen.

Träume können helfen, Probleme zu erkennen und zu bewältigen

In den Träumen kann sich manches Verdrängte, manches Unbewältigte wieder nach oben arbeiten. Das Traumtagebuch mag Ihnen bei der Analyse helfen. Damit meine ich nicht Traumdeutungen der Art, dass bestimmte Tiere, die im Traum erscheinen, bestimmte Deutungen zulassen. Ich meine damit vielmehr, dass Ihre Seele Ihnen etwas ganz Persönliches damit sagen will, sich und Sie davon befreien will, etwas, was nur auf Ihre ganz persönliche Situation zutrifft, was nur Sie verstehen.

Es wird auch nicht so sein, dass Sie einen Traum haben und genau wissen, wo es lang geht, was Sie nun zu tun haben. Aber immer wieder kehrende Träume, immer wieder kehrende Problembereiche sollten Ihre Beachtung finden.
Deswegen finden Sie im beiliegenden Verlaufsprotokoll eine extra Spalte „Träume" neben den Eintragungen für das körperliche Wohlbefinden, dem Gewicht, der Stimmung, der Nahrungsaufnahme und dem Urin/Speichel-Profil.
Führen Sie das Protokoll über eine gewisse Zeit und vergleichen sie es , auch bei eventuellen späteren Fastenkuren.

Zusammenfassung

Lassen sie Ihre Seele nicht frieren, nicht verkümmern.
Das Teil-Fasten hat Auswirkungen auf die seelische Verfassung.
Sie werden sensibler im Mitfühlen, offener für spontane Eingebungen und entdecken neue Eigenschaften ans sich.
Achten Sie auf Ihre Träume, es könnten Botschaften der Seele sein!
Führen Sie ein „Traum-Tagebuch"!

VI. DIE GEISTIGE REINIGUNG

Viele Menschen behaupten von sich, nie oder fast nie zu schlafen. Das ist wissenschaftlich widerlegt.

Wenn Sie nachts aufwachen und nicht mehr weiter schlafen können, quälen Sie sich nicht mit dem Klang irgendwelcher Kirchenglocken oder dem ständigen Blick auf die Uhr. Fasten allgemein, auch mein Teil-Fasten, die Ernährung mit basischer Kost schenken uns, wenn wir uns gereinigt haben, **mehr Stunden der geistigen Gegenwart.** Nutzen Sie dieses Geschenk! Greifen Sie – selbst nachts – zu einem guten Buch oder meditieren Sie, lassen Sie die Gedanken schweifen.

Wenn Sie wirklich noch Schlaf benötigen, so stellt dieser sich auch ein – aber nicht, wenn Sie sich mit Problemen herumwälzen! Sie werden sehen, wie die Müdigkeit, sofern sie als Ausgleich zur Arbeit des Vortages und zur Erholung gebraucht wird, sich ganz von alleine wieder einstellt und Sie weiterschlafen lässt. Wenn nicht, dann brauchen Sie keinen Schlaf mehr, nehmen Sie dieses Geschenk dankbar an!

Wenn Sie sich von den körperlichen Schlacken, von Giften und Ablagerungen befreit haben, werden Sie wieder eine ungeheure **geistige Beweglichkeit und Klarheit** feststellen. Ihre **Konzentrationsfähigkeit wird zunehmen**, Ihr Wunsch, sich mit **Schön-Geistigem zu beschäftigen,** wird sich verstärken. Schreiben Sie doch Ihre Memoiren! Wie schnell gerät in unserer Zeit alles in Vergessenheit. Ihre Kinder und Enkel werden Ihnen eines Tages dankbar sein, auch wenn sie das heutzutage vielleicht noch nicht zu schätzen wissen.

Beginnen Sie mit einem **„Buch der Freude".** Sammeln Sie die Augenblicke, die Gegebenheiten in Ihrem Leben, in denen Sie am meisten Freude empfunden haben, in denen Sie glücklich waren, sich wohl gefühlt haben. Dann verlieren auch die dunkleren Stunden ihr Gewicht, und Sie können alles mit anderen Augen sehen.

Entdecken Sie neue Seiten in sich, malen sie, handwerkeln Sie, schenken Sie sich und anderen Zeit. Ich möchte Sie ermutigen, dieses Geschenk der geistigen Erneuerung nicht nur wahrzunehmen, sondern es zu nutzen, sich seiner zu erfreuen. **Nehmen Sie Kontakt zu anderen Personen auf, diskutieren, motivieren, helfen Sie, wo sie gebraucht werden**! Es gibt so viele Möglichkeiten und **Sie werden Sie jetzt bemerken!**

Vielleicht bemerken Sie ein neues Verantwortungsgefühl für Ihre Mitmenschen, Ihr Umfeld, Ihre Umwelt. Das Leben kann so wunderbar sein. Sie müssen nur Augen, Geist und Herz öffnen!

Die Verantwortung für die Gesundheit selbst übernehmen

Sie sind für sich verantwortlich! Diese Selbstverantwortung zu lernen, für das eigene Handeln gerade zu stehen, ist nicht immer einfach. **Die Verantwortung für die eigene Gesundheit zu übernehmen, ist für viele neu.** Beim Teil-Fasten können Sie sich darin üben. Sie können den eigenen Weg suchen, wie schnell oder langsam Sie entgiften und entsäuern wollen, welche Stufe Sie heute, welche Sie morgen wählen. Es liegt in Ihrer eigenen Entscheidung.

Sie können die Schuld für einen Misserfolg niemals anderen zuschieben, nur sich selber. Auf den Erfolg dürfen Sie dafür stolz sein, über Ihre zunehmende Gesundheit können Sie sich freuen und Sie haben sie sich selber erarbeitet: klare Augen, weniger Falten, weniger Unpässlichkeiten, weniger Krankheiten, eine bessere Durchblutung, eine ausgeglichene Gemütslage, eine geistig-seelische Harmonie, die sich in Haltung und Aussehen widerspiegelt, das alles werden Sie alleine erringen – ohne Tabletten, ohne zu hungern und ohne chirurgische Eingriffe.

Zusammenfassung

Sehen Sie ein geringere Schlafbedürfnis als ein Geschenk an und nutzen Sie es!
Viele Krankheiten sind Ausdruck einer Disharmonie zwischen Körper, Seele und Geist.
Eine Ernährungsumstellung, ein Teil-Fasten mit Basischer Kost wirkt auch auf der seelisch-geistigen Ebene.
Die Entsäuerung aktiviert die geistigen Fähigkeiten, verbessert das Denkvermögen und steigert die Konzentrationsfähigkeit.
Seien Sie offen im Umgang mit Ihren Mitmenschen!
Nehmen Sie die Umwelt wieder wahr als das was sie ist: ein Geschenk!
Übernehmen sie die Verantwortung für Ihr Handeln, übernehmen Sie auch die Verantwortung für Ihre eigene Gesundheit!

VII. ESSEN NACH DEM TEIL-FASTEN

Es wäre sehr schade, wenn Sie die entschlackende und entsäuernde Wirkung des Teil-Fastens mit Basischer Kost mit viel Gemüse und reifem Obst in kürzester Zeit wieder zunichte machten mit einer stark übersäuernden Ernährung aus denaturiertem Tiereiweiß (Fleisch, Fisch, Eiern, Milchprodukten), mit einem großen Brot- und Süßigkeitenverzehr und mit Genussmitteln wie Alkohol, Zigaretten und Kaffee.

Natürlich weiß auch ich, dass sich Lebensumstände, die „sauer“ machen, nicht von heute auf morgen ändern lassen: ein ungesunder Arbeitsplatz, eine Arbeit im Schichtdienst, eine unbefriedigende Partnerschaft, eine Wohnung im Hochhaus, Richtantennen in der Nachbarschaft, ein Leben in Stress und Disharmonie, ein Tablettenkonsum von verordneten Medikamenten, Bewegungsarmut und unbefriedigende Lebensperspektiven, das alles erfordert neben der Einsicht, dem Willen es zu verändern, auch eine gewisse Zeit. **Ihre tägliche Nahrungsaufnahme aber können Sie sofort steuern, umstellen, ändern.**

Deshalb möchte ich Ihnen empfehlen, versuchen Sie in Zukunft eine Ernährungsweise, die **maximal aus 20 Prozent Säurebildnern und im Minimum aus 80 Prozent Basenbildnern** besteht. Es muss ja nicht Wurst oder Marmelade auf einer Scheibe Brot liegen: Apfel- oder Gurkenscheiben, Radieschen, grüne Kräuter. **Werden Sie erfinderisch!** Es kommt darauf an, in einem bestimmten **Gleichgewicht** zu bleiben und **keinen Basenmangel** entstehen zu lassen

Wichtig ist, dass Ihre Nahrung einen großen **Anteil an Frischkost** enthält. Wenn Sie Frischkost nicht vertragen, beginnen Sie mit **basischen Suppen**, denen frisches, nicht tot gekochtes Gemüse zugegeben wird: die „bissfeste" halbrohe Gemüsesuppe, wie ich sie nenne.

Ihr Leitgedanke sollte der Spruch Werner Kollaths werden:

Lasst die Nahrung so natürlich wie möglich.

Beachten Sie die Vorschläge von Peter D´Adamo´s **Blutgruppenunverträglichkeiten**, besonders, wenn Sie zu den **„Reizdarm-Patienten"** gehören.

Essen Sie basisch so oft es geht. In Abwandlung eines Spruches von Lothar Wendt möchte ich Ihnen empfehlen:

1 x täglich eine basische Mahlzeit
1 x wöchentlich einen rein basischen Tag
1 x monatlich eine basische Woche
1 x jährlich einen basischen Monat

Ob dies genügt, um gesund und im persönlichen Gleichgewicht zu bleiben, keinen Basenmangel entstehen zu lassen, müssen Sie **selber entscheiden**, selber ausprobieren. Das hängt von Ihren Lebensumständen ab.

***Einige Ratschläge* mögen Ihnen die Umstellung erleichtern**:

- Beginnen Sie eine Mahlzeit nach Möglichkeit mit nur wenig Erhitztem oder Unerhitztem wegen der Verdauungsleukozytose
- Trennen Sie die Obstmahlzeit von der Gemüsemahlzeit
- Bei Obst genügt eine Sorte, bei Gemüse ist das Ampel-Prinzip zu empfehlen: etwas Grünes – etwas Gelbes – etwas

Rotes sowie „Über-der-Erde-gewachsen" – „Unter-der-Erde-gewachsen" und Blattsalat, um optimal versorgt zu sein
- Verwenden Sie zum Würzen grüne Kräuter, wenig Salz und schon gar kein Salz mit Aluminiumhydroxid als Rieselhilfe
- Alles sollte nach Möglichkeit aus biologischem oder heimischem Anbau stammen
- Werten Sie Ihr Essen mit Keimen und Sprossen auf
- Bereiten Sie den Salat erst kurz vor dem Verzehr mit Zitrone und hochwertigem Öl oder Avocados zu
- Vermeiden Sie hohe Temperaturen, dämpfen Sie nur
- Vermeiden Sie denaturierte, behandelte Nahrungsmittel mit Zusatzstoffen
- Tiefkühlgemüse ist besser als Konservenkost
- Bewahren Sie kaltgepresste Öle in dunklen Flaschen auf, geschützt vor Sauerstoff und Sonnenlicht
- Geben Sie Fette am besten erst bei Tisch auf den Teller
- Verwenden Sie Butter anstelle von Margarine
- Alle Grünblattgemüse wie Petersilie, Kresse, Spinat, aber auch Sesam, Mandeln oder Hasennüsse versorgen Sie mit einem gut verträglichen Calcium und Eiweiß
- Essen Sie nur, wenn Sie Hunger haben
- Verwechseln Sie Hunger nicht mit Durst
- Schmerzen können ein Signal für Wassermangel im Organismus sein
- Bei Hunger auf Süßes greifen Sie zu ungeschwefelten Trockenfrüchten, aber sorgen später für die notwendige Flüssigkeitszufuhr
- Kauen Sie gründlich, was nur bei kleinen Bissen möglich ist
- Essen Sie nicht zu viel auf einmal und nicht zu sehr durcheinander, sonst werden Sie müde und müssen sich wieder mit Säurebildnern aufputschen

-Schenken Sie Ihrer Mahlzeit die notwendige Aufmerksamkeit: sie hat lange gebraucht, um zu wachsen und Ihnen zur Gesundheit zu dienen. Danken Sie ihr dafür.

Danken Sie IHM!

VIII. GRUNDREZEPTE

Eine basische Mahlzeit

Kartoffeln (und Gemüse mit langen Garzeiten) waschen, Topf mit Sieb aufstellen, bis zum unteren Sieb-Rand mit Wasser füllen, Gargut drauf legen und 10 Minuten dämpfen. In der Zwischenzeit Gemüse waschen, putzen und ebenfalls in den Topf legen. Weitere fünf Minuten dämpfen. Knoblauchzehen säubern, dazugeben und bei abgeschalteter Hitze weitere fünf Minuten mitdämpfen.
Den Salat putzen, waschen, abtropfen lassen. Entweder für alle eine Salatsoße zubereiten: Erstpressöl mit Zitrone, grünen Kräutern, frisch gemahlenen Gewürzen (Senfkörnern, Oregano, Rosmarin, Koriander), Sojasoße, fein gehackten Zwiebeln und Knoblauch, oder den Salat servieren und alle weiteren möglichen Zutaten bereitstellen: Zwiebeln, Knoblauch, grüne Kräuter, Gewürzmühlen, Öle, Salz.

Zu dem Gemüse kann Butter, Öl oder Avocado als Fett gegessen werden. Sie können auch eine **Avocado-Creme** vorbereiten: Die Avocado sollte auf Druck leicht nachgeben. Sie halbieren die Frucht, entfernen den Kern, löffeln das Fruchtfleisch aus und drücken es mit einer Gabel glatt. Der Brei muss gleich mit wenig Zitronensaft vor dem Oxidieren, dem Braunwerden geschützt werden. Es können Zwiebeln, Knoblauch, klein geschnittene Oliven, Meerrettich untergemengt und mit Salz und Gewürzen abgeschmeckt

werden. Möglichst frisch serviert. Jeder kann sich die Avocado auch nach seinem eigenen Geschmack zubereiten.
Die Frischkost gibt es vorweg, das gedämpfte Gemüse danach.

„Bissfeste“ basische Gemüsesuppe

Wenn noch gekochtes Gemüse/Pellkartoffeln von einer Mahlzeit übrig sind, so lässt sich das schnell für eine Suppe weiter verwenden: Eine Handvoll frisches Gemüse zusätzlich putzen, 1 Liter Wasser im Wasserzubereiter zum Kochen bringen, 1 Tasse davon abnehmen, 1 Würfel glutamatfreie Gemüsesuppe darin auflösen, alle Zutaten in einem Mixer zerkleinern/schaumig rühren, in einen Topf schütten und kurz aufkochen. Gleich vom Herd nehmen und mit grünen Kräutern und einem Klacks Butter oder Sonnenblumenkernen servieren.

Diese Suppe kann auch in einer Thermoskanne mit ins Büro mitgenommen werden, ein guter **Kantinen-Essen-Ersatz**.

Anstelle der Gemüsebrühe kann auch Miso genommen werden. Miso ist ein Gemisch aus Sojabohnen und Getreide, das mit Salz versetzt in Eichenfässern gereift ist. Bei Spitzenmiso dauert das bis zu 30 Monaten. Es bildet in Asien die Grundlage für viele Gerichte, kann aber auch nur in heißem Wasser aufgelöst zwischendurch getrunken werden. Siehe meine Buch „Gesundheit aus der Küche der Natur – Basische Kost“.
Wer mehr Zeit hat, kann natürlich frische Kartoffeln mit Gemüse im Wasser bissfest kochen, frisches Gemüse zerkleinern und alles, inklusive Kochwasser im Mixer pürieren. Meist genügt das, und die Suppe muss nicht noch einmal aufgekocht werden. Mit Butter und frischen Kräutern servieren.

Keime und Sprossen

Keimgut über Nacht einweichen, am nächsten Tag unter fließendem Wasser abspülen und auf einem Sieb oder im umgestülptem Keimglas abtropfen lassen. Was unter der Erde keimt, möglichst im Dunkeln keimen lassen; was grüne Blätter entwickeln soll, keimt unter Einfluss von Sonnenlicht. Täglich 2 x abspülen, leicht feucht halten und warm stellen. Nach wenigen Tagen zum Essen bereit.

Essener Brot

200 g Getreide zwei bis drei Tage keimen lassen. Wenn der Keimling etwa 1 cm lang ist, das Getreide durch einen Fleischwolf drehen (sehr mühsam!) oder mit 20 g Wasser im Mixer zerkleinern. Die Masse mit gekeimten Sonnenblumenkernen, zwei Esslöffeln Erstpressöl, Salz und Gewürzen (Anis, Kümmel, Koriander) mischen, auf ein Blech aufbringen und entweder im Wintergaren in der Sonne oder bei 50 Grad im Ofen/Dörrapparat ausbacken. Das Brot gibt es auch fertig zu kaufen. Aber aufpassen: nicht alles, was sich Essener-Brot nennt, ist dieses Namens würdig. Denn bei den Essenern, einem Volkstamm zur Zeit Christi, gab es keine Backöfen, nur die Sonne hat die Fladen ausgebacken.

Zubereitung von Grünem Tee

Beim Grünen Tee sollten zwei Punkte beachtet werden: die Temperatur und das Wegschütten des ersten Aufgusses. Sie bringen gut einen Liter Wasser zum Kochen und lassen es dann abkühlen. Nehmen Sie einen gehäuften Teelöffel Grünen Tee, gießen Sie ihn mit wenig, etwa 70 Grad warmem Wasser auf und lassen ihn eine Minute ziehen. Dann gießen Sie den Tee über einem Sieb ab. Das Wasser können Sie zum Anwärmen der Kanne verwenden. Jetzt erfolgt der zweite Aufguss mit etwa einem Liter Wasser. Diesen Tee etwa drei Minuten ziehen lassen und dann durch ein Sieb in eine Thermoskanne füllen. Sie können bei Bedarf die Blätter später noch für einen weiteren Aufguss verwenden.

Auch bei **anderen Tees aus frischen grünen Blättern** sollte die Wassertemperatur nach dem Aufkochen auf maximal 70 Grad vor dem Aufgießen abgesunken sein, dann kann man die Blätter als gesundes Gemüse mitessen.

Beim **„weißen" Grünen Tee** entfällt meiner Ansicht nach der erste Abguss, da der weiße Tee noch schonender verarbeitet und als zarte Knospen geerntet wird.

Knoblauch-Kuren

1. Man nehme 200 g biologischen Knoblauch, schäle und quetsche ihn und lasse ihn vermischt mit 200 g hochprozentigem Alkohol (92 %, besser 96 %) gut verschlossen in einem Glas 19 Tage kühl stehen. Dann wird das Gemisch durch ein Leinentuch abgefiltert, und die Tinktur in dunklen Flaschen 2-3 Tage stehen gelassen. Anschließend beginnt die Kur wie auf Seite 275 f. beschrieben.

2. Man nehme 5 biologische Zitronen, wasche, entkerne und zerkleinere sie. Dann schäle man 3 Knollen biologischen Knoblauchs, das sind etwa 30 Zehen, zerkleinere und mixe alles zusammen mit einem Liter Wasser. Das Ganze wird aufgekocht, durch ein engmaschiges Sieb abgeseiht und in einer Flasche im Kühlschrank aufbewahrt. Davon trinke man jeden Tag ein Likörglas voll.

Sole-Herstellung

Man nehme einen Brocken Himalaya-Salz – ich bevorzuge die rötlichen – und begieße ihn mit gutem, nicht gechlorten Wasser. Das Salz löst sich nur bis zu einem bestimmten Grad der Sättigung auf. Die gesättigte Sole hat ungefähr eine 26%ige Salzkonzentration, weshalb sie nur verdünnt eingenommen werden darf. Man rechnet ein Teelöffel Sole auf ein Glas Wasser. Verwenden Sie beim Abfüllen nur Kunststofflöffel, keine Metalllöffel. Diese verdünnte Lösung ist zum Trinken, aber auch zum Spülen von Nasen, Rachen, Augen geeignet.

Eigene Rezepte:

IX. NÜTZLICHE ADRESSEN

Für Azidose-Kuren :
Doris Wroblewski, Apartado 1121, P 8671-909 Aljezur
www.azidosetherapie-online.de

Eine **Adressenliste** von „Azidose-Therapeuten und – Beratern" ist erhältlich beim von Dr. Renate Collier gegründeten Verein „Gesundheitskreis Lernen – Vorbeugen – Handeln", dessen augenblickliche Vorsitzende ihre Tochter ist:
Sylvia Collier
Fachärztin für Psychotherapeutische Medizin
Tel. 0451 – 6 5454
Lindenstr. 62 A, D 23558 Lübeck
Email: sylvia.collier@gmx.de

Ausbildung Azidose-Therapeuten oder –Berater + Kuren:
- Helga Wuttke in Steyerberg, www.lebensgarten.de

- Kloster Gerode „Weg der Mitte" D 37345 Gerode,
  Tel. 036072 8200 Fax 82024 www.wegdermitte.de
- Sebastian Bartning
  Freiwaldauer Weg 34, D 12205 Berlin www.bartning.de

Toxikator, Stift zum Testen des Haut-pH
FAME GATE MEDICAL TECHNOLOGY
Am Sonnenrain 1, 78628 Rottweil, Tel. 0741 – 175 61 21
www.fame-gate-medtec.de

E-Nummern-Liste (Lebensmittel-Zusatzstoffe) bei
ÖKO-TEST Verlag GmbH, Kasseler Str. 1 a,
D60486 Frankfurt Tel. 069 – 9 77 77 –0 www.oekotest.de

„Meine Base" u.a ORGON Körperpflegemittel GmbH,. Dülmener Str. 33, D 48163 Münster, Tel. 02536 – 33 10 – 0, www.p-jentschura.de

Blutmessverfahren auf Pufferkapazität
- Schlosspark-Klinik, Fachklinik für naturgemäße Ganzheitsmedizin, Fritz-Stamer-Str. 11, www.schloss-klinik.de D 36129 Gersfeld, Tel. 06654 – 160, Fax 1663
- Dr. Michael Worlitschek, Marktrichter Str. 3, 94065 Waldkirchen, Tel. 08581-910319, Fax 910320

Produkte zur Entsäuerung, Rüdiger Seemann KG, Starnberger Str. 19, D 82069 Hohenschäftlarn Tel. 08178-90660, www.basic-world.de

Buchbestellungen und Trockenfrüchte, Dry Fruit, Götz Lück Liebigstr. 15, D 93047 Regensburg, Tel. 0941 - 56 01 69 www.dryfruit.de

weitere im Buch genannte Webseiten:

www.dr-schnitzer.de
www.saeure-basen-forum.de
www.holste.de
www.basica.de
www.rosbacher.de

Schlussbemerkung

Manche von Ihnen werden vielleicht denken, jetzt bin ich mit meiner Essgewohnheiten doch schon so alt geworden, wozu soll ich mich da noch ändern? Es ist sicher richtig, wir werden immer älter im Vergleich mit früheren Generationen. **Aber sind wir auch gesünder?** Obwohl es doch immer mehr Ärzte, immer mehr Krankenhäuser, immer mehr medizinischen Fortschritt gibt, gelingt es offensichtlich nicht, die Vielzahl der Menschen gesünder zu machen.

Solange Sie sich wohl fühlen in Ihrer Haut, in Ihrem Umfeld, will ich Sie nicht verändern. Mein Wusch ist es, Ihnen zu helfen, Frühsymptome der Übersäuerung, des Basenmangels zu erkennen, damit diese sich nicht zu Übersäuerungskrankheiten entwickeln. Sie haben es in der Hand, Sie haben Ihre Gesundheit in der Hand. Lernfähig können wir bis ins hohe Alter bleiben. Wie soll Gandhi gesagt haben: **„Man solle jeden Tag so leben, als sei er der letzte im Leben. Aber man solle jeden Tag lernen, als hätte man das ewige Leben."**

Wenn es Ihnen gelingt, Ihre **Ernährungsgewohnheiten dauerhaft zu verändern**, so wird Ihnen mit der Veränderung Ihrer Ernährung auch eine **verändert Lebens- und Denkweise** bewusst werden. Ich bin fest davon überzeugt, dass mit einer Veränderung des bio-chemischen Prozesses in unserem Organismus, mit dem Beginn eines echten Säure-Basen-Gleichgewichtes, auch eine Veränderung der Psyche vor sich geht. Wie ich Ihnen bereits sagte, der süddeutsche Ausdruck **„Ich bin sauer!", beinhaltet alles, das körperliche, das seelische, das geistige Sauer-Sein**. Die Frage bleibt natürlich, was war zuerst da: das psychische oder das physische Sauer-Sein?

Wenn wir uns als eine Einheit von Körper, Seele und Geist betrachten, so lässt sich das eine nicht von dem anderen trennen. Ich wage aber die Behauptung: Seele und Geist können sich erst frei entfalten, wenn der Körper im Gleichgewicht ist, wenn er sich befreit hat von Säuren, Schlacken und Giften, wenn der Mensch sensibel wird für homöopathische Dosen, wenn er aufnahmefähig wird für Immaterielles. Das heißt nicht, dass es nicht schon vorher in ihm liegt. Es muss nur wieder geweckt. Wecken Sie ihren „inneren Arzt", werden Sie sich seiner bewusst.

Bei meinem ersten Fasten-Seminar Mitte der 80er Jahre, das ich in einem Kloster geben durfte, berührte mich ein Spruch, der mir bis heute unvergessen blieb:

„Nehmen und Greifen kann ich seit meiner Geburt
Geben und Loslassen muss ich noch lernen."

An mir selber und anderen durfte ich dankbar feststellen, dass mein Teil-Fasten, diese Art der Ernährung, das Geben und Loslassen fördert, das „Sich-Öffnen", „Auf-andere-Zugehen", das „Freigebig-Sein", das „Verzeihen-Können". Es werden **positives Denken und Intuition** geweckt, der **Instinkt** zeigt sich wieder und **Werte wie Toleranz, Güte, Wahrhaftigkeit, Gelassenheit, Geduld, Dankbarkeit, Liebe und Nachsicht bekommen Raum im Leben.**

Für mich bedeutet Leben im Säure-Basen-Gleichgewicht ein Leben im Frieden mit mir selbst, mit meiner Umwelt. Damit hoffe ich, meinen kleinen Beitrag zum Frieden in der Welt zu leisten. Ich wünsche mir von Herzen, dass meine Anregungen Ihnen helfen, Ihren persönlichen Frieden zu finden und ein langes Leben in Gesundheit und Harmonie zu führen.

Ihre Doris Wroblewski

Literaturverzeichnis

Abele, Johann, Die Eigenharnbehandlung, Haug Verlag Heidelberg 1995

Allgeier, Kurt, Die geheimen Heilrezepte des Nostradamus, Heyne 1982

Arnoul, Der Schlüssel des Lebens, Heilung durch die biologische Therapie nach Professor Dr. Enderlein, Reichl Verlag, St. Goar, 1992

Bircher, Ralph, Geheimarchiv der Ernährungslehre, Bircher-Benner-Verlag, 1980

Brauchle, Alfred, Handbuch der Naturheilkunde, Reclam Verlag Leipzig 1933

Clark, Hulda R., Heilung ist möglich, Droemersche Verlagsanstalt München 2000

Collier, Renate, Milchallergie, eine unterschätzte Gefahr, Verlag Ganzheitliche Gesundheit, Bad Schönborn 2000

D´Adamo, Peter, 4 Blutgruppen - Vier Strategien für ein gesundes Leben, Piper 1999

Diamond, Harvey und Marilyn, Fit für´s Leben (Fit for life), Waldthausen Verlag, Ritterhude 1988

E-Nummern-Liste, Lebensmittel-Zusatzstoffe, Ökotest Verlag Frankfurt

Fischer-Reska, Hannelore, Die Entsäuerungsrevolution, Südwest Verlag 2003

Fußgänger, R.D., Die Geschichte des Fastens. In: Das modifizierte Fasten, Witzstrock Verlag, 1981

Glaesel, Karl, Heilung ohne Wunder und Nebenwirkungen, Labor-Glaesel Verlag, Konstanz 1986

Grusdew-Wroblewski, Doris, Alternatives Abnehmen – aber mit Vernunft, Selbstverlag, Zimmern 1987

Goedecke, Thomas und Vormann Jürgen, Chronisch übersäuert? Säure-Basen-Balance und Gesundheit, Fona Verlag CH Lenzburg, 2006

Höting, Hans, Lebenssaft Urin, Goldmann Verlag 1995
Jentschura, Peter, Lohkämper, Josef, Gesundheit durch Entschlackung, Verlag Peter Jentschura 1998
Jentschura, Peter, Lohkämper, Josef, zivilisatose*los*, Verlag Peter Jentschura 2004
Johanson, Sven P., Heilfasten und Entschlacken, Weltbild Verlag 1988
Kouschakoff, P., Nouvelles lois d´alimentation humaine basées sur les leucocytose digestive, 1937
Lischka, Eva und Norbert, Gesundheit und neue Energien durch Fasten, Falken Verlag, Niedernhausen 1997
Sander, Friedrich F., Der Säure-Basenhaushalt des menschlichen Organismus und sein Zusammenspiel mit dem Kochsalzkreislauf und Leberrhythmus, Hippokrates Verlag Stuttgart, 1953, 1985
Schatalova, Galina, Wir fressen uns zu Tode, Goldmann Verlag München 2002
Trochanow, Ilija, Zu den heiligen Quellen des Islam, Piper Verlag München 2004
Vandereycken, Walter, van Deth Ron, Meermann, Rolf, Hungerkünstler, Fastenwunder, Magersucht, eine Kulturgeschichte der Magersucht, Biermann Verlag Zülpich 1990
Von Aundh, Rajah, Das Sonnengebet, Samsara Verlag Füssen
Wendt, Lothar, Gesund werden durch Abbau von Eiweißüberschüssen, Schnitzer Verlag, St. Georgen (viele Bücher von Lothar Wendt auch im Haug Verlag, Heidelberg)
Worlitschek, Michael, Praxis des Säure-Basen-Haushaltes, Haug Verlag Heidelberg 1991
Wroblewski, Doris, Gesundheit aus der Küche der Natur – Basische Kost, Verlag Mein Buch, Hamburg 2003
Zulley, Jürgen, Mein Buch vom guten Schlaf, Verlag Zabert Sandmann München 2005